高等学校科研及其平台发展路径研究

严书亭◎著

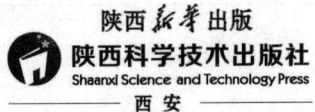

陕西新华出版

陕西科学技术出版社

Shaanxi Science and Technology Press

—— 西安 ——

图书在版编目(CIP)数据

高等学校科研及其平台发展路径研究 / 严书亭著.
— 西安：陕西科学技术出版社，2023.5
　ISBN 978-7-5369-8705-0

　Ⅰ.①高… Ⅱ.①严… Ⅲ.①高等学校—科研管理—研究—中国 Ⅳ.①G644

中国国家版本馆 CIP 数据核字(2023)第 087393 号

高等学校科研及其平台发展路径研究
GAODENG XUEXIAO KEYAN JIQI PINGTAI FAZHAN LUJING YANJIU

严书亭　著

责任编辑　王喜艳

出 版 者　陕西科学技术出版社
　　　　　西安市曲江新区登高路 1388 号 陕西新华出版传媒产业大厦 B 座
　　　　　电话(029)81205187　传真(029)81205155　邮编710061
　　　　　http://www.snstp.com

发 行 者　陕西科学技术出版社
　　　　　电话(029)81205180　81206809

印　　刷　西安真色彩设计印务有限公司

规　　格　787mm×1092mm　16 开

印　　张　11.75

字　　数　275 千字

版　　次　2023 年 5 月第 1 版
　　　　　2023 年 5 月第 1 次印刷

书　　号　ISBN 978-7-5369-8705-0

定　　价　48.00 元

版权所有　翻印必究

前　言

　　高等学校是信息的传播地，是人才的开发地，也是新知识的诞生地，新知识的产生需要高等学校科研人员不断进行深入的科学研究。重视和加强科研工作是高等学校应对知识经济的有效策略。科技是第一生产力，高等学校作为科技创新与科研事业发展的主阵地，必须做好科研平台发展与建设工作。科研平台不仅是创新体系中重要的组成部分，更是推动学术交流的重要基地，能够提升高校整体的办学实力，还能够培养优秀的科研人才。高等学校科研平台的创新对于提升其核心竞争力具有至关重要的作用。

　　鉴于此，笔者撰写了《高等学校科研及其平台发展路径研究》一书，全书在内容编排上共设置六章：第一章作为本书论述的基础和前提，主要阐述高等学校科研文化、高等学校科研内涵式发展、高等学校科研信息化发展；第二章分析高等学校科研育人的体系；第三章探讨高等学校科研管理的系统；第四章是高等学校科研评价及其实施；第五章论述高等学校科研平台发展的保障；第六章突出实践性，分别从高校、科研机构与科技型企业协同创新机制的构建，高等学校大型科研仪器共享平台信息化管理建设路径，"双循环"格局下创业型大学科研创新平台效能提升路径三个方面研究了高等学校科研平台发展的路径创新。

　　高等学校既是培养人才的地方，也是科学研究的平台，全书立足于高等学校的科研实际，详细探讨了高等学校科研文化、科研育人、科研管理、科研评价的具体内容，并对高等学校科研平台发展路径及其创新实践进行探讨。本书可供从事高等学校科研及其平台研究的学者和工作者使用。

　　笔者在撰写本书的过程中，得到了许多专家学者的帮助和指导，在此表示诚挚的谢意。由于笔者水平有限，加之时间仓促，书中所涉及的内容难免有疏漏之处，希望各位读者多提宝贵意见，以便笔者进一步修改，使之更加完善。

目 录

第一章　高等学校科研文化与发展

第一节　高等学校科研文化分析

高等学校科研文化作为高等学校组织文化的一部分，对高等学校科学研究活动起着举足轻重的作用。一般而言，将高等学校科研文化划分为科研物质、制度、精神文化三个层次，可以更为直观、有效地对科研文化进行研究。在高等学校科研文化建设过程中，高等学校可以结合科研文化特征和衍变过程，对照高等学校科研文化建设中存在的部分问题，从高等学校科研物质、制度、精神文化三个层面持续加强高等学校科研文化建设，不断推动高等学校科研文化日渐成熟。

高等学校科研文化是高等学校文化的重要组成部分，是高等学校全体科研人员在科学研究和教育教学过程中，创造和凝练成的以科研传统、科研习惯、科研态度、科研制度、科研精神等形式影响全体科研人员科研思维方式、行为取向、学术品质的物质及精神文明成果。优秀的科研文化是高等学校科研人员、制度、精神等各要素的动态平衡，它可以激励、引领高等学校科研人员的科研行为，升华高等学校科研人员的科研意识，培育高等学校科研人员的科研习惯，凝聚高等学校科研人员的科研价值追求，以此汇聚成推动高等学校科研快速、健康发展的潜在的科研力量，有助于大学科研管理水平的持续提高，有助于高等学校自身建设及社会服务功能的发挥。

一、高等学校科研文化内涵与要素

科学研究是研究人员以已知世界为对象，利用科研技术和科研装备去认识客观事物的内在本质和运动规律或为发明新技术而进行的系统的创造性工作，主要划分为主体、客体和产出三部分。对高等学校而言，科研活动的主体主要为教职工和学生，科研活动的客体一般认为是未知世界现象，科研活动的主要产出是促进高等学校发展、社会进步的新知识或新技术。高等学校科研文化是大学文化中的重要组成部分。可以将高等学校科研文化划分为：物质文化、行为文化、精神文化三个层面，三层次划分法可以更为直观、有效地对高等学校科研文化进行研究，此时科研行为文化内化到科研物质、制度、精神文化中。

高等学校科研物质文化、制度文化、精神文化三者相互制约、相互渗透、逐层递进。物质文化是高等学校科研文化的基础，是能被感觉到的客观存在的实体文化，也是高等学校制度文化和精神文化的物质载体；高等学校制度文化是高等学校科研人员在科学研究及社会服务的过程中，共同遵守的规章制度及反映出来的价值观念和行为方式，是高等学校科研文化建设的关键和保证；科研精神文化是科研文化的主导，决定了物质文化和制度文化的发展方向，支配着高等学校及高等学校科研人员的科研言论行为、科研价值认识等，引导着高等学校及科研人员对科研理想与真理的探索，凝结并不断发展着一所学校独具特色的魅力。总而言之，高等学校科研文化潜移默化地影响着其科研人员的科研价值观、科研行为和高等学校的科研发展方向，是高等学校加快自身发展和完善社会服务的内在支撑。

二、高等学校科研文化特征及发展

（一）高等学校科研文化特征

高等学校科研文化具有传承与创新性、严密与弥漫性、校本与社会服务性等辩证统一的特征。高等学校科研文化是在高等学校原有文化基础上发展起来的，是对原有科研文化的创新，因此科研文化具有传承性。科研人员在科学研究中的攀登、探索和突破，促进了科研人员思想和认识的提高，丰富了科研文化的内涵，推动了高等学校科学研究的不断发展，因此科研文化必然具有创新性。高等学校科研文化是一所高等学校特有的科研氛围，不能被简单地复制或是模仿，只能身临其中、耳濡目染，只能通过典型事例和行为示范去影响其他人。高等学校科研文化的校本与社会服务性是指，高等学校科学研究大多是在高等学校内进行的，并且科学研究多以高等学校现有的科研、教学资源为基础，来获得前沿的教育教学新知识和提升学校的科研竞争力，但科学研究无论是探索、传播科研新知识还是提高高等学校的科研竞争力，最终都是为了满足广大人民群众对科技发展的需求和推动社会的进步，所以高等学校科研文化也是以人为本的大学文化，体现了强烈的人文关怀。

（二）高等学校科研文化发展

高等学校科研文化是动态发展的，科研文化经历了从无序到有序，从个体发展到合作研究，从纯理性研究到商业化研究的过程。科研文化尚未成熟时，高等学校的科研活动往往处于无序状态，这时高等学校的科研处于少数人单干的状态，科研人员的研究多注重丰富、增长自身知识，多强调研究个体的主观能动性，对开展科研活动的目的认识不充分，对理论判断准备不充足，甚至对如何选题、如何开展科研活动的认识也比较模糊。无序的科研文化状态必然导致科研人员不健康的科研行为。而高等学校作为中国知识分子的聚集地，有义务作科研文化传承与创新的领导者。

此外，现代科研往往涉及不同学科的概念、原理或是研究方法，涉及多学科的交叉与融合，需要学科间、行业间、组织间甚至国际间不同学科背景不同机构的科研人员在资金、设备、技术等方面进行不断的沟通、协作，要求科研人员从对事物的研究过渡到对系统的研究；从单值的研究过渡到多值的研究；从单目标函数的研究过渡到整体结构的研究；从纵向的研究过渡到横向的研究，这必然导致高等学校迫切需要成熟的科研文化激发科研人员的内在科研需求，引导科研人员健康的科研习惯，引导高等学校从无序、个别、自发的科研行为进入到有序、集体、自觉的合作研究。这时高等学校科研人员对所从事的科研活动有较理性的理解，实事求是，科研活动成为大多数科研人员的自觉行为，科研人员之间彼此尊重、默契配合，对科研团队有较强的认同感和归属感，形成了良好的合作研究氛围。

三、高等学校科研文化的建设策略

(一) 高等学校科研物质文化的建设策略

1. 物质文化是高等学校科研文化发展的基础

物质文化是高等学校科研文化的基础，是高等学校制度文化和精神文化的物质载体，"由结构合理的课程和专业设置、学术造诣深厚的科研师资队伍、宽松便利的校园环境组成"[①]。物质文化是高等学校科研工作者在长期的实践中积淀、创造的独具校园特色的，能被感觉到的客观存在的实体文化。

(1) 高等学校物质文化为科研文化提供智力支持。高等学校科研物质文化中课程及专业设置和师资队伍建设，集中体现在学校学科建设中。高等学校的学科建设过程本身就是学校对自己办学理念的诠释、坚守或是完善。高等学校在这一过程中汇集的科研师资队

---

① 胡燕，李伟，王恬. 高校科研文化机理探析 [J]. 江苏高教，2015，(3): 29.

伍，优化整合的课程和专业设置，持续地为高等学校的科研活动提供智力支持。科研师资队伍是高等学校科研文化建设的主力军，科研人员承担了科研活动的前期调研论证、技术方案可行性审核、技术谈判等活动，决定着科研文化建设的成败。一流科研人员的献身精神往往会成为后来者的表率，凝聚并培养一批公认的创新型人才。

（2）高等学校物质文化是社会条件的反映，并可以提供便捷的科研环境。高等学校科研活动不可能脱离社会而存在，社会的发展变化制约和影响着大学科研活动的发展变化。高等学校图书馆、实验室、校园网等是高等学校科研活动得以正常开展的主要的物质基础和重要支撑条件。

高等学校图书馆的文献信息资源直接影响高等学校科研的成效。随着科学技术的快速发展和高等学校科学研究领域的不断拓宽，高等学校图书馆在做好传统的收集、整理和传播文献信息的同时，应对文献信息进行筛选、评价，保证图书馆文献资源始终处于有序化状态，提高文献流通效率，应不断关注与参与前瞻性的研究活动，为科研人员提供多层次、个性化、方便快捷的特色信息服务。实验室是高等学校开展科学研究的重要基地，充实实验室科研设备和提高实验室管理水平是加强高等学校实验室建设的有效途径。校园网的水平也成为衡量一所高等学校整体科研水平和科研地位的重要标准。高等学校在加强校园网建设过程中应做到统一领导、统一规划、统一部署，注重完善校园网基础设备配置，提高网络传播速度，提高网络安全系数等，力求为高等学校科研人员提供高效、安全的数字化科研信息服务。学校科研文化建设不但需要外力推动，更需要激发科研人员的内在需要。当科学研究成为高等学校科研人员的群体行为时，有序的学校科研文化就形成了。为此高等学校要搭建供科研人员学习交流的平台，营造自由的科研氛围，积极推动学校的科研文化建设。

2. 高等学校科研物质文化建设的强化策略

（1）营造宽松、自由、独具特色的校园环境。高等学校在加强校园科研物质文化建设的过程中，要注重以学校科研特色为依托，做好校园科研物质文化建设规划，对学校的校园建筑、科研设备设施、文娱设施等硬件条件以及表现学校科研文化精神的雕塑、标语、校徽、校刊、宣传橱窗等进行合理的提炼和升华，力求使校园物质文化风貌与校园科研文化价值相吻合。

（2）搭建科研交流平台，努力营造自由的科研氛围。高等学校图书馆的文献信息资源一方面可以使科研人员方便、快捷地了解学科的前沿动态，掌握学科的最新发展方向，迅速确定科学研究方向；另一方面，能为科研人员搜集、归纳现有的科研成果信息，使科研人员有效地避免重复研究，从而节省科研成本，因此，高等学校图书馆应注重为科研人员提供方便快捷的信息服务。实验室是高等学校开展科学研究的重要基地。高等学校应该从充实实验室科研设备和提高实验室管理水平两个方面加强实验室建设。现在信息技术已经进入到社会生活的一切领域，校园网作为校园信息技术的传输平台，已成为各高等学校科研文化建设的重要组成部分，其建设水平也成为衡量一所高等学校整体科研水平和科研地位的重要标准。高等学校应注重完善校园网基础设备配置，提高网络传播速度等，力求为高等学校科研人员提供高效率的科研信息服务。

（3）优化学科设置，凝聚高水平专家学者。学科设置是现代大学存在的组织基础。当代综合大学应该坚持综合与特色并重的原则来优化学科设置，既要完善学校的文理基础学科，又要突出学校自身的学科特色，着力建设一批现代的、特色的、重点的学科群，努力占领学科发展的前沿。在科研文化建设过程中，高等学校不但要组建一支规模适当、结构合理的科研师资队伍，而且还要最大限度地发挥广大科研人员的主观能动性，尊重他们的主体地位，及时解决他们遇到的困难和问题。学校要引导科研人员从学校具体实践出发，尊重科研探索规律，紧紧围绕学校所迫切需要解决的问题，有效地开展科学研究。

（二）高等学校科研制度文化的建设策略

1. 制度文化为高等学校科研文化发展提供保障

高等学校的科学研究能否占领学科制高点，不仅和科研工作者的个人判断有关，而且往往和高等学校科研背后的制度息息相关。以科研诚信为核心的高等学校科研制度文化是高等学校科研活动正常运行的关键和保证。高等学校科研制度文化不仅强调全面地反映科研精神与价值追求，更强调如何将科研文化的精神追求转化为物质文化实体和科研人员的科研行为，从而把科研物质文化和精神文化统一为一个整体，保障了高等学校正常的科研行为和科研创新活动的开展。

（1）制度文化注重营造宽松的学术环境。高等学校在科研活动中形成的尊重学术、尊重人才的准则和坚持个人价值与学校利益共同发展的理念，形成的合理、人性化、切实可行的科研管理制度文化，可以规范高等学校科研资源配置，形成科研人员中自然传承的尽职尽责的科研精神文化传统，营造宽松的学术环境，激励科研人员创新学术思想，不断挖掘科研人员的学术潜力，持续推动教师科研从朦胧、自发发展到理性、自觉。

（2）制度文化为科研文化建设提供保障。科研管理是高等学校科研的生命线，对高等学校科研活动的正常开展、科研目标的完成与科研战略的规划至关重要。高等学校应结合自身科研实际、科研发展战略和科研需求，探索制定合理的科研人员收入分配政策，岗位职责、工作业绩、实际贡献紧密联系的分配激励机制，建立并完善科研信用管理体系，组建富有激情和竞争力的管理队伍，施行科研项目全过程契约化管理以及建立科研活动失信行为惩戒机制，这些是高等学校科研管理顺利进行的有效保障。

2. 高等学校科研制度文化建设的完善策略

（1）完善高等学校科研制度，营造宽松的学术环境。高等学校应该注重通过完善科研制度文化建设来营造宽松的学术环境，挖掘科研人员的学术潜力，推动教师科研向理性、自觉方向发展。因此，高等学校科研文化建设要以尊重学术、尊重人才为根本准则，以学术自由、学者治学为核心价值观，坚持个人价值与单位利益共同发展的理念，建立科学合理、人性化、切实可行的科研管理制度体系，科学规范配置科研资源，力求凝结能在全体科研人员中自然传承的淡泊名利、尽职尽责的科研精神文化传统。

（2）完善科研文化机构设置，探索高效的科研管理模式。科研成就的取得，固然与高等学校广大教师和科技人员的积极进取、敢于探索和辛勤劳动是分不开的，但是如果没有一个健全的科研管理机构，没有不同专业人员组成的、具有组织才能的科研管理人员的组织、协调作用，科研就难以开展，科研成果的取得也不会令人满意。为扎实做好高等学校科研文化建设，高等学校就应该完备科研文化机构设置，明确相关机构的职能。

（三）高等学校科研精神文化的建设策略

1. 精神文化引导高等学校科研文化发展方向

精神文化是高等学校科研文化的主导，反映着全体科研人员的意识、信念和共同价值观，支配着高等学校及科研人员的科研判断和取向。高等学校和科研人员如果没有科研精神文化作引导，就会失去对科研活动的正确判断。

（1）精神文化可以引导科研文化价值观。科学技术本身并不提供价值判断，不能确定科研方向与价值取向，需要科研精神文化的指引。一所学校特有的科研精神文化，可以潜移默化地把科学研究的外在要求内化为科研人员的自我追求。价值观一旦在组织内获得共识并确立下来，就可以成为该组织及其成员处理内外矛盾的主导性原则或是准则。科学研究是知识更新的重要途径，新知识的产生不遵循任何设定好的工作流程，特别是在当今科研活动社会化趋势越来越明显的形势下，更要求科研人员具有正确的价值观。高等学校科研管理机构应尊重科研人员的科研兴趣，对科技探索研究失利、失败等未达预期效果的科研人员要鼓励其仔细查找原因后继续研究，鼓励基础科研人员追求科学上的发现和源头创新。

（2）精神文化有助于加强团队合作精神和加强科研道德建设。目前，科研分工越来越细，不同学科之间、不同科研理念之间的交叉融合日益频繁，这就要求科研人员之间必须善于合作，才能保证跨专业的综合性研究课题顺利开展。科研合作精神，表现为团队成员尊重和包容彼此生活阅历、知识背景、思维方式、感悟能力的差异，相互鼓励、支持和协作；科学研究以追求客观世界的"真""善""美"为宗旨，研究质量是科学研究的生命。精神文化有助于科研人员培养寻微探幽的求实精神、进取开拓的创新精神、孜孜以求的奉献精神。有助于科研人员远离浮躁，为科研事业甘愿牺牲自己的利益，敬畏科学而不是在科研工作中造假。现在，科研项目课题制虽然在逐步完善，但这种制度也暴露出来许多问题，从科研风气上看，急功近利的研究心态成为科研的主流，研究人员难以投入耗时长、出成果慢的研究中。如果不能准确、全面地认识和把握科研精神文化，那么就很容易导致我国科研文化缺乏实质意义上的合作。

2. 高等学校科研精神文化建设的强化策略

（1）尊重科研人员的科研兴趣，营造宽松的科研精神文化氛围。精神文化是高等学校科研文化的核心。宽松的科研精神文化环境，可以引导科研人员树立正确的科研价值观、世界观，有助于科研人员塑造优良的学术品格。另外，坚守学术独立与自由的精神是科研精神文化的核心，高等学校应努力为科研人员提供稳定、优越的环境，营造开放、宽容、包容差异的科研文化氛围，使科研人员可以自由地探索感兴趣的科研问题。

（2）注重人文关怀，增强科研创新精神。随着社会的发展，科学研究越来越社会化，高等学校科研人员必须从经济社会发展出发，树立科学研究成果必须以服务社会、造福人民为基本价值取向的理念，探索解决与百姓生存发展有关的问题，勇敢承担科学研究的社会责任，这样科学研究才会有持续的动力。另外科学研究是以追求客观世界的事实真相为目标，这就要求科技人员必须具有求实、创新精神以及奉献精神，要求科研人员敬畏科研事实，善于发现问题，善于总结升华，并力争在以往科研成果基础上有所突破，要求科研人员能够甘愿投身科研事业。

（3）加强团队合作精神和科研道德建设。目前，科研分工越来越细，学科间的交叉融合日益频繁，科研人员之间的精诚合作，有助于研究课题的顺利开展。拥有优秀科研团队的科学研究显示出了强大的创造力、竞争力、凝聚力。如果创新是科学研究的灵魂，那么质量就是科学研究的生命。科研创新离不开严谨的科研态度，离不开求是、求实的科研品格，高等学校应该采取多种措施加强科研道德建设。

第二节　高等学校科研内涵式发展

一、通过提高专业软实力推动科研内涵式发展

当前我国高等教育进入了以提高高等教育质量为核心的内涵式发展阶段，高等教育成为科技第一生产力和人才第一资源的结合点。"内涵式发展"主要是针对目前许多学校和专业在发展过程中，比较注重外延也就是外在的形式，却忽视了内在的需求。所谓教学科研内涵式发展，应当包括质量发展、精细发展、特色发展和创新发展，具体就是要达到师资队伍结构优化、教学质量提高、科研实力增强等目标。

人才队伍建设是提高教学科研质量、促进内涵式发展的工作重点。博士、博士后等高学历人才能不能真正发挥他们的学术科研水平，才是体现出内涵是不是得到了发展的关键。所以在人才队伍建设方面，不仅要"培养"和"引进"人才，还要"重用"和"善用"人才。实现引进人才质量的提升和师资队伍结构的真正优化。要从课题带动、任务驱动、自觉行动和扬长互动等方面去加强，健全人才跟踪考评制度，以科研项目为依托，使他们始终站在本专业技术前沿，真正提升人才队伍的总体软实力。高等学校可以建立学院博士、硕士人才库，整合人才资源，做到人尽其才，充分发挥专业人才特长。可以加大校内现有人才的选拔、培养力度，打造学科带头人和教学名师，加强宣传示范作用。重视人才队伍的梯队建设，从年龄结构、知识结构、学术水平等方面综合培养。

高等学校需要抓住"课堂"这个教学质量的阵地，开展实施研究性教学、形成性教学等一系列教学改革，体现出人才培养模式的创新。在大的学科门类和主要专业中，可以探索不同学科的交叉融合，在体制和机制上，发挥学校多学科、多专业的优势，创新人才培养模式。如可以从本科学生中选拔优秀学员组建"本科创新实验班""交叉学科创新实验室""理论研究型实验班"等。此外，能不能真正对人才培养模式进行创新，根本在于能不能坚持"以人为本，因材施教，质量办学"的思路，是不是能在更大范围内，突破以教员为中心的教学模式，倡导讨论式、启发式、案例式和项目驱动式等教学方式，着力培养学员发现、分析、解决问题的能力。培养学员具备持续学习、拓展知识、举一反三的能力，有科学的思维分析方法和缜密的推导能力。抓住应用型本科院校的特点，强化学员实践能力与创新精神的训练和培养，将创新理论与创新意识根植于师生的思想里，贯穿于教

学的各个环节，培养适应社会发展需要的复合型人才。

高等学校需要紧跟教育部关于教学改革发展的步伐，加大精品视频公开课建设力度，加强教师教学发展示范中心、实验教学示范中心建设。积极推进学校和社会培养创新人才的紧密结合，具体做法就是实现"五共同"，即共同制定人才培养标准，共同设计培养目标，共同制定培养方案，共同开展专业、课程和"双师型"教师队伍建设，共同开展实习实践基地建设。加强教学质量监测与评估，建立学校与社会共同参与的评价制度。

在思想认识上高度重视科研，把科研放在重要位置，走"科研强校、科研兴教"之路，是高等学校提升办学水平，提高办学层次，扩大学校知名度，提高专业软实力的必然选择。内涵式发展的根本措施就是提高科研实力，其中科研意识、科研能力和科研水平是促进学校和专业发展的关键因素，通过科研来反思教学，通过科研促进教师队伍从经验型向学习型、科研型和专家型转变。

科研必须有课题，主要从两个方面着手，一方面是以发现和挖掘学校教学中的问题作为"校本"课题，其特点是微小、具体、更接近教学实际，既具有可行性，又具有可操作性，它包括带有共性问题的各级研究课题，可以提升教研和科研水平、发挥引领作用；另一方面，高学历和高职称人才队伍在不断扩大，学缘结构越来越全面，知识结构越来越合理，不应该也没有理由不提升自主科研水平，这就要求学校要以地方课题为牵引，打破专业界限，在全校范围内组成科研团队，加强各专业之间的技术融合，充分进行调研和实践锻炼，让科研活动具有良好的土壤和顽强的生命力。

二、基于内涵式发展的教师科研能力提升探索

科研是高等学校创新发展的重要动力，教师科研能力是衡量高等学校内涵式发展水平的重要指标之一，对教师的教学能力和自我效能感的提升有着积极作用。高等学校教师科研能力的提升可以从引导教师提高科研意识、有意识地锻炼从事科研所需的能力、找准科研定位，以及学校科研管理部门建立合理的科研激励机制与约束机制、将教师科研工作量纳入教学综合评议体系、搭建科研平台、组建科研团队等方面进行。教师科研能力的提升是高等学校坚持走内涵式发展道路的重要举措。

高等学校内涵式发展的第一动力也是创新，通过创新发展不仅能够提升学校教学和科研水平，也能推进学校教育教学改革和管理体制改革，增强学校治理效能，提高学校人才培养质量。创新发展需要创新理念引领，从事科研活动是高等学校教师创新理念萌发的重要途径，教师的科研能力是创新理念的具体表现。

（一） 教师科研能力是高等学校内涵式发展指标

学校教育发展水平是一个由低水平到高水平提升的运动过程，这个发展的过程通过一定的指标来体现，这些指标主要包含学校办学规模以及教学资源，也包含办学质量与办学效益。通常情况下人们更趋向于从"数量"上去衡量一所学校的发展水平，不仅是因为"数量"指标更容易测定，也因为"数量"的增长给人感觉更直接和更具有冲击力。因此，评估学校办学水平的一个重要指标就是学校对人、财、物的投入数量。数量指标是反映学校整体教学水平最重要的指标之一，主要依靠教育资源的投入，重点表现在"财力"上，是学校教育发展的表层，也是学校教育质量提升的前提和基础，属于"外延式发展"。与数量相对的是人、财、物的投入质量，而人的质量是关键。质量指标反映了学校教育发展的深层，主要包含学校的办学理念、学校文化、教育科研、教师素质、人才培养质量和水平，属于"内涵式发展"。

高等学校不仅应积极探索学校内涵式发展的道路，更要坚定以内涵式发展的途径来提高学校办学水平。内涵式发展的根本是学校教育质量，而在学校教育质量中起决定性作用的是人的质量，也就是学校管理者和教师的质量。与以往不同，基于内涵式发展的质量提升，侧重调动人的内在需求，以主动寻求改革为着力点，注重激发教师创新活力，鼓励教师通过自我总结和反思，探索工作中遇到的各种疑难问题的解决办法，从而实现实质性的跨越式发展。改革、创新、形成自己的办学特色既属内涵式发展范畴，也是高等学校科研活动的表现形式，因此教师科研能力也就成了衡量高等学校内涵式发展水平的重要指标之一。

（二） 基于内涵式发展的教师科研能力提升策略

要促进学校内涵式发展，高等学校就必须提升教师的整体科研能力。科研工作是学校可持续发展的主要动力之一，高等学校可以从教师自身和学校科研管理部门两个方面提升教师的科研能力。

1. 引导教师提升科研能力

（1） 及时转变观念，提高科研意识。科研能力属于个人能力范畴，所以教师科研能力的提高主要取决于教师自身。只有主观上认同，对科研感兴趣，并且是在自愿的基础上，教师才会自觉投入精力开展科研活动。科研意识的形成与提高是一个逐步深化认知的过程，需要教师不断付出，努力拓展思维。

（2）有意识地锻炼从事科研所需的能力。科研是对未知领域进行探索，是一个发现问题、认识问题和解决问题的过程。发现问题要求教师在日常教学工作中主动进行思考，对工作中存在的疑惑多进行归纳和反思，找到值得深入研究的课题；认识问题要求教师具有一定的文献搜索能力，能对搜索到的信息进行深度加工；解决问题则要求教师掌握正确的科研方法，具备一定的科研创新能力以及组织协调能力、成果推介能力，同时还要具备一定的文字撰写能力。

2. 学校需要加强科研管理

（1）建立合理的科研激励机制。教师对科研的兴趣是促进教师进行科研的内在动力，合理的奖励机制则是外在动力，对教师科研发展起着促进作用。因此，要建立合理的科研激励机制，制定科研成果奖励制度，鼓励教师积极投入科研，特别是要加大发表在高水平期刊上的论文和层次较高的课题项目的奖励力度。

（2）建立合理的约束机制。科研约束机制其实就是科研规范性管理，通过规范课题项目研究过程，督促课题组认真开展和推进开题、中期和结项等研究工作。要组织专家评审小组帮助课题组解决研究中遇到的难题，使其静下心来做科研，逐步提高科研能力。

（3）要将教师科研工作量纳入教学综合评议体系。高职教师科研意识往往不强，严重制约高等学校科研工作的开展和纵深发展。因此，要结合教师较为在意的教学评议，将科研工作量纳入教师工作量化考核之中，要求科研占比达到一定的程度，这样才能提高教师开展科研活动的积极性。只要教师愿意做科研，科研能力的提高就不再是问题。

（4）搭建科研平台，举办学术讲座。科研管理部门应充分利用资源，结合教师实际情况为教师争取更多的科研课题立项机会，并鼓励教师参与校外课题的合作研究，尤其是一些高层次的课题。要定期邀请相关专家就当前科研工作的热点、内容和方向、最新研究动态、课题题目选择、课题申报方法与技巧、课题资料收集、论文撰写等举办学术讲座。

（5）组建科研团队，营造科研氛围。要组建由科研能力强、经验丰富的学术带头人牵头，不同专业不同年龄层次教师参与的结构合理、优势互补的科研团队，并加强科研团队活动扶持力度。科研团队的组建有助于形成较好的科研氛围，浓厚的研究氛围对青年教师的培养是非常有利的。这种"老带新"的方式，能让青年教师得到科研方面的指导，积累科研经验。

科研能力是评价高等学校师资队伍水平的一个重要参考值，也是高等学校办学活力的重要指标。"教师科研能力的提升过程，也是学校师资队伍质量、教学水平、办学质量、管理水平、创新能力提升的过程。教师科研能力的提升，能够促进和推动学校内涵式发展"①。

第三节　高等学校科研信息化发展

科研信息化是高等学校教育信息化进程中的一项重大举措，科研信息化是系统地应用最先进的信息技术成果，革命性地发展新的科研手段、科研模式、科研环境，从而实现科学技术新革命的途径。科研信息化是信息化技术、信息化装备、信息化系统和信息化环境包括人才与政策环境，与科研活动的交融与"化合"，其内容包括超级计算和由此发展起来的各种计算科学、数值模拟方法，海量的数字化数据的获取、存储、处理和可视化的手段，通过网络实现远程操作、资源共享、合作研究的网格与协同工作环境，各种信息化服务，以及在此基础上发展起来的虚拟研究组织，还包括这些信息化手段在各学科领域的应用实践。高等学校科研信息化是利用先进的计算机技术、网络技术、多媒体技术，实现高等学校校园网络化、管理科学化、信息资源数字化，以达到教学科研现代化。教学和科研是高等学校两项不可分割的重要职能，近年来，高等学校在教学信息化方面已经做了大量工作，并取得了一定的成效，无论在多媒体教室建设与利用还是在教学资源建设方面都有较好的应用。但是，在科研信息化方面的建设和应用情况还不太理想，科研信息化尚处于探索阶段。

一、基于大数据的高等学校科研信息化发展

大数据背景下，信息化技术与教育教学的融合改变着人们的思维方式，也给高等学校科研信息化进程带来机遇和挑战。高等学校科研管理必须基于大数据展开一系列科研探索工作，进一步实现研究数据共享复用，推动高等学校成果转化，促使高等学校科研管理实现信息化。大数据技术相对于传统的数据处理手段而言，它具有很多不可比较的优越性，它是多种现代信息技术的有效结合，包括了数据库技术、互联网技术等，是一个从大量原始数据中自动获得知识和重要信息的过程。而这些知识和信息具有自身相对的独立性，多数来自高等学校内部科研原始数据收集、科研人员主动推送，较少受外部资源的限制和影

①　朱玉香，陈永贵. 基于内涵式发展的高职教师科研能力提升策略探索 [J]. 成才之路，2021，(28)：21.

响。这些数据对于提高科研选题和申报科研项目的针对性、建立高效的学术监督体制、提高科研决策和工作效率等方面的指导意义也较为重大。

大数据分析能获取可"回收利用"的信息流量，更能为高等学校的科研信息化建设提供前所未有的空间与潜力。大数据技术能够让数据产生知识，但往往收集的原始数据是大量、高速、多变的信息，在收集不同类别的数据源之后，需提取有效信息并进行数据清洗、转换、重构工作，之后需要专门的人才将进入数据仓库的数据进行新型的处理方式，在此过程中提取出有价值的数据并进行再一次的智能分析，最终投入到实际应用中，提高科研效率。

（一）高等学校科研管理创新中大数据应用的意义

1. 大数据有利于实现科研选题的科学化

高等学校科研工作者确定科研选题和申报科研工作是一项严肃而又艰难的系统工作，而选择合适的科研课题，是科研开展最为基础和关键的一步。现阶段，高等学校科研工作选题仅根据网上或者学校科研处发布的研究指南进行选择，这样的选题往往会因为选题范围太过狭隘出现科研题目背离社会需求或内容重复现象，进而造成人力和财力的浪费。

通过引入大数据的系列技术，科研管理部门可以根据社会各个方面对科学知识和技术的需求情况进行数据挖掘，或者用此技术辨别出社会最为迫切和较能体现经济效益的数据，将其数据进行分析，之后提供给科研人员作为课题申报的方向，从而提高科研选题的针对性和科学性。当然，大数据技术还可以给高等学校研究人员和社会各类事业单位搭建联系平台，既实现优势互补，资源共享，降低科研成本，又使得科研成果得到有效检验，提高研究工作的经济效率和效益。因此，大数据引入科研信息化建设过程中，可以对数据进行相应挖掘处理，使得科研选题和申报工作更科学化。

2. 大数据有利于建立高效的学术监督机制

学术道德越来越受到人们的重视，一篇学术论文的发表，最重要的步骤就是论文的查重。现如今，很多高等学校已经建立起了一套完整的学术监督体制，但是由于技术水平、查重数据库没有全覆盖等问题出现，查重的效果不太理想。因此，大数据的出现，带动数据的规模化和精确性，从而让学术论文的查重率提高，更有利于高等学校学术监督机制的建立。

3. 大数据有利于实现数据共享与资源优化配置

科研项目研究工作的开展，常需要搜集大量的数据。而现在高等学校在科研方面还存在数据利用不合理及科研过程中各学科不融合等一系列问题，例如，科研工作经常出现一方面海量的科学数据闲置在数据库内，另外一方面科研人员还在急于数据的搜索，甚至还重复利用一些无用数据的现象。这些问题的出现，制约着科研活动的统筹协调，限制着高等学校科研水平。因此，各高等学校需要利用当今信息化手段，构建研究数据共享复用平台，做到一项科研项目的开展需将搜集到的原始数据进行统一收集，并应用大数据技术将不同层级、不同类别和不同区域研究项目之间的数据进行处理，最终真实地发布至共享复用平台，进行科研数据的共享复用。这样既可节约数据采集获取的成本，又可加快项目研究进展的速度，还提高了效益和实现了资源的优化配置。

利用大数据技术收集原始数据，首先是数据采集和筛选，紧接着建立数据库，这期间可根据不同层级和不同区域建立不同种类的数据库，如人员库、经费库等；再次是建立适合各自高等学校学科发展的评判模型库，这是数据库建立最为关键的一步，需要较高处理技术的核心科研人员进行管理，建立起不同的科研资源库及科研规划库等，方便后边数据复用平台的数据提取使用；最后是建立资源配置工具和决策支持管理工具，以此完成科研资源优化过程，最终实现大数据的共享。

4. 大数据有利于提高科研决策及其效率

虽然高等学校科研部门已经收集了大量科研信息，但是当前对原始数据的合理利用只是停留在传统管理模式上的一个信息化过程，基本没有任何的辅助决策功能。大数据概念的引入，从项目筛选角度而言，可以与外文文献库进行对比分析，进而检验项目研究方向、科研成果的科学性和合理性，以此来提高高等学校科研项目的质量，而不只是为了结题而结题；从申请者角度来讲，可以基于申请者之前对科研项目的完成数据，发现并建立符合科学逻辑的科学体系，真正确定具有科研能力的候选人，达到提升项目立项决策的目的。这个过程中，引入大数据技术极大地提高了决策的可行性和科研工作的效率。

（二）基于大数据的高等学校科研信息化发展策略

高等学校科研信息化建设引入大数据技术是大势所趋，为了保证高等学校在大数据时代建立自己的科研信息化体系，需要采取以下措施：

1. 创新理念，加强科研信息化队伍的建设

大数据背景下，加强高等学校科研信息化建设，既要创新科研理念，又要加强科研信息化队伍建设。首先，高等学校科研管理部门是高等学校科研数据挖掘、清理和智能化处理的关键地方，需要加强大数据观念的宣传力度，推动从事科研工作的研究人员转变观

念。具备"数据驱动"的理念，发挥数据的价值性，使得科研工作更加具有实用价值和创新性。其次，高等学校应加强科研信息化队伍建设。一方面积极引入优质的科研管理人员，确保能够熟练地使用大数据技术，促使科研管理工作不断向前发展，为整个高等学校的科研队伍注入新的信息化活力；另一方面，加强对科研工作者的培训工作，锻炼其专业能力，促使科研管理工作能够不断向前发展，跟上时代潮流，真正意义上从根源上进行科研工作的开展。

2. 有效利用科研数据，加速科研成果转化

大数据时代，随着高等学校科研水平的提高，基于数据的实证研究在科研工作中更加凸显主体作用。而且，在科研进行的途中，也会不断地产生新的数据，因此，数据是科研的开始，也同样是科研的产物。高等学校科研工作既重视数据的收集和对外输出工作，也注重把自身科研成果推向社会，促进社会发展。由于科研是一个复杂过程，在这过程中容易造成数据出错，进而直接导致很多有价值的科研成果滞留在实验室无法转化成生产力。这就要求在大数据背景下，应当学会有效利用高等学校的科研数据，让科研的各种资料数据能够实时共享，转变高等学校科研管理中"重科研、轻成果"的传统理念，加速高等学校科研的成果转化。

3. 整合互联网数据平台，实现数据互通与共享

首先，由于高等学校科研工作可能存在较强的多学科交叉问题，随着科研工作数量的不断增加，学科融合度会更高，科研数据资料也将会激增。因此，全球范围内的科技资源交流、数据共享是高等学校科研质量提高的必由之路。其次，为了促进高等学校有效地将科研成果转化为现实需求，外部数据与科研成果对接工作非常重要，高等学校相关的科研管理部门必须积极实现高等学校间的数据互通和共享，并将自身的科研成果库与社会各大部门进行对接，减少信息的不对称，整合互联网数据平台，更好地提高数据利用率，实现大数据的互通和共享。

4. 完善科研建设机制，充分发挥大数据技术作用

完善的高等学校科研管理机制是高等学校科研管理创新工作开展的关键，是大数据时代高等学校科研管理创新不可或缺的。一方面，高等学校可以开发出子系统与网络模块，实现科研申报、审核、检查验收的信息化，提高科研工作的高效性与实效性，完善高等学校科研建设机制；另一方面，科研管理人员和研究人员也需要依据自身的科研管理实际情况，充分地利用大数据技术，不断提高自身的科研素养，进而为科研管理工作的科学开展奠定基础，做一名新时代的科研人员。

大数据时代已经来临，不管是高等学校管理者还是每一位科研工作者都需要善于利用大数据技术的优势，反思传统高等学校科研信息化体系出现的问题，积极采取措施来优化高等学校的科研管理创新工作，从理论基础到实践利用的各方面都要有效利用高等学校科研数据，促使高等学校科研管理健康发展，进而为高等学校发展科研选题科学化、数据共享、数据优化设置和科研决策等提供夯实基础。

二、共享视角下高等学校科研信息化平台建设

信息化建设是推动高等学校科研发展的重要动力，高等学校科研信息化水平的高低代表着其整体科研实力。随着新一轮科技革命和万物互联时代的到来，高等学校科研信息化平台建设迎来了机遇和挑战。共享理念为高等学校科研信息化平台的建设提供了重要的指导意义。科技的发展为科研信息化平台的建设提供了基础，而融入共享理念则有助于高等学校整合校内校外科研资源，提高科研水平并推动高等学校科研可持续发展。因此，高等学校必须把握机遇、迎接挑战，共享视角下高等学校科研信息化平台建设需要注意以下方面：

（一）提升科研人员信息化理念，培养复合型人才

科研人员是高等学校科研发展和进步的关键因素，每个科研项目的转化都离不开科研人员，因此科研信息化平台建设必须调动科研人员的积极性，提高科研人员信息化理念。"科研管理信息化必须重视科研人员的主要地位，信息化系统是辅助工具，科研人员才是实现科研创新的主导因素"[①]。高等学校首先要加强科研信息化的宣传，提高教师科研信息化的意识和观念；其次要充分调动科研人员对信息化建设的积极性，为科研人员提供更好的信息服务，让科研人员切实感受到信息化平台所带来的工作效率提高和科研绩效的增加。此外，科研人员要提高自身的意识，主动提高科研信息化的理念，加强自我管理。

高等学校要加强对科研人员的信息化培训，培养复合型人才，科研管理信息化的实现和科研人员能力的高低密切相关，科研人员使用信息化平台的技能和对科研趋势、规律的掌握能力是科研信息化能否落实的重要影响因素。一方面，科研人员要提高自身的业务能力，准确捕捉有研究价值的科研方向和科研选题，掌握科研规律，创新科研管理活动；另一方面，科研人员要提高信息化平台使用能力，更新观念，积极参加各类培训活动，掌握

---

① 　王利红，袁生娜，印秘密. 共享视角下高校科研信息化平台建设探索［J］. 科技创新与应用，2021，11（24）：189.

计算机技术。此外，高等学校应组织相关的培训活动，培养符合科研信息化要求的复合型人才。

（二）健全校内协调机制，构建校际联动机制

健全校内协调机制是科研信息化平台有效运行的保证。科研信息化建设具有整体性、统筹性的特点，在信息化平台运行中涉及校内各个部门，因此健全校内协调机制是必要的。从高等学校层面而言，高等学校应将财务、教务等多个部门的信息系统与科研信息系统联合共建，统筹资源，促进彼此的交叉融合，实现各信息系统的资源共享。从校内各部门层面而言，校内各部门应消除信息共享的壁垒，配合科研信息化平台的建设，共同迎接大数据和人工智能等科技发展对信息化建设带来的挑战。

高等学校应强化校际交流，建立学校间科研信息化平台的联动机制。通过建立校际信息化平台的联动机制可有效降低资源浪费，提高信息化平台的共享率和使用率。校内科研管理信息系统从科研人员、科研成果、科研经费和科研办公等方面实现与校外科研信息系统的联动，进而实现信息共享。在统筹化管理下，高等学校可通过建立数字化校园、系统间信息对接和信息导入等方式实现科研信息化平台的联动，但在具体实现过程中，要依据现实情况和信息化时代背景，选择恰当的共享方式并建立数据信息共享的标准和准则。

（三）挖掘信息系统功能，构建信息网络共享数据库

高等学校应深入开发、挖掘科研系统的隐藏功能。科研信息化平台的基本功能包含项目管理、专利管理等模块，高等学校在建设各项基本功能的基础上，将各系统功能集成，建立一体化联动模块功能，实现科研管理的全流程数字化管理。科研人员可通过一体化功能实现科研成果的实时查询，而科研管理人员也可实时监控科研人员的科研动态，提高科研管理的工作效率。此外，还可开发信息化系统的数据分析模块。将大数据分析技术引入到科研管理中，为科研人员进行决策和规划提供数据来源和支撑。

高等学校可以建立科研信息网络共享数据库，提高科研信息化水平。整合政府、企业和高等学校的科研资源，搭建具有资源整合性的信息网络数据库。建立科研信息网络数据库要保证在不同的科研单位、不同的科研部门能够查询到所需的科研信息，在保证科研信息共享性的基础上，加速信息传递过程，提高科研工作者的工作效率，促进科研管理信息化水平的提升。此外，建立共享数据库对科研数据的录入要求有所提高，必须保证数据库的规范化管理，才能减少资源浪费，更加合理地实现科研信息共享。

（四）加强信息系统维护，增加后期资源投入

后期有效的维护是信息系统能够持续发力的关键环节，作为电子信息系统，科研信息系统的建设不能只停留在初期建设，更需持续性地对系统进行维护和优化。科研管理部门应定期对系统进行更新和优化，淘汰落后的基础电子设备和运行缓慢的老旧系统，结合现实需要和时代背景开发与时俱进的信息系统。此外，还可建立信息系统维护部门，聘请专业的技术人员加强信息系统维护工作，提高后期管理的整体实力，保证信息系统能够满足时代要求和科研人员的使用需求。

高等学校要实现科研信息系统的优化升级，必须加强后期的资源投入。首先，要加大后期人力、物力和财力等资源投入，保证科研信息化系统有足够的补给资源；其次，要完善后期资源投入的监督制度，从资源开发、投入到使用的各个环节都要落实监督机制，完善问责机制，切实保证资源利用的有效性；最后，要改变科研管理部门的信息化理念，树立信息系统定期维护的观念，提高系统维护的意识。

第二章　高等学校科研育人的体系

第一节　高等学校科研育人的理论支撑

高等学校要把立德树人作为根本任务，在高等学校教育工作中融入思想道德教育、文化知识教育、社会实践教育等，把思想政治工作贯穿教育教学全过程，把思想价值引领贯穿教育教学全过程和各环节，形成教书育人、科研育人、实践育人、管理育人、服务育人、文化育人、组织育人长效机制。其中，科研育人已然成为当代高等教育人才培养的最前沿要素。科学研究作为一种高效率的教学形式，应当成为学生重要的学习模式。教学与科研相融合，才能培养出真正的创新型人才。

一、高等学校科研育人的内涵

科研育人在不同学科体系中的内涵有所不同。在思想政治教育学的视野中，高等学校科研育人更多强调的是如何在指导大学生参加科研活动的过程中，培养和提高大学生的思想道德素质，培养大学生正确的世界观、人生观和价值观。从教育学或高等教育学的角度出发，高等学校科研育人是指导大学生参与科学研究相关活动，通过科学研究方法与能力的培养，提升他们以科研能力为核心的全面素养，与课程教学育人等方面相辅相成，共同完成高等学校全面育人的终极目标。从人的全面发展的角度来讲，育人应是全面的，不仅包括思想道德水准的提高，还应包括知识技能的学习掌握，二者并重，但以前者为前提和基础。

科研育人是适应时代发展的育人模式，是一种有目标、有责任、有意识的教育引导行为，是培养大学生综合素质和创新能力的有效方式。科研育人是一种教育行为，能够促进高等学校实现全员育人；科研育人是一种历史责任，能够强化高等学校教师的育人意识；科研育人是一种目标导向，能够激励大学生的科技创新行为。新时代坚持科研育人，就是坚持高等学校约束引导学生，构建学生向往科技创新、重视科学研究、掌握科研方法、创新科研成果的行为导向机制；就是坚持教师激励影响学生，构建教师用言传身教带动学生、用最新科技成果鼓舞学生、用严细深实的科研精神塑造学生的教育模式；就是坚持学生主动参与，构建引导学生在课堂听课中捕捉科技前沿知识、在课外活动中提高科研动手能力、在学生交流互动中增强科研信心和勇气的学生活动体系。

新时代实现科研育人，要积极探索开展科研育人的方法渠道，努力探求科研育人与教学工作、学生管理工作、学校服务保障工作的结合点；要大力营造有利于科研育人的教育教学和管理氛围，构建科研育人的美好环境，培养大学生崇尚科研的积极心理；要深度挖掘高等学校潜力，组织动员学校各方面力量服从服务于科研育人工作，形成科研育人的合力；要构建高等学校科研育人的良好机制，将科研育人纳入学校目标考核体系，强力推进科研育人工作。高等学校科研育人应将学生思想道德品质的培养贯穿于指导学生开展科研活动的始终，在培养提高大学生科研方法与能力的同时，重点培养他们具有爱国胸怀不甘落后、践行科学精神知难而上、训练严谨思维知行合一、遵循科学规律循序渐进的思想品质。

二、高等学校科研育人的特点

（一）科研育人具有物质与精神的双重超越性

教育的根本目的在于促使人的解放并实现人的全面发展，而科研活动本质上是一种特殊的人类劳动。较之普通劳动，科研活动更具探索性、创造性和超越性。在科研实践活动过程中，科研参与者追求的是研究成果的产出性、新方法新手段的适用性、改造客观世界的效用性等。这种超越常态、自主探索的教育实践活动本质上是一个创新求异、改造物质世界对人束缚的过程，也是一种物质超越的过程。然而，这一物质超越过程同时也必将伴随着科研参与者不畏艰险、知难而上、打破精神困惑的精神超越，而这种由物质超越过渡到精神超越的双重超越是解放个性、完善人格的独有方式，科研在这个意义上实现了育人的本质要求。

（二）科研育人具有合规律与合目的的高度统一性

科研活动是一种认识世界并改造世界的科学劳动，属于一种特殊的认识与实践的辩证关系。在科研活动中，大学生参与者要充分认识到实践与认识的辩证统一关系和认识的螺旋式上升规律。大学生参与科研活动一方面是将自己的专业知识、理论习得应用于科研实践，深化对专业理论知识的再认识；另一方面是在教师指导下培养自己严谨科学的思维方式和求真务实的治学态度的过程。大学生良好思想品德地树立是一个复杂的系统工程，需要多方因素共同作用，单纯的理论说教或是个人沉浸式的理论诵读可能都不如亲身实践的效果更直接、影响更深刻。在科学研究的实践探索中，研究者的思想品德与其科研行为之间相互影响，互为作用，有利于养成严谨务实、勤奋刻苦、诚实守信、攻坚克难的精神品质。因此，高等学校科研活动具有内在的育人动力，是适合于人的精神品格养成的良好途径。高等学校科研育人的过程是指在科学探索实践中实现育人的目标，是一项合规律性与合目的性相统一的教育实践。

(三) 科研育人是科研教育属性与教师本质属性的统一

培养专业人才、从事科学研究和服务社会是高等学校的职能，高等学校的根本任务是培养人才，一切活动都需围绕人才培养来展开。高等学校科研具有教育性的本质属性，这是高等学校科研的"遗传基因"所决定的。高等学校科研具有两种功能，即产出知识和培养人才，只不过高等学校科研的教育属性是指向人的精神和灵魂的，与通识教育、博雅教育的教育理念相契合，属于广义的教育。在人才培养方面，目前高等学校具有教学过程科研化的发展趋势。无论是本科阶段的课程实验、毕业设计、学士论文，研究生阶段的课程论文、硕士论文、博士论文，还是第二课堂的诸如"挑战杯"等比赛，均需要学生进行一定的科学研究实践活动，并需要教师（包括任课教师和培养导师）的指导，而指导的过程就是育人的过程。因此，其实无论是在教学过程中还是在科研探索中，当代教师时时处处都在育人。高等学校科研育人反映了科研教育属性和高等学校教师教书育人的本质属性的统一。

三、高等学校科研育人的功能

科研育人本质上是一种实践活动，科研育人是高等学校德育的一个重要途径，这不仅是因为科研本身的教育性，还因为科研育人的过程是塑造学生科研精神、磨炼学生科研技能、训练学生服务社会的重要形式。

(一) 科研育人能培养学生的完整人格

无论是自然科学、工程技术，还是人文社会科学，其研究活动和研究成果都对学生的人格和能力的培养起着重要作用，而且几乎每一所高校都是多学科的，其影响面都是比较宽泛的。如学生参与或从事数学研究，可以形成严密的逻辑推理能力；参与或从事物理研究，可以养成科学精神；参与生物技术尤其是生命科学技术研究，可以增强对生命意义的理解，珍惜人生；参与或从事地球科学研究，可以增强对未知世界的感知；参与或从事传统文化研究，可以进一步完善自己的道德；参与或从事历史文化研究，可以进一步汲取深厚的文化营养，还可以增强明智能力；参与或从事法学研究，可以进一步增强自己的法治观念；等等。

（二）科研育人是科学认识的重要手段

科学研究的任务，一般而言是围绕着人类实践的需要这个中心来确定的。学生通过参加科研活动能感受到社会和国家的需要，从而进一步明确努力的方向，激发社会责任感和历史使命感。有些学生由于缺乏正确的人生观和世界观，不能正确理解人生的价值，对学业没有太高的要求，对人生的目标也没有太多的规划。但是他们参加科研活动后，被教师顽强拼搏的精神所感动，对自己作为国家青年一代的责任意识有了认识，自身的学习热情和献身祖国建设事业的道德情感得以激发。从认识论上来看，科研是学生获取知识最丰富、最生动的平台和源泉。人类认识先是从生动的、直观的实践活动开始的，这应该是人类认识的发展过程的一般规律。从科研育人视角来看，学生参加科研活动不但能巩固所学知识，而且能有效扩大知识面，解决在课堂教学上无法解决的学习目的和学习态度等思想认识问题，促进他们对抽象性关系和联系的正确思考，从而得出正确的结论。大量创新的成果和新的发现能培养他们的好奇心，激发他们探求未知的兴趣和主观能动性。

（三）科研育人能够促进知与行的统一

知与行的统一即理论与实践的统一，当一个人的行动完全受自己的思想支配，其行为出于自觉的时候，他们的思想和行为就达到了统一；当一个人的思想不能支配自己行为的时候，他的思想与行为就处于对立或由对立统一转化的关系之中。科研育人是帮助学生的思想与行为达到统一的重要途径，它能促使正确的行为产生并巩固成为自觉行为，从而达到知与行的统一。例如，大学生都知道团队的力量，但是否能落实到行动中，则要在科研团队中磨炼。

（四）科研育人能促进学生的心理成熟

大学生正处于走向成熟而又不完全成熟的阶段，心理上呈现出一系列矛盾，这在人生观、价值观等方面都有明显表现。例如，一些学生理想远大，自我期望值高，却又不愿吃苦，不善于与他人共事。形成这些问题的原因很多，其中一个重要原因就是缺乏实践锻炼，对社会现实缺乏深入全面的了解。如果在科研实践中对他们进行恰当的引导，注重培养他们良好的心理素养，对于解决学生这些情绪纠结和心理矛盾、促进他们心理成熟和健康发展是十分有利的。

四、高等学校实施科研育人的必要性

（一）新时代高等教育转型与变革的动力

实现高等教育的内涵式发展，就要把高等教育发展的重心从数量和规模转移到人才培养质量和可持续发展的轨道上来。高等学校是一个科教融合共生的共同体，科研和教学不能孤立存在，科研活动融合了教学、研究和文化因素，构成天然和谐的育人体系。科研活动中的教师理论讲授和学生知识运用等环节本身就是很好的教与学的体现，并且是一种效率很高的教学模式。科研活动中的研究过程能够很好地培养青年学生独立思考、严谨治学、攻坚克难的良好思想品质。科研活动的开展有利于在高等学校形成浓厚的学术环境和研究氛围，使青年学生沐浴在充满人文精神和科学素养的文化环境中，在潜移默化中熏陶学生养成良好的思想品德。总而言之，高等学校科研育人通过科教融合、教研相济的方式，实现了高等教育教学与研究的结合，是实现新时代高等教育转型、提升高等学校创新能力、培养创新型人才的重要突破口。因此，高等学校科研育人是新时代高等教育变革的动力。

（二）高等学校实现"三全育人"的体现

高等学校要把立德树人作为中心环节，把思想政治工作贯穿教育教学全过程，实现全员育人、全程育人和全方位育人。高等学校科研活动的参与主体涵盖了高等学校的所有教师，有的以指导学生毕业论文的形式体现，有的以给学生布置课程研究作业或课程论文的形式体现，还有的以辅导学生参加科研挑战类比赛的第二课堂形式体现。在各个科研环节中，每一个参与的教师主体都在履行育人职责，基本实现了全员育人格局，育人无不尽责。高等学校各类科研活动按照人才成长规律贯穿教育教学全过程和学生成长成才的全过程。低年级阶段重点培养学生的科研兴趣，使他们了解并掌握基本的科研素养；中年级阶段重点强化科研训练，培养学生的创新能力；高年级阶段则重点培养学生独立开展科研的能力，通过毕业设计或毕业论文的撰写，逐步让学生在科研之路上独立行走，实现育人无时不有，伴随学生成长成才的始终。高等学校科研活动的开展形式多样、方法灵活，可以采用课堂讲授，也可以实行网上指导，还可以组织校外调查等。但是，无论采用何种形式，育人的本质都是不变的，那就是寓思想政治教育于科研活动之中。因此，高等学校科研育人是实现"三全育人"的体现。

（三）高等学校实施素质教育的内在要求

素质教育既是民族发展和进步的基础，又是提高全民族整体素质和创新能力的重要途径。高等学校素质教育主要包括思想道德素质、科学文化素质和健康素质三个方面的内容。其中，思想道德素质是方向，居于首要地位，对其他素质的培养具有把控全局的重要作用。除思想道德素质外，学生的个性与创新能力的培养和发展同样是高等学校素质教育的重要内涵，而个性与创新能力又是与科学研究紧密结合的个人品质和特性。科学研究的本质在于产出新理论、新成果、新方法。教师指导青年学生参与科研活动，不仅培养他们的创新精神，还促进其个性发展，整个过程中，将无形的思想道德素质培养蕴含于有形的科研实践活动中，使原本抽象的学生思想道德品质教育具体化、有质感、可操控。因此，以科研活动为抓手开展高等学校素质教育是新时代背景下提升大学生素质教育的内在要求和有效途径。

（四）高等学校提升科技创新力的必然要求

国家要强盛、要复兴，就一定要大力发展科学技术，努力成为世界主要科学中心和创新高地。要实现这一宏伟目标，必须培养一大批高级专门人才。这些高级专门人才不但要有过硬的知识本领、高强的能力水平，而且要有科学报国、服务人类的理想追求，以及树立勇于创新、敢为人先的科研目标；要有淡泊名利的奉献精神、潜心钻研的拼搏精神、善于协同的团队精神；要有严谨求实的学术诚信、求真求知的科学态度、严谨求实的学术诚信和科技伦理、敢于怀疑的批判精神。而这些素质一方面需要在科研实践中学习感知、熏陶磨炼，通过科研育人养成获得；另一方面学生一旦具备了这些素质，必将选择正确的科研价值取向，激发科研热情和信念，从而促进国家科技创新持续高质量发展。可见，科研育人是国家科技创新的强大动力。

第二节　高等学校科研育人的模式构建

一、高等学校科教融合育人的模式构建

人才培养模式改革是高等教育在教学改革中带有全局性、系统性的工作，因此，要在高等教育中实施科教融合，使教学和科研有机结合就必须变革高等教育的人才培养模式。人才培养模式是在一定的理念指导下，高等学校为实现人才培养目标而采取的培养体系、培养途径和培养机制体制的定型化范式。

（一）高等学校科教融合的实质与人才培养目标

学和科研的结合点即育人作用，因此，"科教融合的实质就是要充分发挥教学的学术性和科研的育人性，教学过程既传授知识，又传授学习和研究的方法与技巧，同时培养学生的创新意识"①；既包含科学探究，也包含学习创造新知识，而且重视学生实践能力的培养，两者紧密结合，共同致力于我国高等教育事业的发展。随着我国社会政治、经济、文化和科学技术的迅速发展，以及与世界的交流和协同的不断增多，国家和社会对高等学校也提出了更高的要求。在科教融合的理念下，高等教育的培养目标是为学生的终身学习做准备，终身学习需要具备的素质和能力包括以下方面：

第一，扎实而广博的基础知识和丰富的专业知识。基础知识对于一个人的发展至关重要，它为学生的终身学习奠定了坚实的基础，为各类新知识的学习做方法论准备。丰富的专业知识是学生毕业就业所必备的，它能使学生熟悉相关专业，尽快适应新的工作。

第二，问题意识、敏锐的洞察力和坚韧不拔的精神。学生离开学校进入新的工作岗位时，可能会遇到各类新问题，学生只有具备敏锐的洞察力才能及时发现问题，运用知识分析和解决问题。当学生具备坚韧不拔、勇于面对和承担责任的精神时，就会积极寻找解决问题的办法，由此在工作中就会得到不断的发展与提高。因此，高等教育不仅要培养学生的问题意识、创新思维、敏锐的观察力，还要使其具有协同意识、协同能力和坚韧不拔的精神，使他们在进入工作岗位后，尽快适应环境并不断得到提升。

---

① 任旭东，马国建. 新时代高校科研育人理论与实践［M］. 镇江：江苏大学出版社，2021：20.

第三，丰富的实践经验和较强的动手能力。如果在高等教育中注重培养学生的创新实践能力，让学生参与到科研活动中，培养其科研能力和实践能力，那么学生就会更具有竞争力，他们理论知识扎实，更易于接受新事物，学习新技巧，在实践操作中进步快，更容易成为当前社会所需的高素质人才。

第四，信念执着且具备优良的个人素质和专业素质。只有具备了优良的个人素质和专业能力，且信念执着，大学生才能在竞争中立于不败之地，我国各项事业的发展才能永葆生机。

（二）科教融合育人模式的路径一：创新教学方法

科教融合的培养理念要求高等学校在实施本科教育时不仅要将科研融入教学之中，而且要将教学融入科研之中，达到教学与科研的真正融合，使两者共同服务于人才培养模式。教科融合主要表现在教学内容的丰富、教学方式和手段的更新、教学组织形式的改变等方面。

1. 选择富有新意的教学内容

教科融合的人才培养方式要求大学所学的内容需符合人才培养的要求，既包括丰富的基础知识和前沿信息，也包括新颖的学习方法和研究方法。因此，教师在教学准备时，需要注意：首先，教学内容的选取要符合学科专业的要求；其次，教学内容要与时俱进，切忌选取陈旧、片面、低质量的教材；再次，教学内容要清晰准确，重点突出；最后，教学内容涉及和涵盖专业及课程的全部方面，同时包括学习方法和研究方法等。教师在教学内容的准备过程中，不仅要对教材内容熟悉，而且要结合当前的社会需要和前沿性知识，这样才能使教学内容富有新意，避免陈旧、枯燥，过于专业化，让学生无法理解。

2. 采取启发式的教学方法

基于科教融合的理念，教育在教学方法的选取上就要强调教学的学术性。因此，教师在进行教学时，首先，要改变传统的教师单方面输出和学生单方面输入的教学。其次，采用探究启发式教学。在课堂教学中，教师要根据教学内容和学生特点，以学生为中心，采用探究性教学方式来启发学生。教师可以就教学内容中的某个问题或某方面对学生进行引导，通过提问和讨论等形式，让学生自主参与到教学中来，独立寻找解决办法，发挥学生的主体能动性。若学生不能完全解答问题，教师可以给予适当的提示或再提问，帮助学生答疑。再次，教师要善于总结学习和科研方法。在教学过程中，教师不仅要向学生传授教学内容，而且要基于自身的经验给学生提供学科相关的较好的学习方法，使学生在面对大量信息或知识时，可以准确、快速地把握重点，提高教学效率。最后，教师在课堂教学中，要向学生传授科学研究的方法，使教学和科研有机结合起来。

教师通过启发探究式教学，使学生充分参与到教学中来。在学习过程中，学生不仅学到理论知识，也学到学习方法，从而增长了学习兴趣，培养和锻炼了解决问题的思维和能力；在教学过程中，教师因教学氛围的改变而增加了教学兴趣，也可能从学生身上获得研究的灵感，找到科研课题，最终使教学过程进入学生乐学、教师乐教的良性循环之中。教学方法的改变以教师的教学和研究水平作为支撑，同时，教师在研究和教学过程中要善于总结，从而优化教学方法，使之更好地服务于人才培养，充分发挥科研对教学的反哺功能。

3. 采用个性化的教学手段

在教学过程中，除了教学方式的改变有助于教学效果的提高外，教学手段的更新也会给课堂教学带来新意，其可以将抽象的教学内容形象化，从而使学生更容易理解和接受。尤其是在应用性学科中，通过多媒体等新型教学手段，学生可以清晰地看到很多微观的、不便于实验和观察的现象，从而更好地理解学科内容；人文社会学科通过多媒体等手段，能够向学生展示大量的信息，既节约时间，又给学生焕然一新的感觉。当然，教学手段的多样化与更新必须依赖于科学技术即科学研究。因此，科学研究的水平与质量影响教学的实施。

4. 运用多样化的教学组织形式

与科教融合相对应的教学组织形式，应该充分发挥科研的育人性和教学的学术性，培养出符合高等教育人才培养目标的创新型人才，具体形式包括以学生为中心的探究式课堂教学、小先生制和导师制相结合的实践育人模式、讲座、辩论、学术沙龙等形式。

（1）以学生为中心的探究式课堂教学，该类型的课堂教学以学生为中心，围绕教学内容，通过启发式的教学方式展开。首先，教师在课前要将下节课所教内容或专题提前告知学生。其次，强学生在上课前必须对所学内容进行预习，通过阅读教材和查阅相关资料完成课前准备工作。教师在课堂教学中作为组织者和管理者负责引导学生思考问题、分析问题和解决问题。再次，学生在学习过程中可以就教学涉及的内容与教师进行交流和讨论，在教学过程中建立平等的师生对话关系。最后，教师对所教内容和科研学习方法进行分析和总结，提出建议与不足，使学生不仅掌握系统知识，同时也能了解相关课程的学习和研究方法，为实践学习做准备。以学生为中心的探究式教学，是师生双边的学习过程。在课堂中，师生相互学习，共同分享学习和科研成果，教师在教学过程中可能获得研究灵感和新的研究课题，学生则在教学过程中受到启发，学习知识的同时提高自身素质和能力，达到教学相长的效果。

（2）个性化的讲座。讲座的目的是全面展示教学内容，将学生的注意力引向基本的事实和问题，从而引导学生与相关学科积极接触，起到提纲挈领的作用中。在大学本科教育中，讲座制起着重要的作用，具体表现在：首先，在大学入学之初，学校都会安排教师通过讲座对学生的大学生活进行指导，这不仅可以帮助大学生尽快适应大学生活，而且能开拓学生的视野，让学生接触新型的教学形式。其次，在大学前两年的普通教育阶段，大学教师根据教学内容的特点，采用讲座形式传授知识，通过变换教学形式为学生的学习注入新鲜血液，使学生更好地了解所学知识，激发其进行深入学习和研究的兴趣。再次，教师可以通过不定期地开展讲座与学生和其他教师分享自己的科研成果的形式，交流学术心得，在使学生领略教师学术风格的同时培养学术兴趣。学校在有条件的情况下，可以邀请国内外知名教授到学校做学术交流报告，进行学术的交流与协同，丰富学生的学习生活。最后，导师可以通过讲座形式向学生介绍研究课题的特点、理论和方法，激发学生研究的兴趣。通过参与不同教师的讲座，学生既能学习丰富的知识，又能体验不同教授的学术风格，使身心协同发展。因此，个性化的讲座制在科教融合的大学本科人才培养中发挥着相当重要的作用。

（三）科教融合育人模式的路径二：加强交流与实践

高等学校科教融合的人才培养模式，既强调寓教于研，也强调寓研于教，两者应紧密结合。科研活动包含教学成分，将教学活动纳入科研体系，主要包括研究性课堂和参与研究项目等课外科研性质的活动。

1. 开展专家讲座、学术沙龙及辩论

讲座和学术沙龙作为教师和教师、教师和学生，以及学生和学生的交流形式，在大学本科教育中备受欢迎。很多导师通过举办定期学术讲座和学术沙龙的形式进行科研育人。在举办讲座和学术沙龙前，学校会提前告知学生主题。学生通过查阅资料了解相关主题。在专家讲座和学术沙龙中，学生就自己的理解与专家交流，期间可能会出现对某一观点的争论，这种学术交流可以使学生在思维碰撞中产生新的学术火花，同时，教师在活动过程中会注意发现和提醒学生存在的问题，在讨论中提出建设性的意见，然后在活动结束后做出最后的评价与总结。通过辩论交流，学生不仅可以相互学习，取长补短，而且能在交流中得到启示，获得灵感，提出新的课题或想法，感受到头脑风暴带来的刺激，同时自身敏

锐的洞察力和思辨能力得以培养。教师在主持辩论的过程中，也可能发现新的问题或解决办法，而且会被学生的激情辩论所感染。

2. 组织课外科研立项活动

大学人才培养除了在课堂中进行，也可以在课外活动中完成，课外活动一部分由学校教师组织，通过教师选题学生参与，对立项进行研究，最后教师对研究成果予以评价并颁发奖励。另一部分是通过教师和学生申请省级、国家级研究课题。教师和学生共同参与课题的研究，完成科研项目。通过参与科研活动，学生的问题意识、批判精神、分析和解决问题的能力都可得到培养，素质和能力不断提升。

以上科研育人形式的实质是发挥学生的主体性，倡导师生间和生生间的相互交流与协同，建立平等和谐的对话关系。在互动过程中，不仅有知识的传播与创造，而且有情操的陶冶和能力的培养，尤其是实践经验的积累，这对于学生和教师而言都是巨大的财富。

二、高等学校产学研协同育人的模式构建

产学研协同是高等学校、企业、科研院所三个基本主体以创新为目标，在政府、行业、中介组织等相关主体的支持下，突破体制机制壁垒，有效地汇聚并融合各自的优势资源和要素，充分释放创新要素活力，实现互利共赢的协同模式。产学研协同培养学生对于改变学生创新实践能力不足、提升学生培养质量有着得天独厚的优势。同时，产学研协同培养学生是一种跨组织、跨界面、跨文化的人才培养创新活动，它涉及高等学校、企业、科研院所行业、中介组织等多方主体，迫切需要建立卓有成效的运行机制，进而实现倍增效应。

产学研协同科研育人，即产学研协同全员育人、产学研协同全程育人、产学研协同全方位育人。产学研协同全员育人要求调动产学研协同中每一位教职员工和企业员工的力量，发挥每一个人应有的作用，全员参与、落实责任，加强教师和企业员工队伍的教育意识。产学研协同全程育人则要求产学研项目协同过程中教育工作具备连贯性和延续性，贯穿教学全过程和学生的学习历程。产学研协同全方位育人是强调育人工作要贯穿学生学习、生活和思想，要注重内容的丰富性和形式的多样性，全面、系统地建设育人体系。高等学校产学研协同科研育人是科研育人实现社会实践教育功能和价值的有力支持，是实现学生转变成社会人的有效途径，推动学生进行有目的的、系统的、持续的学习活动，促进其知识、态度、价值和技巧上的改变，保障学生顺利就业。构建产学研协同科研育人体系，是高等学校应对新形势新挑战下实现科研育人的有效途径，也是培养学、德、才兼备

的工程应用型科技人才的必由之路，对提升人才的国际竞争力和国家硬实力具有深远的现实意义。

（一）产学研协同科研育人模式的意义

要加强学生的教育工作就要坚持以科研育人为教育行动指南，重视大学生思想政治教育，培养合格的社会主义建设者和接班人，培养担当民族复兴大任的时代新人。产学研协同科研育人理念的提出，使高等学校教育体系和教育队伍的建设更加完善，有效地解决了当前高等学校教育中存在的问题。提高学生综合素养、谋求学生全方位发展是产学研协同科研育人的核心环节。产学研协同过程中的全员全程全方位育人将是育人工作跨越式发展的保障，同时也是隐性教育顺利开展的重要条件。

1. 为学生综合素质教育的发展提供理论依据

产学研协同科研育人则从教育理论、教育方法、教育要求等多个方面对我国教育工作提出了要求，要达到科研育人就势必要重视学生综合素质教育工作。高等学校，尤其是理工类院校，应在产学研协同科研育人方面加强建设，深入贯彻教育课程中的全员全程全方位元素，探索产学研协同项目与课程的关联性，实际上也就是要坚持显性教育和隐性教育相统一的原则。学生综合素质的提升需要个人、学校、社会同步努力，贯穿整个教育的全过程，不是学生步入高等教育阶段才开始，也不是学生毕业就结束，而是应该具有持续性和系统性。所以，坚持科研育人和产学研协同互为纽带关系，不断提高社会教育的水平，促进社会教育的发展。学校教育与社会教育是一个紧密联系的整体，相互影响、共同发展。因此，产学研协同科研育人这一教学理念的提出对我国高等学校学生综合素质教育的意义是重大而深远的。

2. 为实现立德树人的根本教育目标提供保证

德与才缺一不可，以德为先、德才兼备是选拔和培养人才的重要原则。产学研协同科研育人是立德树人的重要环节，理工类院校要坚持全员全程全方位产学研协同育人，培养德、智、体全面发展的应用型人才，不断提高学生综合素质教育的深度和广度，并逐步实现内涵式发展，坚持显性教育与隐性教育相统一。学校应在制度、校园文化建设等方面加强对学生的隐性引导。要实现立德树人这一目标就必须有较为科学的理论指导，科研育人作为我国新的教育制度理论，将产学研协同科研育人融入综合素质教育工作中，能够最大限度地保证立德树人目标的实现。

3. 为培养符合社会需求的学生提供教育方向

科研育人是较为理想的教育教学模式，奠定新时代人才培养坚持全面发展的原则，全员全程全方位的教学工作为学生提供了一个最优良的学习环境与学习氛围，使学校、家庭和社会都能够作为教育者对学生起到一定的正面影响。理工类高校为国家培养大量的栋梁之材，是社会建设和发展的重要动力，但是培养的人才除具备专业知识以外，还必须具有一定的专业技能和人文素养。另外，高等学校教育在高素质人才培养中的地位不断提高，而高素质人才的培养要充分发挥每一门课程的作用，产学研协同科研育人、校园生活，乃至社会宏观及微观环境等，都是隐性教育的重要环节。将科研育人教育思想融入学生综合素质教育，使其贯穿大学生学习的全过程，并且以服务的态度为学生提供全方位的思想引导，在深刻认识其成长规律的基础上促进大学生的全面发展。德、智、体、美、劳是每个大学生都应该具备的素养，因此我国的教育工作应该及时转变教育思想是非常重要的。产学研协同科研育人是隐性教育的重要理念之一，是培养具备专业技术和拥有深厚人文素养人才的保障。

（二）产学研协同科研育人模式的本质

产学研协同科研育人模式的重点在"育"，产学研协同科研育人的主体在于人，教育者与受教育者构成一对相互关联的人。教育者传道、授业、解惑，受教育者学习、成长、发展。传统的教育模式将教育者与受教育者置于主动传授与被动接受的地位。而产学研协同科研育人则是对传统教育模式的突破，要求教育者不仅要教理论知识，而且要教实践技能，还要教职业道德。要求学生不仅要学，而且要主动学、时时刻刻学、方方面面学。

教师在产学研协同科研育人过程中扮演主导的角色，决定了产学研协同科研育人的基本方向。首先，教师要提升自身修为，先明道，再信道，后传道。做好产学研协同科研育人的关键在于教师，因此教师要担负起立德树人的使命。教师要全员全程全方位参与教育过程。新时代的"德"就是坚持社会主义核心价值观，这不仅是个人的"德"，也是国家的"德"，更是民族的"德"。其次，教师要改传统的教学为疏导式、示范式、服务性全方位教学。教师要将理论转化为学生听得懂、看得见、用得通的知识，深入浅出，结合学生的实际，因材施教。运用学生喜闻乐见的方式，在实践教学及教学实践中形象地呈现、生动地解说，让学生乐于接受。运用网络载体，建立红色教育阵地，生动入理、寓教于乐。同时，教师也要做好隐形教育，以身作则，起到良好的示范作用，在学生的生活、学习等方面给予指导和帮助。

学生是产学研协同科研育人过程中的一个重要的角色，在产学研协同科研育人过程中要发挥学生的主体作用。传统的教学模式中，学生学习处于被动接受的状态，导致学生不乐学，甚至对思想政治教育产生反感情绪。在产学研协同科研育人的模式下，一定要充分发挥学生的主体作用，通过调动学生学习的主动性来提升其学习力，使教育顺利地完成由内化到外化的过程。在产学研协同科研育人过程中，主动性、积极性、上进性是激发学生自主开展德育自省的"三大法宝"。教师可以在产学研协同科研育人过程中分享他们的人生感悟，也可以在课下开展讲师团等活动，通过选拔等形式选出优秀的高年级学生或出色的毕业生，让他们结合自身专业背景，讲述自己在所学专业中取得的成绩和在工作领域中的收获，实现德育上的"互助"。

（三）产学研协同科研育人模式的内容

产学研协同是企业、科研院所和高等学校之间的协同，形式上是以企业为技术需求方与以科研院所或高等学校为技术供给方之间的协同，促进技术创新所需各种生产要素的有效组合；协同实质上是科研院所和高等学校师生与企业科技研发人员之间相互学习、相互交流的过程。产学研协同科研育人是指在产学研协同过程中对学生进行全员育人、全程育人、全方位育人，达到对学生综合素质教育的目的。

1. 全员育人

全员育人是由学校、企业和学生组成的"三位一体"的育人机制，学校本身有着教书育人的职责，在"三位一体"育人机制中占有举足轻重的地位。在"三位一体"育人机制中，企业也是重要的"一位"。首先，教育职责意味着不仅要给学生传授专业知识，引导学生树立正确的人生方向，还要着重培养学生的自主学习能力和实践能力，让学生在正确的人生路上奋发前行。其次，走向社会的学生最后都服务于企业或国家。在企业影响着学生的同时，学生也在影响着企业，每一位学生最终都会步入企业，受各种各样的思想影响。但影响是相互的，在他们被影响的同时，在"三位一体"教育体制中接受教育的人才，也在将自己的职业道德理念传递给别人。

2. 全程育人

全程育人是学生从初入校门到毕业，特别是在实习实训期间，学校时时刻刻、方方面面让学生接触社会、认识社会，在实践中培养劳动观念和热爱劳动人民的真实感情。职业能力教育和职业道德教育是全程育人的重要组成部分。因此，每位任课教师都有着向学生传达职业道德理念的教学任务。例如，在为学生讲授"基础会计"这门课程时，通过讲解会计信息八项质量要求，向学生传达会计人员在核算过程中应牢记诚信为本的理念。不仅如此，企业作为学生的实习单位，在学生实习期间，也有帮助学生树立良好职业道德的义务。通过全程育人，学生可以在学校学习期间、企业实习期间不断地接受职业道德教育。随着时间的推移，学生不断深化对职业道德的认识，最终将职业道德牢记于心，成为具有高职业素养的职员。

3. 全方位育人

全方位育人是充分利用各种载体，主要包括实习、实训等，将育人寓于其中。在全方位育人中，职业道德教育不只是教师的任务，还是每一位企业职员的责任。教师要对学生传达有关职业道德的理念。学校可以通过各种活动，如举办有关职业道德品质的竞赛、提供学生助学金、设置品德要求等方式激励学生养成良好的道德品质。在全方位育人中，职业道德教育不只是关于学习的教育，生活也会给予我们很多启示。人的职业道德往往是通过许多微不足道的小事确立的。通过生活中的小事，培养学生诚实守信的品德，增强学生的责任心，帮助学生养成自律的良好生活习惯，从而加强职业道德教育。通过全程育人，学生从生活、学习、活动中更加理解职业道德的含义，提升自身职业道德标准，从而在今后的工作中严格遵守行业企业制度规范。

（四）产学研协同科研育人模式的工作机制

1. 产学研协同科研育人工作机制构成要素

产学研协同科研育人工作机制应该把解析科研育人工作机制构成要素作为逻辑起点。科研育人工作机制的基本构成要素包括以下四个方面：

（1）工作主体。在产学研协同科研育人工作机制运行过程中，启动和实施机制的机构和人员，称为工作主体。工作主体在科研育人工作机制的诸要素中居于主导地位，一般指高校的"全员"，即高校、高校各教育管理服务部门、教学科研单位，以及企业管理服务部门、科研生产部门的所有工作者。

（2）工作客体。工作客体，也称工作对象，是与主体相对存在的范畴，主要是指工作所针对的群体。常规情况下产学研协同科研育人工作的客体主要是学生。在特殊情况下，主客体之间的地位也会发生转换。

（3）工作环境。工作环境是指产学研协同科研育人工作机制在运行过程中所处的基础环境，以及为了推动科研育人目标实现而创设的新环境。工作环境可分为宏观环境、中观环境和微观环境，或者分为物质环境、文化环境、制度环境等。因此，在构建产学研协同科研育人工作机制的过程中，环境因素应考量国家社会文化背景、区域文化特征等宏观环境，学校和企业战略规划、顶层设计等中观环境，以及管理服务部门、科研教学、生产单位等微观环境；营造有利于产学研协同科研育人的物质环境，把握国家、民族、社会、区域、学校等长期形成的价值、观念、风气、习惯等文化环境，并创设有利于科研育人实施的新文化氛围，改进和完善有利于科研育人实现的政策制度环境。

（4）工作管控与保障。工作管控与保障是指确保机制运行过程中运行方向与目标结果一致而采取的管控和保障措施。产学研协同科研育人工作机制构建过程中会涉及高等学校教育教学的多个环节，包括多个教育管理服务部门和教学科研单位，这些主体都有自己"相对独立"的工作流程和任务，为保证各个环节和各个主体朝向目标同向同行，需要配备必要的管控手段和措施，以达成效果。同时，需要配备相应的保障，如提供必要的人力资源、经费物资、制度规章等支持。综上，高等学校和企业的全员全程全方位育人工作机制是以实现立德树人根本任务为目标，以各构成要素为基础，构建全员全程全方位育人基本要素之间相互联系、相互作用、相互制约的联结方式，并通过它们之间有序的协作使其整体功能最大化，进而实现育人效果最大化，形成培养"德智体美劳全面发展的社会主义建设者和接班人"的有效运转系统。

2. 产学研协同科研育人工作机制构建原则

（1）整体性原则。全员全程全方位育人工作机制的形成是机制内部各要素联动的结果，必须坚持整体性原则，以全局观念统筹推进。在"尊重差异、包容多样"的基础上推动产学研协同科研育人覆盖学生整体、覆盖入校到毕业的一条时空主线、覆盖工作的各个环节。

（2）系统性原则。产学研协同科研育人工作机制需要各主体、各环节、各要素各司其职，有计划、有条理、有步骤地完成。产学研协同科研育人是传播马克思主义科学理论的隐形渠道，保障渠道通畅、有序、有效运行，是建立全员全程全方位育人工作机制的基本要求；产学研协同科研育人是进行思想价值引领的重要阵地，做到因事而化、因时而进、因势而新，是建立全员全程全方位育人工作机制的内在要求；一体化系统推进教书育人、管理育人和服务育人，做到系统协同、同心聚力、同行同向，是建立全员全程全方位育人工作机制的本质要求。

（3）协同性原则。全员全程全方位产学研协同科研育人是一项长期性的工作，需要多个部门多方面同时同向发力。思政课程与产学研协同科研育人协同，依据学生成长规律，做好课程内部和产学研协同科研育人的衔接工作，提质增效。学校所有的教学科研管理和服务单位多方协同、汇聚力量，加强校内外协作。将校外企业优质资源引进来，用真实的故事案例充实学生的头脑，打动学生；让校内师生走出去，参加各级各类实践活动，开阔视野，实现学校、社会、学生"三位一体"协同发展。

（4）发展性原则。全员全程全方位产学研协同科研育人机制应是动态调整的系统，针对工作客体不同阶段的特征，进行动态性调整，并根据其发展的历史状态、当下情况和未来预期，进行合理性、前瞻性设计，推动思想政治教育、专业教学与社会教育在更深层次上实现融合与统一。随着内外部环境的变化，育人机制系统本身也需要不断优化和升级，以保障立德树人根本任务的最终实现。

（五）产学研协同科研育人模式的路径探索

产学研协同科研育人实施过程中，鼓励有条件的科研团队组织学生走进企业，让学生更多地了解企业需求与企业的实际运营情况，便于学生在求学期间了解知识的所学与所用场景、树立学习阶段的理想与研究方向。不定期组织能力较强的学生与教师一起参加企业技术协同洽谈会，让部分学生在不影响学业的情况下加入课题的研究。同时，将产学研协同科研育人纳入研究生新生入学教育中，在研究生入学之初就了解校企产学研协同的意义，挖掘学生潜力。以校企产学研协同项目为基础，依托学校与企业协同，将"挑战杯""大创"等科技赛事与产学研协同项目结合，为参赛项目提供经费、试验场地等方面的支持，具体探索路径如下：

第一，完善产学研协同科研育人平台。高等学校可以鼓励导师将学生纳入研发项目组中去，参与校企技术协同洽谈会；鼓励有条件的导师或团队组织学生走进企业，实地观摩生产一线。

第二，拓展产学研协同科研育人资源。除校内平台外，可以利用在各地方政府、科技部门举办的科技交流会、人才洽谈会、产业博览会等契机，鼓励有条件的导师或团队组织学生前往参观学习，让学生们了解技术前沿，激发学习动力。

第三，丰富产学研协同科研育人环节。围绕研究生的学习和科研，可以将"科技成果转移转化教育"纳入研究生新生入学教育，在部分学院试点产学研专题教育讲座，培养研究生产学研工作的意识。

第四，构建"研究生院+产业研究院"的非全日制研究生培养模式。围绕非全日制研究生培养工作，开展以研究生院为校内载体和产业研究院为校外载体的培养模式，为非全日制研究生培养提供全新模式，实现非全日制研究生高质量培养与产业研究院发展的双赢。

第五，试点国际产学研协同科研育人工作。高等学校科技处可以与海外教育学院协同，开展国际产学研育人试点，通过启动产学研类专题活动、留学生走进企业、留学生专项培养等工程，挖掘有潜力的留学生，提升留学生培养质量，同时为企业寻找海外代理人或海外技术骨干，为企业拓展国际市场提供助力。

第六，探索依托产学研项目的毕业设计方案。探讨校企协同的项目与学生毕业设计相结合的可行性，在不影响合同执行效果的情况下，尝试将学生的毕业设计方案加入校企产学研协同中。依托学校产学研优势资源，在全校范围内开展产学研协同育人工作，拓展人才培养路径，整合人才培养资源，提升人才培养质量，构建产学研协同育人长效机制。切实履行科研育人综合改革工作要求，充分发挥高等学校产学研协同科研育人成效。

第三节　高等学校科研育人的发展对策

一、高等学校科研项目育人的全域覆盖

高等学校科研育人中项目的选题、立项、申报、管理的育人功能意义不言而喻。高等学校科研项目的育人功能，为推进高等学校科研育人工作，发挥高等学校项目育人功能提供重要保障。"实现项目育人的全域覆盖，可以通过对青年教师、学生围绕特定的研究主题设立科研项目，并扩大项目立项的师生覆盖范围"①。高等学校通过发挥项目育人作用，可以培育师生的科学研究能力，促进师生学科专业能力和水平的大幅提升，更好地达到项目育人的目的。

（一）设立思想政治研究专项项目

通过项目的形式，培养思想政治教育人才，侧重于学生人格的养成、品格的塑造和素养的提升。利用项目育人来培养思想政治教育人才，既有助于提高学生的思想道德素质，又有助于提高学生的科研能力和水平，是一种将思想政治教育寓于科研之中的育人过程。通过项目来培养思想政治教育人才，既是一种有目标、有责任、有意识的教育引导行为和培养大学生综合素质和创新能力的有效方式，又是依照教育和人的发展规律，立足于科研

---

① 邓军，旷永青，赵铁. 高校思想政治工作质量提升理论与实践科研育人卷［M］. 桂林：广西师范大学出版社，2019：40.

学习的各个环节。项目育人不仅关注研究生的科研活动，而且重视思想政治教育的重要性和连续性，从而发挥科研育人的持久影响力。

因此，项目育人就是通过让师生参加科研项目等研究活动，引导他们开展科学研究，培养和提高其思想品德和科研能力，以实现高等学校育人的目标。科研活动是一种特殊的认识和实践活动，它对于正在学习从事这一活动的人而言，具有培育良好的思想品德的功能。科研活动，尤其是参与科研项目研究，是一种搜集信息、加工信息和创造信息的认识活动，对人的思想观念无疑具有直接的影响。而且，经过艰苦的认知和探索得到的思想认识，给人的印象最深，最容易成为他们的信念。项目育人活动同时是一种实践性活动，因而具有对人的思想品德的影响和塑造作用。不论是理工科的实验操作，还是人文学科的项目研究，都是一种亲身实践和探索的过程。这种过程对学生有着多方面的潜在影响。

科研育人还是一种更高级、更有效的育人方式，与传统的思想政治教育方式和途径相比，科研育人有一个很重要的特点，就是在思想政治教育过程中增添了科学性和信息量，增加了自主探索的特点。在现代社会条件下，在思想政治教育中增加科学性的因素，增加专业性知识，是增强思想政治教育效果的重要途径。而且，传统思想政治教育的效果受到受教育者的积极性和主动性的影响，受他们的自主探索和自我选择的影响。单向的传授，直接告诉他们结论，往往不易受到他们的欢迎。反之，允许和提倡受教育者发挥自己的主动性、积极性，自主地对事情的原委和问题的答案进行独立思考和探索，由此得到的结论他们自然而然地接受。科研育人的方式为思想政治教育增加了"探究"属性和因素，有助于提高实效性。

（二）设立创新创业专项项目

科研工作的一项基本属性就是创新，唯有坚持创新，持续探索新领域、发现新问题、解决新矛盾，不断调整科研方向，掌握学科前沿知识，形成独特的研究成果，学术价值才能得到有力体现。因此，项目育人有利于发挥科研项目的桥梁作用，通过依托科研项目，切实培养和提升广大青年教师及在校大学生的创造精神、创新意识和创业能力，引导和激发广大师生积极参与到创新创业和学术实践活动中来。

（三）设立政工辅导员专项项目

辅导员队伍是高等学校实施学生思想政治教育的骨干力量，辅导员队伍建设是高等学校教职工队伍建设的重要组成部分。辅导员参与校内外思想政治教育课题或项目研究，不断提升理论水平和实践研究能力，显得尤为重要。项目育人作为政工辅导员提升自身理论水平和实践研究能力的重要途径，通过发挥项目育人的作用，有助于提升政工辅导员的理论水平和实践研究能力。

（四）设立社会服务行动专项项目

社会服务职能并不是大学与生俱来的，它是高等教育发展的历史产物，它随着社会经济的发展和高等教育的发展而不断丰富自身内涵。在科学技术特别是信息技术发展迅速、经济发展亟须转型，高等教育大众化的背景下，我国大学社会服务有着广阔的空间。大学发挥社会服务职能，是通过结合地方社会经济发展，开展多种形式的信息咨询服务和智库服务活动，加强科研成果转化，更好地满足社会需求。因此，加强社会服务人才培养迫在眉睫。

一方面，高等学校可以为社会培养高素质、高技能人才。大学培养的人才不仅是社会所需求的，而且是社会的引领者。大学培养的创新人才是新知识的创造者、新技术的发明者，是科技新突破、社会发展新途径的引领者和开拓者。大学通过把创新人才培养作为目标，以科学技术、知识的创新为基础，将自己的创新性科学文化、技术知识，直接应用于人才培养，以人才培养模式改革创新为突破口，充分激发大学生创新意愿，使其掌握创新工具，熟悉创新过程，培养创新能力，更好地服务于经济社会发展。另一方面，高等学校以人才优势、科研优势、科技成果优势和信息优势为区域经济发展提供了强有力的支持。大学拥有大批各级各类高级专业人员，他们有较高的学历，在各自的研究领域开展前沿和深入的研究，还是贯彻落实"自主创新、重点跨越、支撑发展引领未来"的新时期科技工作方针的领头人；他们能够瞄准科学研究发展前沿，整合学科资源，为国家和社会科学技术创新做出贡献。

（五）设立学科研究专项项目

本科生、研究生教学都应倡导研究式教学，学生应积极地参与到教师的科研活动中来，在不断探索和研究中学习知识和提高能力。研究式教学对教师的科研能力、组织能力有较高的要求，要能够在教学中发现问题。在科研中解决问题，并将最新科研成果应用于教学，经得住实践的检验。为此，应充分发挥项目育人的作用，培养学科专业所需要的科学研究人才，通过科研项目，既培养了学科所需要的人才，又有助于组织学生参与到科学研究中来，共同推进专业人才的培养。充分鼓励学生参加研究活动，带动学生参与科学研究与科研组织，同时鼓励不同学科的教师和学生共同协作，有机融合科研与教学，在科研活动中开展研究式教学，促进教师和学生有效开展高水平科研活动，着力培养各类学科专业人才。

（六）设立图书档案管理专项项目

图书馆是校园文化建设的重要阵地，是高等学校信息化建设的重要组成部分，管理人员需要具备扎实的信息管理基础知识和较强的计算机、网络等信息技术应用能力，精确掌握图书、档案的采集、分类、整理等技能。因此，为提升图书档案管理者的服务管理水平，使其更好地完成学校信息的管理，我们需要培养满足图书馆档案管理需要的高素质技能型人才，引导他们从科研工作中总结和吸收图书馆档案管理经验，不断提升自身的专业技能。

（七）设立职业教育研究专项项目

针对教育教学改革与人才培养的热点、难点问题，高等学校可以通过设立职业教育专项课题，积极探索有效的方式和途径，鼓励支持职业院校与行业、企业合作开展教学研究，形成常态化职业精神培育机制，推动职业教育人才培养。

二、高等学校科研团队育人的全员参与

高等学校科研团队是以科学技术研究与开发为主要工作内容，由两个或多个技能互补，愿意为共同的科学研究目的或目标奋斗，并在科学研究过程中相互共同承担责任的，以高等学校科研人员为核心的群体。高等学校科研团队大多是以高等学校中的科研梯队学术研究中心、课题组为代表的教师科研型群体组织。高等学校科研团队是高等学校科研活动中的中坚力量，由于其团队的智慧凝聚力和思想综合力，在科研方面有着巨大的潜力，对高等学校科研潜力的整体激发和人才培养起到了重要的推动作用。

（一）构建团队育人体系，全面促进人才培养

1. 加强团队培育，推动科研团队带头人培养

一个优秀的科研团队，不论是单学科研究团队还是多学科交叉科研团队，或是基础研究型科研团队、应用研究型科研团队，从构想到组建再到成果产出以及团队管理都离不开团队的带头人。具备良好素养的团队带头人，能够保证整个团队和谐有序地运作。团队带

头人要承担过国家级或省级高水平科技项目，有较高的学术造诣和学术水平，在业内具有较高认可度，思想政治素质高，团队内部协调能力强，能卓有成效地带领团队开展工作，充分调动各成员的积极性，使每一个人发挥自己的最大潜能。

（1）加强知识学习，提升自身能力。团队带头人需要对团队的目标进行设定，目标的准确设定建立在团队带头人自身知识和研究能力的基础上，这就要求团队带头人不断加强学习，提升自身的科研能力。团队带头人的科研能力决定了他在团队中的地位，即便不是科研能力最强的，但是一定是有较强科研能力者。丰富的知识储备和较强的科研能力给团队带头人以自信，自信的人能相信自己和依靠自己，在面对压力和挑战时能够泰然自若。自信心的建立同时给团队成员建立了可信度，团队成员会因为你是某方面的专家或权威而信任你，对你设定的目标予以认同。这就为团队的目标实现提供了可靠的保证。

（2）加强人文关怀，提高团队凝聚力。一个团队的凝聚力强不强，团队能否保持长期的协作关系，取决于团队带头人的个人素养和个人魅力。

首先，团队带头人应具备正直的品质，正直意味着诚实和有坚定的道德原则。正直通常被定义为在正确的时间，以正确的理由做正确的事。领导者在行事过程中秉承公平公正的原则，在团队中才能树立起良好的令人信服的团队领导形象，并在重大问题上做出决定时，给团队成员以信心。

其次，团队带头人应有开放包容之心。具有包容心的人让人容易接近，并且乐意接受他人的观点、意见和想法。开放的人具有强烈的求知欲，善于处理模棱两可的状况；喜欢探索，从而发现更多可能性。他们有着强烈的好奇心，从而会发现很多值得探究的问题。他们欣赏新项目、新体验，并乐于参与其中，因为他们对尝试新鲜事物有强烈的渴望。开放包容的人，会在科学研究过程中尊重他人的意见和建议，并以一种乐意态度去接纳团队成员提出的意见，且有勇气调整和改变原有科研方向、科研计划和科研方法。

最后，团队带头人应有充沛的精力和积极乐观的心态。精力充沛的人充满热情与活力，尤其是对工作、对组织、对项目、对研究拥有无限的激情与活力。积极乐观的心态往往能够感染团队成员，特别是在遇到困难的时候，能够有勇气面对，敢于担当、敢于承认自己的错误。面对挑战、障碍和逆境时能够有信心和信念，克服困难、积极面对挑战，迎难而上。

（3）加强协调沟通，提高自身组织能力。团队带头人在工作中明确团队的目标，做好分工，并在实现目标的过程中了解团队成员的工作进度，协调外部关系，促进团队成员之间相互信任与合作，鼓舞团队士气、培养团队精神。以团队带头人为核心，围绕国家和区域战略、重大项目、学科前沿研究建立学术研究队伍,创建一批优秀的、具有特色的创新团队,以此带动一批重点学科、优势学科进入国内一流行列。

2. 加强团队考核,促进学术带头人与骨干培养

高等学校科研的生命在于人才,要建立一所一流的综合型大学,关键在于培养一批专业基础扎实、学术水平高、开拓创新能力强的学术骨干教师。提高高等学校的核心竞争力在于学科,提高学科的核心竞争力在于学者。造就一支优秀的学术骨干队伍是一项复杂而艰巨的系统工程,学校需要做好顶层设计,并建立起有效的可持续的培育机制,促进人才的培养,而团队建设就是人才培养的孵化机。

青年教师是高等学校科研的主力军、生力军,是学校科研可持续发展的动力源泉,各高校都十分重视青年教师科研能力的培养。青年教师虽然在某一领域已具有较扎实的理论基础,但理论结合实际的水平、交叉学科的复合知识的掌握程度及动手能力等方面还亟待提高。青年教师快速提高科研能力的有效途径之一就是加入科研团队。因为在科研团队中,青年教师可以接触到最新科技成果,了解并掌握本专业及相关专业的学术动态,从而快速提高自身素质,改善知识结构,并将最新科研成果直接、迅速地反映在教学活动中,以适应社会不断变化发展和教育实际的需要。

3. 建立团队育人机制,促进学生科研人才培养

高等学校在团队建设管理中,要从多方面进行学生科学研究的能力培养。首先,营造积极参与科研团队的浓厚氛围。学生通过参与科研团队研究,使课堂知识得以延伸和拓展,提高了学习积极性,从而形成了积极参与科研团队的浓厚氛围。其次,逐步建立和完善科研育人有效机制,激励更多的在校生参与到科研团队的研究中来,实现在科研学习和锻炼中提升科研素养和能力。最后,积极引导、鼓励和支持学生参与科研团队,营造良好的学术环境和学术氛围。高等学校可以通过开展专题学术讲座、设置学术论文写作辅导课程,设立学生研究专项项目、将科研成果纳入奖学金评定等多种方式,引导鼓励和支持大学生积极参与科研团队、项目和课题,为学生营造良好的学术环境和学术氛围。例如,经济管理学院努力营造科研育人的环境,在学生来校初期,就给他们讲述论文发表的重要性,课堂上为学生讲述学科前沿问题,专门为学生设置论文写作课程,邀请知名专家为学生做学术报告,在学院研究生奖学金评定细则中对参与项目、课题,参编教材、专著的学生给予加分和奖励等。

（二）构建科学有效机制，保障团队人才培养

高等学校可以建立团队培育机制，营造科研育人良好生态。科研团队的良性发展离不开有效机制的保障。高等学校可以建立团队激励机制，激发科研育人活力。对团队成员的激励方式主要有精神激励和物质激励两种，如给予团队成员奖金、福利、津贴等物质激励，或者给予表彰、升职等精神奖励。不同的激励方式不仅可以满足团队成员的基本需求，而且满足了其精神层次上的需求，使其实现自我价值，从而获得尊重和满足感。各种激励制度的有效结合可以提高团队成员共享知识的积极性，达到提高知识共享效率的目的。高等学校可以建立团队约束机制，保障科研育人良性发展。团队知识共享的开展，离不开约束机制的保障。只有在约束机制的保障下，团队成员才能积极主动地共享自己的知识，保障知识共享活动的有效进行。

科研团队需要制定相应的政策方针来推动知识共享活动的开展，对于团队成员获取的知识特别是显性知识，运用行政手段采取硬性规定的方式促使知识共享；对于隐性知识采用引导性的行政政策，促使知识共享，团队可以运用行政手段对不愿与人共享知识的成员实施惩罚措施，使团队成员为了规避惩罚而进行共享知识，从而减少成员对独有知识的隐藏；对于共享力不足，无法实现知识共享的成员，团队运用行政手段创造培训机会，对其进行培训，提高团队成员知识共享的能力，包括知识共享的能力和接受能力两方面。

知识共享的开展需要经济手段的支撑，必要的奖金、津贴福利能提高团队成员的积极性，提高研究效率。知识共享的客体是知识，知识的可复制性等特点决定了知识在共享的过程中必须注重对知识产权的保护，才能保障进行知识共享者的根本利益，提高其知识共享的主动性，完善的知识产权法和团队对知识产权的重视，是进行知识共享的重要保障。对于在知识共享过程中的相关方的权利与义务及利益分配问题，也可以采用合同的方式予以约束，保障双方的利益。

三、高等学校科研平台育人建设与督导

（一）科研平台育人的建设

高等学校可以通过加强学科类平台育人建设、智库类平台育人建设、综合类平台育人建设等，完善育人机制，优化评价机制，增强实施保障，切实构建多维度、多渠道、多平台的人才培养体系。

1. 学科类平台育人建设

高等学校科研平台均依托某个学科或多个学科建设，从这个意义上而言，高等学校科研平台均属学科类平台。学科作为高等学校建设的核心，是完成人才培养目标，实现科技创新和承担社会服务功能的重要平台。学科建设是一项长期的综合工程，学科建设的三大要素为汇聚合理的学术梯队、凝练稳定的学科方向、构筑完善的研究平台。

高等学校学科专业人才培养担负着为国家建设培养高素质、创造性人才的历史重任，对教学、科研条件以及管理水平等有着较高的要求。人才培养的核心是提高教育质量和培养创新能力，而人才培养水平的提高离不开学科建设。高等学校要加强学科建设，打造具备高素养、高创造能力的导师队伍，获得高水平的研究课题和充足的科研经费，从而推动专业人才培养和学科建设的发展。学科类平台建设是学科专业人才培养的重要组成部分，支撑着高等学校的学科建设、教学科研，为研究生提供了进行实验教学和科学研究的平台，为人才培养提供了有力保障。当前，各高校学科专业平台均以学科发展为牵引，积极适应新时代发展需要，形成特色鲜明、机制灵活、运行高效、功能全面的研究基地、中心或研究院等，有力支撑和促进了学科专业的全面建设。

各高校学科专业类平台拥有较好的硬件设施，可以提供获取信息和交流信息的方法和手段，具备培养高水平人才的必要条件。重点研究基地、重点实验室、协同创新中心等研究机构，持续在仪器设备、专家引进等方面加大投入，改善教育和科研条件，使人员从过去传统的知识获取型向现代的能力发展型转变，不断创新，推进学科专业人才教育。高校、学院、教研室、导师形成四级培育体系，多层次、多维度强化目标管理，结合学科特殊性要求和专业性要求，适时修订培养方案和建立人才培养质量监控点，建立严格的论文评阅、评审等制度，形成科学的培养质量监控机制，确保学科专业人才培养质量。

2. 智库类平台育人建设

在科研平台建设中，有偏重基础理论研究的科研平台，有偏重应用研究的科研平台。而在应用研究类科研平台中，又有智库类科研平台。人才是智库的核心竞争力，在提高智库学者决策咨询能力的同时，还必须有针对性地强化政治意识学术意识和服务意识，确保信得过、用得上，靠得住。智库研究的焦点往往是国家关心的重大理论和现实问题，具有繁复、急迫、相互交织的特点，需要调动科研院等各方面力量，汇集各方面资源，发挥人才集聚效应，构建高端研究平台，推动智库建设又好又快发展。

高等学校培养和打造智库队伍，主要是探索建立实体性的专业智库和具有智库功能的研究机构。实体性的专业智库应当具备以下基本标准：①遵守国家法律法规、相对稳定、运作规范的实体性研究机构；②具有特色鲜明、长期关注的决策咨询研究领域及其研究成果；③具有一定影响的专业代表性人物和专职研究人员；④有保障、可持续的资金来源；⑤多层次的学术交流平台和成果转化渠道；⑥功能完备的信息采集分析系统；⑦健全的治理结构及组织章程；⑧开展国际合作交流的良好条件等。具有智库功能的研究机构，比如协同创新中心、人文重点研究基地等，一般采用虚体实做或实体实做的形式发挥其功能，多种形式培养和汇集智库型高端人才，打造极具特色的协同合作人才培养特区。高等学校智库人才除了要具备深厚的专业学识基础，还要能够敏锐捕捉发展趋势，具有国际视野，提供全局性、方向性的顶层设计，善于国际交流、与媒体打交道、公共外交，精于管理，不断开拓创新，引领社会发展。

3. 综合类平台育人建设

既注重基础研究，又注重应用研究的高等学校科研平台称为综合类科研平台。高等学校肩负着人才培养、科学研究、社会服务、文化传承创新、国际交流合作的重要使命。因此，综合类科研平台既强调科学研究，又强调人才培养、社会服务，还强调文化传承创新和国际交流合作。跨国跨学科合作的科研平台是培养具有国际视野、思维与能力的创新型人才的重要载体，可创造为学生与国际专家深入交流与联系的机会，使其学习和掌握国际先进学术理念和科研方法，提高科研水平。加强学生国际流动与实践平台建设是增强学生国际竞争力、适应全球化时代的有效途径，实施以短期交流学习、到国际组织或国际企业实习、海外志愿活动为主的实践模式，是提升学生国际参与和服务能力的必然选择。同时，积极推动孔子学院、孔子课堂及华文学校的发展，不断增强师生国际互动能力和国际理解能力。

（二）科研平台育人的督导

为进一步推进高等学校平台内涵建设，必须充分发挥督导在规范科研行为、加强科研管理、监控科研质量、提高育人水平，增强服务社会质量等方面的重要作用，彰显高等学校科研机构特色，全面提高人才培养质量和科研效益。高等学校可以依托学科类、智库类、综合类等平台，大胆探索科研平台人才培养体系和保障机制的构建，设立专项培育项目，开展人才培养学术交流等工作，分析其动力机制人才培养目标、教学和研究体系、培养过程等，促进科研平台产生更大的社会效应和发挥更大的育人作用。高等学校智库作为中国特色新型智库的重要组成部分，在国家治理体系和治理能力现代化过程中发挥着重要作用。智库类平台需要注重发展规划的科学性与合理性，健全内部治理体系，加强对外合作和资源整合，注重品牌传播，完善智库建设评价体系，充分发挥高等学校智库的独特职能。

　　总的而言，高等学校要以学科类、智库类、综合类等平台为载体，创新拓展育人机制。依托平台设立专项培育项目，注重契合区域经济社会发展急需开展人才培养学术交流工作，为区域经济社会发展提供智力支持和人才支撑。

第三章 高等学校科研管理的系统

第一节 高等学校科研管理的主客体

"高等学校是知识创新、知识传播、知识物化的重要基地，是培养高素质人才的摇篮和圣地，也是开展科学研究的基地"①。科研工作是高等学校工作的重要组成部分，是人才培养和学科建设的重要支撑，是提高教学质量、深化教育改革、优化教学队伍建设的根本保证。高等学校是教育发展的重地，科研工作是促进高等学校发展的主要途径之一，因此，加强在高等学校科研工作中实施以人为本的管理是实现高等学校可持续发展的不可或缺的必要前提。

一、高等学校科研管理的主体分析

高等学校科研管理的主体，主要是各高等学校以及上级行政管理部门，包括地级市、省、中央等教育行政主管部门。此外，人力资源是科研力量的核心，也是科研力量的灵魂，没有人力资源就无所谓科研力量。科研力量能否实现内聚力、集约化发展，起决定性作用的是"人"，即广大的科研人员，是具有生命的鲜活个体，人的整体发展态势决定着"物"的流向与存在的状态。可见，广大教师和科研人员是高等学校科研活动的主力军，他们的积极性能否得到完全发挥，是高等学校科研实力能否发展壮大的关键。把"以人为本"的理念运用到高等学校科研工作中去，就是指在科研管理中，将人置于管理的核心，确立人的主体地位。通过卓有成效的管理活动来调动广大教师、科研人员和科研管理人员的积极性、主动性和创造性，以保证科研工作目标的实现，同时，致力于人的发展，积极创造条件，努力促使广大教师、科研人员和科研管理人员全面而自由地发展。

---

① 赵丽娟. 高校科研管理的理论与实践探索 [M]. 北京：北京理工大学出版社，2019：43.

因此，在高等学校的科研管理中就应当坚持"以人为本"，这不仅是科研人员自身发展的需求，也是科研管理可持续发展的必要前提。高等学校科研管理中坚持"以人为本"的策略在高等学校科研管理中充分发挥人的主体性，是实现对人的终极关怀的必要条件。在高等学校的科研管理中，只有重视科研人员及教师的主体作用，凸显他们的主体地位，充分发挥他们的主体性，增长他们的主人翁意识，才能加强他们的责任感，调动他们的积极性，充分发挥他们的智力潜能，拓展他们的思路，提高他们的科研能力和水平，为高等学校科研的发展做出贡献。坚持以教师个体的发展为本。当今时代，随着信息技术的飞速发展，人类知识更新的速度空前加快，这对高等学校教师提出了严峻的挑战。要成为称职的高等学校教师，必须先应该是一位研究者，因为科研是促进教学的重要手段。

（一）高等学校科研管理人员的管理方式

1. 跨功能团队管理

传统的科研工作是被分开在职能团队中，因而科研人员只是对技术工作承担责任。在跨职能团队里，不同功能团队成员像紧密完整的跨功能部门那样工作。因而，除了对技术工作承担责任，科研管理人员分享了整个跨功能团队工作的其他职责。跨功能团队被科研管理广泛接受，因为团队能促进研发目标的完成，减少正式评估的需要，减少成本和需要发展新项目的时间。因此，跨功能团队能提高工作生活质量。为了在全球经济里取得竞争优势，跨功能团队可能在全球分布，这些团队允许跨国机构聚集世界各地高素质科研人员，使其在一个团队工作。不过，这些团队如果没有正确的管理，那么就更可能导致失败。因为这些跨功能团队跨文化的本质可能导致交流问题。为防止团队失败，可以使信息明确、增加面对面接触的机会、在团队成员间建立信任、不断地促进团队成员间的交流。

2. 科研技术管理者

传统技术管理通过命令和控制系统管理科研人员，技术管理者制定研究方向，设定计划、程序和规则，而且确保科研人员沿着指定方向前进，遵循这些计划、程序和规则。在竞争性的科研工作里，技术管理人员被退出来，更多管理岗位由个别科研人员担任。技术管理者发挥着两种重要作用：催化剂作用和首领作用。技术管理者提供给科研人员一个富有挑战和更多自主权的环境，提供明确的工作目标，允许他们成长、发展，通过这样来完成催化剂作用。技术管理者通过指导科研人员工作来发挥首领作用。然而，技术管理者起催化剂作用越大，其发挥的首领作用就越小。为了在今天竞争激烈的研究和发展环境里成功，技术管理者要从命令和控制方式转向领导方式。因而，技术管理者要从首领角色转向催化剂角色。管理技能、人际技巧和专业技能对于技术管理者发挥催化剂作用有着十分重要的意义。

3. 科研知识管理

科研人员是知识工人，知识是获得竞争优势的核心资源，知识一般分为两类：显性知识和意会知识。显性知识能口头传递或文字传送；意会知识是个体化、经验的，更多是联合活动传送。而且，显性知识和意会知识存在于个人和组织里，科研机构通过管理这两类知识获得竞争优势，特别是意会知识。知识管理在技术组织里起作用的两个主要因素是文化和结构，信息技术成为第二类因素。

4. 电子与其他技术

科研人员的工作主要依赖信息的流动和分析，电子技术能用于指导信息流程和分析信息。网络是提高信息传播速度和降低交流成本的新工具。因而，网络有潜力提高科研人员的成绩，他们使用网络促进产品开发和项目研究。以网络为基础的系统开发，在最短时间内发现和解决涉及的问题，开发的时间和花费减少。科研人员使用了以网络为基础的数据库去进行知识管理，使用在线数据库在其他组织领域寻找已存在的技术解决问题方法。然而，有这样一个在线数据库不足以保证科研人员成功地交流技术知识。因而，在线数据库需要有效管理。

（二）高等学校科研管理人员的素质要求

高等学校科研水平的高低与科研管理人员有着密切的关系，科研管理水平对高等学校科研发展起着举足轻重的作用，高等学校科学研究除了需要一支高水平科研人员队伍，同时也需要一支高素质科研管理人员队伍。建设一支结构合理、训练有素、有开拓精神的科研管理人员队伍是高等学校科研管理充分发挥管理效能的必要条件，也是科研水平不断提高的重要保证。高等学校科研管理人员的素质要求如下：

1. 扎实的专业知识

科研管理工作面临着各个学科、各个研究方向不同的研究内容，这就需要科研管理人员了解相关学科的一般知识，只有这样才能较好地对不同学科、不同研究方向、不同研究领域的研究工作进行有效管理。随着大学学科重组、交叉学科增多，管理人员要加强专业知识的学习，及时补充相关知识，以适应现代科研发展的需要。科研管理人员要不断学习科研管理理论、方法和政策，并创造性地与本院校实际情况相结合，学会发现问题、分析问题和解决问题，善于从大量细微的工作中总结经验，不断把握科技工作的特点和规律，解决工作中的问题，并以此来指导今后的科研管理工作。

2. 较强的政策能力

对高等学校科研管理人员而言，应该重点了解、熟悉和掌握国家发展科学事业的路线、方针、政策及规定，保证本单位科学研究的发展方向、重点研究领域、重点研究项目或课题、本单位科研管理各项规章制度或条例；应重点了解、熟悉和掌握科研管理工作范围内的有关政策和规定，以保证自觉地贯彻执行这些政策、规定，防止和杜绝违反政策、规定的情况发生。同时，在执行过程中，还要同本地区、本单位、本部门实际情况结合起来，充分发挥自己的主动性和创造性。只有这样，才能保证国家发展科学事业的路线、方针、政策得到正确贯彻和落实。

3. 崇高的敬业精神

科研管理工作归根到底是一项服务性工作，没有认真负责的工作态度和敬业精神，一切工作就会成为无源之水。高等学校从事科研管理工作的人数有限，工作复杂，既要对科研活动实施管理，又要为科研人员服务，所以科研工作需要走在前列，只有把敬业放在首位，才能以工作为重，不计较个人得失。科研管理人员必须以饱满的热情投入工作，在科研管理工作中，不怕困难，虚心请教，锐意创新，树立为科研服务的意识，踏踏实实地做好本职工作。科研管理人员还应牢固树立实事求是的思想和客观公正的办事作风，树立起耐心、细致的工作态度，在所从事的科研管理工作中，发扬敬业奉献的精神和一丝不苟的工作作风。

4. 高尚的职业道德

科研工作技术含量大，涉及先进技术多，良好的职业道德是做好科研管理工作的必要条件。以道德为基础、以职责为根本、以法律为准绳，充分认识知识产权含义，牢固树立知识产权意识，严格遵守科研保密规定，尊重科学，崇尚真理，公正、客观地对待各个项目、各项工作、各位科研人员，排除杂念，这是科研管理人员的必备素质之一。科研管理人员应树立服务第一的意识，想科研人员之所想，急科研人员之所急，处处为科研人员着想，做科研人员的坚强后盾，尽量解决他们在科研工作中遇到的困难，使他们能一心一意地投入科研工作。

5. 综合的管理能力

科研管理人员的工作是围绕管理进行的，管理能力包括创造性的思维方式、较强的判断能力、独立的工作能力、组织能力、表达能力等。科研管理人员既要学习管理理论，以管理理论指导实际工作，又要在丰富的实践中总结经验；既要面对大量的数据、信息，又要与不同层次的人员交流，要有分析能力。所以，科研管理人员掌握一定的管理艺术，把管理的方法和理论、手段应用于工作中是非常必要的。要以科研管理理论为工作指导，以科研实际为前提，以科研实践为准则，在千头万绪的工作中善于理清思路，判断出重点、要点。

6. 较强的信息能力

高等学校科研管理人员要具有较强的信息能力，首先，要广开信息源。科研管理人员既要了解科研的基本特点及基础知识，又要从宏观上掌握科研动态信息，从中采集有价值的科研信息；既要了解当前的领先课题和研究重点，又要掌握科研发展的客观要求及主要矛盾，不断吸收新信息，充实科研工作。其次，要收集、转换和处理信息，并对信息进行检索，核定其可靠性。科研管理人员在收集信息时，要重视调查研究，掌握全面而系统的情况，绝不能让东拼西凑的信息作为决策的根据。再次，要将信息进行整理和纯化，并将信息编制索引供人查询。最后，科研管理人员还要重视信息反馈，努力使之形成人本管理的灵敏的网络化的信息反馈机制。

7. 较好的协调能力

科研管理人员与各级各类部门、单位管理人员联系时，要在科研项目开发和申报工作中起穿针引线的作用。上级部门的政策和指示、科研人员的研究成果都要通过管理人员相互转达，这样才能保持良好的互动关系，才能使有价值的项目得到上级主管部门的支持，尽快转化为生产力，推动科技进步。高等学校科研管理人员不但要有横向、纵向协调的能力，还要有与科研人员保持联系的协调能力，使科研人员对政策和指示有全面的了解和掌握，并且把各个环节协调好，为科研工作创造一个有利的外部环境，充分调动广大科研人员的积极性、主动性和创造性，促进科研工作的开展。

8. 高超的服务能力

高等学校科研管理工作的一个重要目标就是最大限度地调动科研人员从事科研创新活动的积极性，使他们快出成果、多出成果、出高水平的成果。因此，科研管理人员应牢固树立以人为本的思想，树立科研人员至上的观念，提高服务质量，营造良好的科研环境。科研管理人员平时要注意加强与科研工作者的交流和沟通，听取他们的建议，了解他们的工作进展，帮助他们反映问题，解决困难，协调好各方面的关系，把服务贯穿工作的全过程。科研管理人员要有默默无闻的奉献精神，主动、热情、高效地为广大教师从事科研工作发挥桥梁和纽带的作用。

9. 持续的创新能力

科研管理也要有创新，包括管理观念的创新和管理方法的创新。观念创新要求科研管理人员对科研、对管理的认识更加科学化、系统化，能够突破以前的管理模式，适应高等学校体制的改革需要；不能仅把使用计算机等现代科研手段当作管理观念的创新，对于过去好的管理观念，现在尚未被广泛应用的，也要继续加强，这也是创新的重要方面。方法的创新对于现代管理而言，先是建立在熟练应用现代化科研手段的基础上，在当前，这是方法创新的基本问题。管理工作涵盖的面很广，方法的创新至关重要。管理工作的创新可以更大地激发科研人员的创造力，推动科研工作的科学化进程。要建立一个全新的管理体系，必须激发管理人员的创新意识，并加大投入，通过各种政策和激励手段推进管理创新，培养管理人员的创新能力。

10. 良好的市场开拓能力

市场经济在本质上是促进科技与经济社会结合的催化剂，是推动科技繁荣进步的推动器。科研管理人员要善于洞察市场，善于组织科技人员到市场经济的大环境中，根据市场经济和社会发展的需要，及时调整和合理配置基础研究、应用研究和开发研究三方面的力量，在保持拥有一支从事基础研究精干队伍的同时，积极组织更多的科技力量，主动走向市场，把研究与开发的成果尽快转化为生产力，服务社会，使之参与社会经济大循环。面对激烈的竞争，面对活跃的市场，要想抓住机遇，发展自己，并赢得国内外的支持和宽松的环境，科研管理人员的公共关系活动很有必要。通过科研管理人员的公共关系活动，可以促进科研组织内部的协调，优化科研组织外部环境，沟通和协调与各方的联系，推进科研课题的立项和成果转化。

高等学校科研管理人员的自身素质和管理水平对高等学校科研工作的发展有着重要的影响，科研管理人员应不断加强自身建设，树立高度的敬业精神和奉献精神，充实管理专业知识，拓宽自身知识面，运用现代管理思想和手段做好科研管理工作，为实现学校整体研究水平的提高和科研工作的跨越式发展做出应有的贡献。

(三) 高等学校科研管理人员的绩效考评

高等学校科研管理是学校管理的重要组成部分，其水平的高低直接关系到高等学校在竞争中的地位、生存与发展。目前对科研管理人员实行的绩效考评虽收到了一定的成效，但尚存在一些问题。随着高等学校改革日益深化，传统的组织模式和管理理念已越来越不适应环境，建立现代化的管理体制已成为研究的热点方向之一。高等学校科研管理人员绩效考评，是指考评主体从绩效目标出发，通过一定的方法和客观标准，对科研管理人员的素质、工作能力、工作成绩、工作态度等进行的综合评价。绩效考评是高等学校科研人力资源管理工作的重要内容及基础性工作，也是高等学校进行绩效管理的一个核心环节。科学、合理、高效的绩效考评制度能有效地激励广大科研管理人员，改善他们的行为，充分调动他们的能动性、积极性、创造性，实现学校和个人的共同发展，对高等学校管理体制建设有着重要的现实意义。

1. 建立目标明确的量化考核指标

考评哪些是考评工作先要解决的核心问题，是绩效考评能否有效进行的基础，也是衡量考评工作的关键。在绩效考评工作启动之初，科研管理部门就应分析并统计近年科研管理的整体运行情况，仔细研究学校的发展战略目标并根据各部门教职工工作的实际情况和岗位特点建立具有可操作性的综合考核指标。各院系部门负责人要根据本部门工作性质，对相应的科研管理任务进行分解，建立部门内部的科研管理绩效指标，各院系领导应同员工代表一起，对个体所在岗位的特点展开有效分析，在明确工作目标、职责、权力和条件的基础上，将部门绩效指标进一步细分为各职责的绩效衡量指标。

在建立考核指标时要明确学校的发展规划和战略目标的实现，不是靠几个人或几个部门来完成的，它最终是要靠每位教职员工的努力来达到的。对于不同的岗位、不同的职责要求，考评指标也应有所不同。所以部门负责人应采用调查、访谈等多种形式，加强与教职员工的联系，让员工主动接受绩效管理。这种对科研绩效考评体系的建立和测评过程本身，就是统一全体员工向科研管理整体目标努力的过程，必将对科研绩效管理工作起到很大的促进作用。指标的确定要尽量做到将科研年度重点工作和临时突击性任务逐层逐月分解到每个具体的岗位上，形成教职工月度考核指标。在量化指标的描述中尽量采用准确的量词，以保证考评的客观、公正，避免人为的偏差。如果选取的指标不可控，那么绩效考核就没有实际的意义。随着高等学校科研工作的发展，科研管理内容的丰富和更新，科研绩效考评指标体系也成了一个动态的过程。

2. 构建完整、系统的绩效考评模式

考评指标确定之后面临的问题就是如何考评，绩效考评在整个绩效管理流程中占有重要的位置，前期考评指标的铺垫在这里得到结果的呈现。绩效考评工作绝不仅是考评方简单地对被考评方照表打分，这一环节仍然需要充分的、科学有效的沟通，它是实现考评效果的重要保证。完整系统的考评模式必须是考评双方就考评方对被考评方的评价进行沟通与讨论，考评方有义务对每一项指标的得分进行说明，被考评方有权提出自己的不同意

见。如果双方不能达成一致，还可以通过正常渠道进行绩效申诉。通过积极有效的沟通，避免了因一些主、客观因素而带来的考评偏差。在考评过程中学校应加强并重视执行过程的检查和控制，准确了解各岗位绩效目标的执行状态，及时发现执行中的问题，采取有效措施，使绩效目标的实现得以保证。在考评实行过程中要坚持做好平时记录，形成绩效文档，随时对出现的问题进行沟通。

3. 制定合理的绩效反馈与奖惩制度

考评结果如何处理即绩效反馈问题，是绩效管理能否取得成功的关键步骤之一，很多科研管理部门在考评结束后，领导层很少就考核事宜与员工沟通，甚至对考评结果进行保密。这样做的结果就使考评事实上沦为对过去工作的回顾，而对未来工作的改进毫无意义。绩效考评结果反馈的目的主要有两个：一是对工作信息的反馈，利于员工调整工作方法；二是激发员工的上进心和工作热情，授之以渔，从而提高绩效。因此，应最大限度地减少员工对考评结果的神秘感，将反馈做到公开化、规范化、制度化。反馈的形式根据需要可以多样化，如可以是直接面谈，也可以采用考评结果报告等方式。

在反馈环节里最容易出现的问题是主持考评相关的领导或负责人没能对员工的优点和缺点给予明确的信息揭示，未能结合科研管理绩效目标传达出对员工的期望。一个完善的绩效反馈报告除了要回顾员工过去的绩效表现之外，更重要的是能够通过考评来了解各院系部门和员工的能力状况和发展潜力，有的放矢地制定更完善的发展计划，从而最大限度地激发员工的工作积极性、主动性和创造性，提高科研工作的整体绩效。

4. 树立绩效价值观，实现绩效最大化

在绩效考评过程中，由于价值取向的不同，考评的标准、指标及考评办法等都会有相应的差异，价值取向是绩效考评的基础，也是建立整个绩效考评体系的方向标。高等学校科研管理工作是个完整的系统，许多管理工作都是相互联系、相互影响、相互制约的，各部门协调配合才能构建出和谐的整体。以团队的绩效去评价团队成员的业绩，这样绩效评价就容易找到一个参照，对绩效指标也能进行有效的把握。在评价标准的选择上，既要考核工作结果，又要考核工作流程，有助于团队精神的培养。在进行个体绩效考评指标设定时，应树立团队绩效观，根据各岗位的实际情况，适当加入一些与团队绩效和流程相关的指标，并通过团队绩效目标及相关工作流程将不同特点、不同能力结构的人员融合在一起，量才而用，重视引导，达到团队成员互促共赢的局面，实现整体绩效最大化。

5. 强化辅导，促进人员综合素质的提高

绩效管理强调以人为本，重视个体的参与，强调沟通与互动，而这些行为的最终目的之一就是提高被考评对象的整体素质。职工的整体素质提高了，对目标的认可度提升了，整个目标才会得到很好的执行。绩效考评只是绩效管理过程的重要环节之一，考评的结果不仅是针对过去工作的检查和测评，而且要解决如何能提高绩效、达到目标、提高员工整体素质等问题。根据阶段考评结果，高等学校相关管理部门领导应帮助职工找出问题所在，使其改正缺点，提高工作效率，其中重要的理念是帮助提高，而不是批评教育。

二、高等学校科研管理的客体分析

本质是事物的内部联系，它由事物的内在矛盾所规定，是事物比较深刻的、一贯的和稳定的方面。高等学校科研管理的本质就是在高等学校科技系统目标的指导下，把对高等学校科技系统的资源投入——组成系统的要素（如高等学校教师、学生、管理服务人员、经费、信息等）——结合在一个统一的有机体内，以实现不同的分目标，并最优地实现高等学校科技系统整体目标，即解决对高等学校科技系统有限的资源投入与高效益地实现高等学校科技系统目标的矛盾。在解决这一矛盾过程中，高等学校科研管理的客体就是科技活动和科研服务。

科研管理人员必须将管理与服务的关系调整好，以"树立服务意识、强化管理职能、创新管理模式、提高服务效益"为指导思想，即通过提高管理效益来提高服务效益。从这个意义上而言，只有服务意识、没有管理意识，就没有高质量的管理效益，提高了管理效益就是提高了服务效益。强化管理人员的管理意识是科研管理创新的保证。科技创新反映的是科技进步与科技水平的提高，要求对管理不断进行改革和创新。因此，管理创新必须与科技进步同步发展。经验对于管理是很重要的。但仅凭经验和直觉是不能做好科研管理工作的，当前科研管理人员在注重服务意识的同时，必须强化管理意识。

（一）高等学校科研目标与过程管理模式

高等学校拥有包括高水平的科技专家在内的丰富的人才资源，其学术思想活跃、学科门类齐全，非常适合进行自由探索式的、多学科交叉的基础与应用研究。高等学校已经成为我国科技创新队伍中的有生力量，高等学校的科研管理是高等学校管理工作中不可缺少的方面，高等学校科研管理者肩负着对全校科技发展规划和科研管理政策的制定、实施，以及对科研项目、科研组织、科研效应等方面进行管理的重任，对高等学校的科研乃至整个高等学校的发展都起着十分重要的作用。

1. 高等学校科研的目标管理模式

目标管理模式是指以成果评价为核心对项目所达到的目标进行管理，相对于过程管理模式在真正的科研工作开始前即对项目投入科研资金，注重对项目立项、项目实施、科研经费管理、监督与检查等科研的具体过程进行管理，目标管理模式下，政府对科研项目基本没有先期投入，仅对通过审核认定的科研成果投入资金，强调对科研项目所达到的目标进行管理，即注重对成果的审核、鉴定、购买与转化等方面的管理，而对出成果前的科研的具体工作诸如人员安排、项目研究的进展、经费预算等都不予关注。目标管理模式以成果为核心，抓住了问题的本质，使有限的科研资金投入最能产生效益的地方，同时简化了管理程序，无疑是一套真正公平的竞争机制，它促使激烈的竞争由项目的申请转移到研究和出成果上，形成重视产出的导向，极大地提高了我国科研的整体效率和科研投入产出比。

2. 高等学校科研的过程管理模式

高等学校科研的过程管理模式"是对科研项目立项、项目实施与经费管理、监督与检查、结题验收等几个科研环节的具体过程进行管理"①。目前科研管理体制以课题制为主，是典型的过程管理模式。在过程管理模式下，国家在真正的科研开始前就对项目投入资金，科研经费在整个项目周期内的所有权是国家的，使用权属于研究者，而监督权属于项目的依托单位，实行的是跟踪式的管理。大致流程是：根据国家科技发展战略制定项目指南，符合资格的科研人员申报项目；经过一个复杂的立项评估程序，一部分项目获得批准；项目的实施阶段；验收和结题。其中项目的实施阶段又包括项目的具体实施、项目阶段评估、项目中期评估、经费管理和监督检查等环节。但是，高等学校科研的过程管理模式也存在一定的问题，主要表现在以下方面：

（1）重立项轻产出。项目获资助数目和资助金额一直以来被作为衡量科研机构和科研工作者科研实力的重要标志之一。有没有项目、有多少科研经费直接决定了科研单位的地位及科研工作者的职称评定和升职加薪。过程管理模式下，国家对科研有大量的先期投入，而对于资金投入后是否产生了真正的成果很少进行实质的审核，许多项目的验收和鉴定都流于形式，给科研机构和科研人员造成了项目立项比最后的成果更重要的不良印象，导致科研工作者把大量的精力集中在项目申请上，科研工作者在跑项目等环节上的人力、物力、财力投入甚至大于对项目研究的投入。

（2）难以反映科学前沿动态。项目的研究目标、技术路线、研究方法及经费预算都是在经过大量的调研、论证和充分的检索查新后完成的，很多思路和设计在研究人员提交申

---

① 赵丽娟. 高校科研管理的理论与实践探索［M］. 北京：北京理工大学出版社，2019：57.

请书时都处于某一研究领域的前沿。但是，立项一般要经过项目申请、形式审查、同行评议、综合处理、评审会等主要环节，这个过程一般要持续很长一段时间，经过这样一个漫长的审核，办完繁杂的手续，创意和构想都可能变得不再前沿。

（3）监督难度大。过程管理模式下的监督，花费了大量的人力、物力、财力，但收效甚微。首先，承担单位的科研管理人员受自身专业知识背景限制，很难及时、准确地掌握每一个科研项目执行过程中诸如研究方案、技术路线的改变等一系列问题；其次，对科研管理的监督长期以来不够重视，尽管需要管理的项目很多，科研管理部门的人员编制、设备编制、管理经费等却都相当有限，监督起来较为困难。

（二）高等学校科研柔性化服务策略分析

高等学校科研管理的客体还体现为科研过程的服务活动，高等学校科研管理部门（科研处、科技处、社科处）既是管理机构，又是服务部门，说到底作为服务一方的科研管理人员，就是如何为学校多拿课题、多出成果、多获奖项，去精心组织，能动工作，进行人性化管理，为科研和科研人员做好服务工作。因此，在日常管理中，科研管理人员应该明确自己的职责，牢固树立服务意识，勤勉严谨，潜心服务，做科研人员的知心人、热心人、贴心人，以爱岗敬业、奉献勤业、好学敬业的精神做好科研管理工作。

1. 柔性化服务是科研管理的必然趋势

柔性管理为一种倡导企业主动适应变化、制造变化、利用变化以提高自身在动态环境中的竞争力的管理思想。从本质上而言，柔性管理是一种对"稳定和变化"同时进行管理的新理念。

（1）科技需求对柔性化服务的要求。高等学校科技合作是构建学校的科技成果和成熟技术与社会企业的合作。技术与技术需求是组成科技合作全过程的关键因素。随着市场经济的发展，我国企业进入新的发展阶段，产业结构正向高级、复杂和多元化方向发展，技术与技术需求市场对高等学校的科研管理也提出了新要求。在合作形式上形成了区域经济或产业、行业与高等学校的科技合作、校市科技合作、校企科技合作，高等学校与行业科技合作在合作方式上由科技服务、成果转化向新产品开发、技术改造、工程承包、共建研发基地、创新中心、人才培养基地等方面转换，形成一条科技合作链。总而言之，高等学校科研管理是以市场经济引导的、向多元化发展的柔性化服务。

（2）科研管理意识向柔性化服务发展。在这个不断变化的全球性的经营环境中，优秀人才是组织具有竞争力的根本要素。因此，高等学校科研必须充分尊重科研人员，并按照以人为本的原则，站在科研人员内在需求的角度，去为他们提供柔性化服务，去赢得科研人员对学校和事业的满意与忠诚。科学研究的过程就是知识的生产、开发、销售、储存、增值过程，科研人员与科研管理部门应构成一种需求与服务的新型关系，科研管理部门的任务就是将科研人员视为客户，并提供客户化的优质服务和产品，这些服务和产品包括共同愿景、价值分享、人力资本增值、授权赋能、支持帮助。在这种服务过程中，以课题组为核心的基层研究机构应具有很强的自主性，可以向科研管理部门下达命令。科研管理部门主要为课题做好全程服务，主要任务是提供服务和咨询，只有在极度紧急情况下才会进行干预。科研管理部门只有提高柔性化服务，才能最大限度地与企业和科研人员建立忠诚和共鸣基础上的合作关系，才能全面开发和满足企业和科研人员的需求，真正推动高等学校科研和企业技术创新，使其迅速发展。

（3）技术转移手段向柔性化服务发展。科技转移过程就是知识流动和技术交易过程，这个过程的基本特征是信息的非对称性、不确定性和技术的公共物品属性。正是由于以上特征，才使得技术交易过程十分复杂，往往一项技术合同的签订要多次反复，不断修改。所以，技术转移有很强的柔性。现代社会的发展，要求高等学校科研开发必须进行探险性的市场营销预测，强调大量的信息获取和知识转移。对市场的快速反应和应变能力，也要求企业能够及时运用先进的技术开发先进的产品，所以，面对面单一的技术交易方式已不能满足人们对科技成果多层次、全方位、高效、快捷的需求。

2. 高等学校科研柔性化服务的具体措施

在具体科研管理中，管理人员要做到踏踏实实，尽心尽力。高等学校科研管理部门既是教授、专家经常光顾的地方，也是科研业务工作上下衔接、内外连接的归口部门。如咨询科研政策，了解科研项目的申报、管理、结题，商谈学术会议的召开和研究成果的推广应用等，非常忙碌。科研管理人员经常外出，参加科研会议，收集科研信息，联系科研业务，洽谈成果转化，也是非常辛苦的。面对这些情况，管理人员要乐于奉献，准确高效地办好每一件事情，做好每一项工作，勇当幕后角色。争取项目，特别是高级别的项目，是科研管理部门的重要职责，如果组织不好，很可能造成失误。科研管理部门要积极主动，组织、指导、做好以下工作：

（1）积极申报是前提。面对项目指南积极申报。申报工作的好坏，在于发动工作做得是否广泛、深入。科研管理部门可分头去院系发动，宣讲政策，下达任务，宏观指导，并随时了解动态，跟踪进展信息，掌握申报态势，采取相应举措。申报中，注意项目小组成员的优化组合。申报项目要重视学科的分布面，高水平人才集中的院系，项目布点要分散，要瞄准边缘学科、冷门学科，这些学科的项目获批概率相对较高。过于集中在几个学科，囿于项目计划，容易造成申报人数过多而效果不理想。

（2）遴选课题是关键。科学研究意味着创新，注重创造性、可行性和特色性，围绕基础研究、应用理论研究和应用研究，走前人没有走过的路，做前人没有做过的事，创造前人没有创造的成果。遴选课题，创新是灵魂，选准是关键。特别是国家课题，级别高，分量重，经费多，影响大，评审严格，竞争激烈。科研人员在遴选课题时，既要大胆选题又要量力而行，根据自身的能力水平、收集的资料、实验条件等，综合衡量，勇敢选题，克服畏难情绪，但又不可超越现状，盲目申报。管理人员要及时协助他们将面上的信息和本校的情况结合起来，找到需要和可能的最佳契合点，反复论证，直至选准满意的课题。

（3）精心设计是基础。选准了课题，还需要在形式和内容方面进行精心设计论证。科研管理部门要敦促科研人员按照申报要求，在课题的研究现状和意义，课题研究的基本思路、方法和主要观点，课题的理论创新程度或实际应用价值，课题研究基础（相关成果、主要参考文献）等方面，进行充分扎实、雄辩严谨的内容论证和完美系统的形式表述，将一份满意的"答卷"上交，争取在几轮的评审后胜出。

（4）严格审查是保障。严格审查是指科研管理部门针对课题申报材料的综合审查。科研人员完成申报材料后，因为诸多原因，不免存在疏漏或差错，科研管理部门要对申报表格和论证材料从形式到内容进行系统、全面的反复审查，帮助申报者校准要求，抓住要点，提出进一步修改、完善、润色意见，避免因疏忽或缺漏而遭到淘汰。

三、高等学校科研管理的主客体活动

（一）高等学校科研管理活动的特性

高等学校科研管理创新是促进科技创新与市场机制相结合的客观需要。知识经济的发展客观上要求科研管理机构肩负着寻找市场信息、追求知识创新的切入点、探索可供转化知识的有效机制的重任。只有改革现有的科研管理运行模式，建立一套适应高等学校科技创新体系建设的"自律、竞争、激励"的良性体制，才能完成时代所赋予的科技创新的历史使命。

1. 高等学校科研管理活动的能动性

加强高等学校科研管理活动的能动性，可以使松散的个人或集体的研究联系得以加强，对形成并体现出群体的学科优势有着很大的作用。

（1）项目选题的能动组织。科研活动是教师在其学术领域中自由、自发、自主的活动，需要一种和谐、松弛的环境。科研管理要做到既充分尊重每一位教师的研究个性，同时又加以适当的组织策划，使同一个学术群体中每一个研究者之间自由的松散的研究行为有机地加强联系，有所侧重和分工。在对选题进行设计时要十分注意各选题之间的逻辑关联，有意识地将几个选题绑在一起形成一个课题群。使本单位全体的研究项目在某一时期的某一方面形成优势，是体现科研管理能动性、促进学科优势形成的一个方面。

（2）项目申报的能动策划。项目申报是科研人员自主的行为，但是静态的管理和能动性管理有不同的效果。静态的管理往往是将通知往外一贴，等着大家把项目申请书交来，然后提交上级科研管理部门。能动性管理则是在大家自主申请的基础上，充分调动大家的积极性并进行协调，从而有效地保证了申报课题的中标率。因此，一是全体动员，将有关申报的通知和操作办法通过各种形式让老师知道，鼓励大家积极申报；二是组织申报人员开会，将大家申报的课题互相协调，同时，请有关人员介绍该类项目的评审要求和注意事项，并进行填表操作技巧的培训；三是实行校学术委员会论证制度，就申报课题的角度、申报课题的注意事项等方面提出建设性的意见。这样，在很大程度上可提高本学科科研项目的申报率和中标率。

（3）科研产出的能动设计。科研产出是完成科研项目取得的成果，包括论文、著作、专利、研究报告等。科研管理者可将分散的、相互缺乏沟通的研究成果组织起来，也可将整个学科人员的有关成果（包括硕士生、博士生的毕业论文）精心组织出版，设计成本学科的论丛系列，从而形成一个"重量级"的成果群，这样，一个学科的学科优势就能较好地体现出来，从而给获得各级科技奖励夯实了基础，从形式上体现出强有力的学科优势。

2. 高等学校科研管理活动的复杂性

高等学校科研管理活动主要是用定性和定量分析相结合的方法，研究和处理"人—事—物"系统的运动规律及提出对该系统进行优化控制（引导、领导和管理）的理论和方法的综合性科学。因此，科研管理的目的在于通过对科研系统特征和运行机制的认识，对该系统加以干预以达到预期的效果。应用复杂科学的原理和方法，在科研管理的研究中确立非线性的、突现的、非还原性的思维，用复杂性科学理论的观点，全面地、动态地考查科研管理系统如何在外界条件影响下，在内部子系统间的协调作用下，对外进行科研交流合作，对内灵活应变，以揭示科研管理系统存在的非线性、突现、自组织、非还原性等现象，建立适应科学技术发展的相对稳定有序的结构。

（1）建立科学、合理的科研协同机制，加强课题团队的协同。协同学研究的是协同的各个个体如何进行协作，以及通过协作形成新的空间结构、时间结构或功能结构。系统从无序向有序转化的关键并不在于系统是否处于平衡态，也不在于离平衡态有多远，而在于大量子系统的非线性相互作用。每个人的科研能力是有限的，不可能单独面对一切挑战。参加课题的成员只有把自己置身于课题团队中，才能在竞争中生存，才能在科学研究中极大地发挥自己的创新能力。所以作为科研管理者和参加课题组的成员，一方面都应该有高度的协同进行科学研究的意识；另一方面决策者和科研管理者通过在课题组成员之间、课题组与课题组之间、管理决策部门与课题组之间建立一套科学合理的协同机制，提供各种机会和条件创造一个各子系统能量释放和协同的环境，充分调动和利用课题组成员的积极性、能动性，通过子系统（课题组、课题组成员）的发展和协同作用来实现科研管理的整体目标。

（2）建立以项目目标为导向的软控制机制。复杂系统的复杂性来源之一就是子系统（或系统内的元素）的非线性聚集和各子系统（元素）间的非线性作用，而复杂系统又具有自适应、自学习的特点，因此要对单个的子系统（元素）进行控制变得非常困难。因此，对于科研管理系统这个复杂系统而言，决策者和管理者应在对系统的目标和各子系统动力机制了解的基础上，针对各子系统成员行为特点、课题的性质和科研要达到的目标，建立以项目目标为导向的软控制机制。这种控制机制可以使各课题组、课题组的各成员能够根据课题的目标要求适时地改变自己的行为和研究方向，充分调动自己进行科研的欲望和创新积极性，使整个科研系统充满活力和竞争力，并且通过课题组的各成员间相互协同实现科研的整体目标。

（3）建立具有自适应性的动态科研组织结构。这种动态组织结构意味着系统内不同层次上的子系统的行为必须遵循一定的规则，根据环境和接收信息来调整自身的状态和行为，并且通常有能力来根据各种信息调整规则，产生以前从未有过的新规则。通过系统主体的相对低等的智能行为，系统在整体上显现出更高层次、更加复杂、更加协调的职能有序性。这种动态的管理必须适应迅速变革的科学技术环境，必须从更高的视角来认识科研工作和管理，通过以"动"应"变"来对科研活动进行管理。传统的刚性组织结构容易带来有限资源的配置不合理，导致资源浪费。动态的组织结构能够根据科学技术的发展和外部环境的变化，及时有效地调整自己的行为。

（4）利用"蝴蝶效应"，培植科研管理的创新机制。自组织系统总是和一定的目的性相联系的，由于科研管理系统内部反馈机制和涨落的存在，科技创新表现出新颖性、创造性和目的性。因此，科研管理系统一方面要充分利用系统的负反馈机制（能够使系统通过自我调节而保持稳定），将科研的整体行为控制在一定的目标轨道上；另一方面，又要充分利用课题组内部的创新因素——涨落和正反馈机制，对创新思想、创新行为在各个层面加以培养，给予鼓励与奖励。这就要求管理者和员工敢于打破阻碍科技创新的已存方式和框架结构，在管理理念、管理结构、管理方法和技术等方面，不断创新和变革，提高管理水平和创新意识。从混沌理论而言，科研管理系统存在"蝴蝶效应"，即非常小的初始条件变化长期对系统产生非常强烈的影响，这说明混沌现象的发生，往往是新秩序系统产生的契机。因而可以通过诱发混沌，为科研管理建立新的创新机制提供变革的途径。如科研管理可以充分利用管理者和科研人员的"创新偏好""灵机一动""风险态度"，制造"激励机制""政策倾斜"等"蝴蝶效应"来培植科研管理系统的创新机制。

3. 高等学校科研管理活动的开放性

高等学校的重要职能和根本目标在于知识的创新和观念的创新，科学研究带动教学是大学保持知识代谢水平的基本方法。科研管理就是通过有效并可操作地配置、分配和控制人、物和财力资源的方法，维持一种有创造力的环境，使科研和发展活动能够集中于解决组织的首要问题。高等学校科研管理应遵循科研活动开放性的特点和规律，不断提高管理水平和管理能力，促进高等学校科研活动沿着健康、科学、高效的方向发展。

（1）科研过程管理的开放性。科研过程涉及科研立项、科研项目的执行等内容。在科研过程管理中，由于科研项目管理涉及面较广，影响范围较大，需要科研人员、科研管理人员和行政主管部门的共同努力，采取行之有效的措施，切实加强科研项目的过程管理。科研制度是贯穿始终的重要环节。一套严格规范的科研制度，对科研项目组织实施、质量监督、验收评价的管理尤为重要。只有通过科研项目的课题人负责制、课题研究的招投标竞争机制、激励科技创新等机制，才能最大限度地保证广大科研人员完成项目的主动性和积极性。

第一，科研立项管理的开放性。工业化水平的提高，对高等学校科研成果的需求不断增长，大学的科研管理在推进教师从事科学研究的同时也势必对其成果转化的社会效益提出要求，使大学的科学研究更贴近社会发展的需求。通过科研管理实现产学研合作，促进科技的社会生产力转化，为学校办学和科学研究的发展提供更大的发展空间。科研立项管理要避免"内部人"现象的发生，充分体现科研过程的公平性、公正性、公开性。项目评审应组成一个包括多方面人士参加的评审机构，保证评审过程和评审结果的客观性、公正性和科研项目的必要性、可行性，保证科学地进行决策。评审机构的人员构成应避免某一领域或部门出身的专家人士过于集中的现象，应广泛聘请相关专家参与，如知名企业家、工程师、学术界专家等。

第二，科研项目管理的开放性。科研项目管理是高等学校科研管理的核心内容和关键环节，搞好科研项目管理，在高等学校科研管理活动的整个过程中具有全局性意义。以往对科研项目的管理，是静态、单向、被动的和一次性的管理，不利于提高科研管理的效率和质量，现代高等学校科研管理应朝着动态、双向、主动和综合管理方向转变。现代科学技术的迅速发展、信息社会的合作要求、知识经济时代的融合趋势，使得高等学校作为一个相对独立的科研实体，与相关部门建立多方位的合作与交流，充分发挥科研项目的载体和纽带作用。高等学校科研活动不仅需要高等学校加强自身与同行垂直部门之间、内部所属部门之间的纵向联系，而且需要加强自身内部各部门之间、学校与社会之间的横向联系，以科研项目为中心、以学科专业为依托，广泛建立合作机制，发挥集合优势，统筹协调，实现优势重组，协同攻关，及时沟通信息，建立科研资源与科研人才的学校与社会共享机制，形成开放性的合作新格局。

（2）科研成果管理的开放性。科学研究价值的实现，在很大程度上取决于其成果的转化，以往的管理局限于结题本身，忽略成果评价与成果转化环节，导致科研效益的低下。高等学校科研管理只有通过管理创新和制度创新，才能引导和激励高等学校多出高水平的科研成果。科研管理应由项目资助为主向成果奖励为主转变，充分发挥项目评价的激励作用。

第一，实行科研成果评价社会化，加大成果奖励力度。就基础研究而言，目前整体上存在评价体系不合理的情况，没有形成一种公开监督、全面协调、合理有效的评估机制，同时，运用过于定量化的评价体系来衡量考核不确定的基础研究活动也有失公正。高等学校应运用社会化的手段开展科学研究，建立以课题为载体、以课题组为纽带的研究体制，坚持客观、公正和有利于理论创新的原则，建立统一、滚动的项目库和专家库。同时，应不断改进和完善项目成果的评价和奖励制度，重奖学术精品。

第二，实行科研成果转化市场化，体现项目社会价值。为促进科研成果价值的实现，高等学校科研管理应当延伸管理的链条，使管理重心后移，加强对科研成果转化的管理，把成果转化列为深化科研项目管理改革的重要工作，实现高等学校科研成果社会共享，科研数据、科研成果应及时向社会公布，设立数据共享平台，真正使科研成果发挥最大社会效益。因此，需要通过各种途径鼓励科研成果的公开发表，促进科研成果转化的社会化，实现科研成果向现实生产力的转化。

（3）科研资源管理的开放性。科研活动的根本宗旨和动力在于创新，高等学校科研过程保持一个畅通、开放的研究环境，广泛吸取各方面有益的信息，对于提高科研人员的研究素质，最大限度地发挥其创新意识、提高其创新能力有着重要的推动作用。随着科技的发展和高等学校社会服务职能的不断扩展，科研工作朝着各相关领域之间相互渗透、影响、交叉和促进的方向发展。因此，构建开放的科研环境，特别是开放的科研资源管理机制，对于科研活动的有序、高效开展，具有关键性意义。

第一，建立高等学校人才资源的社会共享机制，促进重大科研项目的联合开发。高等学校内部院系之间，高等学校系统与外部单位之间人员的互相配合、协同合作，可以不断为科研活动带来新的思路、新的方法、新的创意，保持科研的活力，促进学术创新，提高整体的科研水平与能力。同时，不同领域之间的科研合作，是提高科研人员积极性和竞争意识的重要手段和管理策略。

第二，建立高等学校物力资源的社会共享机制，提高科研设备的科研利用率。高等学校科研活动不应孤立进行，一方面要为社会提供全方位的资源支持服务；另一方面又要积极争取和合理利用外部资源，壮大科研实力。高等学校的科研资源应实现科学合理的配置，建立信息和科研设施的基础平台，打破部门、院系、行业之间的界限，提升科研设备的使用率，减少设备的盲目引进、重复购置。因此，高等学校科研管理要打破学校与外部环境之间相对封闭的局面，形成一个部门资源共享、合理有效使用的开放性的健全机制。

4. 高等学校科研管理活动的持续性

高等学校科研管理的质量方针是"精心设计、科学管理、用户至上、持续改进"，所谓持续改进，是增强满足用户要求的能力的循环活动。事物是在不断发展的，都会经历一个由不完善到完善，直至更新的过程，用户对产品或服务的质量水平的要求也在不断地提高。因此，高等学校也应建立一种能适应内、外部环境的变化要求，增强适应能力并提高竞争力，改进业绩，让所有相关方满意的机制。这种机制就是持续改进，组织的存在就决定了这种需求和持续改进的存在，因此持续改进是组织的一个永恒目标。采用各种有效方法不断完善质量管理体系，以此满足高等学校科研的质量要求、增强竞争能力，使组织得到持续和健康发展的"持续改进"的理念对开展高等学校科研管理具有重要的意义。

5. 高等学校科研管理活动的公正性

高等学校科研管理主体所从事的管理活动，就我国目前与公正性紧密相关活动而言，主要是科研课题、科研奖励、重点学科、科研基地等科研项目的设立、评审、结项、推广等活动。高等学校科研管理的公正性包含两个方面的要求：一是公平的要求；二是正义的要求。公平的要求不是简单地要求在科研实力面前人人平等，而是要求在科研实力面前有适度差别的平等。也正因为如此，才要求公平，而不是简单地要求平等。

公平是有差别的平等，其中"平等"是基本的，"有差别"是从属的、限定性的，这里最难处理的是"有差别"这一要求。这需要防止两种倾向：一种倾向是只强调在科研实力上人人平等。无论是在高等学校科研管理方面，还是在人类社会生活的其他方面，一味地强调平等，都有可能导致不公平。平等是有局限的，因此平等需要公正来限定和完善。在科研管理上一味强调平等必然导致科研立项上的两极分化，其结果不仅影响高等学校科研本身，而且影响大多数高等学校和教师科研的积极性，影响教育和社会公正。另一种倾向是过分看重差别性，甚至以此为由完全否定在科研实力面前人人平等的要求。这种情况由于否定了公平的基本方面即平等，当然更无公平可言。要克服以上倾向，需要高等学校科研管理者着眼于教育和社会的大局和未来发展，站在国家和高等教育公正的高度制定高等学校科研发展的整体规划，然后在这个总体框架内确立科研立项，进行科研监管。正确认识和处理高等学校科研管理的公正性问题，从而实现高等学校科研资源的公平正义分配，是一个十分重要的现实问题。

（1）科研资源分配公正性问题实质上是高等学校科研资源配置的问题，事关高等学校科研管理科学性、合理性。这种分配是否公正，是高等学校科研资源配置是否科学合理的前提条件，而高等学校科研资源配置是否科学合理又直接关系到高等学校科研领域的公正问题。如果高等学校科研课题因人立项而不是因科研需要立项、科研奖励不讲学术质量和学术创新而主要考虑照顾各种关系、通过请客送礼可以获准设立重点学科或科研基地，那就不会有科研资源的合理配置，就不会有真正科学合理的科研管理。从这个意义上而言，高等学校科研管理的公正性是高等学校科研管理的生命，是高等学校科研管理科学性、合理性的前提。

（2）科研资源分配的公正性问题也是高等学校需要关注的问题，事关高等学校教师的科研积极性和学风。高等学校科研资源分配不公正必然导致高等学校科研领域的不公正。科研作为高等学校重要职能之一，这个领域的不公正直接影响教师的学术风气和科研积极性。如果不通过埋头从事科学研究增强学术实力，而通过各种不正当的门路获得科研资源，高等学校的教师就可能不把心思放在研究科研工作和增加实力上。在这种情况下，高等学校教师也不会用心去从事科学研究。

（3）高等学校科研公正性问题还是社会影响重大的问题，事关高等学校的形象、声誉和社会公正。高等学校不仅是社会的一部分，而且是社会精神文明的重要窗口，具有重要的示范作用和辐射作用，高等学校科研资源分配的公正性会直接影响社会的公正性。

（二）高等学校科研管理活动的创新

知识经济时代，高等学校科研管理体制改革的重点就是要改革旧的封闭式的管理模式，建立起开放式的科研管理体制。要创新科研管理模式，使高等学校的科研工作充满活力并实现可持续发展，就必须采取依据社会需要选题、结合社会需要开发创新、组织成果鉴定、鼓励申请专利、促进成果向生产力的转化这一新的管理模式，对科研工作进行全方位的创新管理。

1. 高等学校科研管理活动创新的意义

（1）高等学校科研管理创新是通过管理体制创新促进高等学校科技创新与市场机制相结合的客观需要。当前，高等学校科研管理观念还没有完全摆脱传统计划经济观念，面对知识经济的挑战，不能有效接收市场信息并及时做出反应，不能主动地用知识去寻找市场。究其原因，科研人员自身科技成果转化意识不强是一个方面，另一个更为重要的原因是高等学校科研管理部门缺乏科研管理创新意识，在引导科研人员研究立项、进行项目的市场分析，以及为他们提供社会信息等方面所做的工作极其有限。

（2）高等学校科研管理创新是高等学校内、外部知识管理的主观要求。所谓高等学校的内、外部知识管理，是指高等学校管理者通过对大学内部和大学外部知识的管理和利用，包括对知识的识别、获取、分解、储存、传递、共享、价值评判和保护，以及知识的资本化和产品化，达到提高创造价值的能力这一目的的手段和过程。从高等学校的基本目标和管理的基本职能出发，高等学校科研管理从管理内涵上而言属于知识管理的范畴，不仅涉及组织内部的知识管理，还涉及组织外部与组织自身各项活动有关的知识管理，其内容十分庞杂，大致可包括：推动新知识的创新和生产；支持从外部获取知识，并提高消化吸收知识的能力；确保所有教职员工都能知道知识在哪里，以便在需要的时间和需要的地方获得。高等学校科研管理人员应当顺应知识管理的内在要求，利用组织内、外部知识改善大学的教学科研活动和管理，检测和评估知识资产的价值，同时设计一种有效的制度安排，使知识与知识、知识与个人、知识与组织联系起来，从而进行大量的知识创新。

（3）高等学校科研管理创新是高等学校科研管理职能的根本体现。高等学校聚集着我国社会科学和自然科学以及各个学科领域的大多数人才，他们在发展地方经济、促进社会进步方面起着十分重要的作用，是推动我国科学技术发展的重要力量。科学研究活动，不仅需要大批的科学研究人员，还必须有相应的实验装备、科研经费及辅助人员、大量的科技情报等。只有通过有计划、有组织的科研管理，才能达到整个科研系统的最佳配合和运转，以尽可能小的代价为社会输出最佳的科研成果。

（4）高等学校科研管理创新是贯彻落实科教兴国战略和人才强国战略的切实保障。高等学校科研管理机构直接面对科研经费的分配、科研活动的组织和监督，以及科研成果转化的具体过程，对科研成果的预测、产生及转化意义重大，必须根据时代发展的要求，保持与时俱进的活力，进行观念和手段上的创新，才能保障科研成果符合国家和社会发展的需要，才能激发科研人员的创新热情，使人才及其所拥有的知识得以有效发挥，最终实现国家和民族的强盛。

2. 高等学校科研管理活动创新的措施

高等学校科研管理创新主要包括科研管理创新理念的建立和创新管理手段的实施。

（1）理念先行——培养、建立高等学校科研管理的创新理念。建立科研管理的创新理念，要抓住知识产权这个核心，并以其成果转化为重要目标。知识产权是智力劳动者对其在科学、技术、文化领域内所取得的创造性劳动成果依法享有的一种权利。高等学校作为知识密集、人才荟萃的重要场所，根据国际惯例，其理应拥有大量高质量的知识产权，其中最主要的是专利权和著作权两种。科研管理部门要加强知识产权保护意识，成立专门的知识产权管理机构，引导科研人员培养权利意识，指导他们如何去获取和保护权利，从而达到以人为本，尊重知识，尊重人才的目的，形成一种新机制和氛围，使教师的创造力和科研创新能力得以最大限度地发挥。同时提高市场经济和科技转化的意识。高等学校科研管理制度创新应体现在加强技术创新、加速科技成果转化和新技术产业化的管理上，使智力、技术和管理要素参与分配，充分调动教师和科研人员从事科技成果转化和高科技产业化的积极性，实现知识产权的社会和经济双重效益，充分体现智力劳动的价值和贡献。

（2）管理手段完善——全力实施创新管理手段。实施创新管理手段包括以下方面：

第一，建立适应知识经济时代的高等学校科研管理队伍：一是建立学习型组织，完善高等学校科研管理队伍的知识结构；二是重新调配，用具有现代先进管理理念和文理交叉知识结构的高素质管理人员。

第二，建立智囊化管理机构，改变其一般性行政事务管理机构的现状。即减少传统垂直管理组织体制的中间层次，使基层的业务人员具有充分的决策权、信息处理权，能够自主地进行横向协调，自由共享知识和信息；高层决策者则着重于科研组织的战略性管理决策，沟通各个横向的科研部门和组织，实现科研资源的有效配置。

第三，建立市场化管理模式，引导和组织高等学校内部的应用型科研机构成为市场的主体，要能够在高等学校应用型科研机构与企业之间建立常规的有机联系，既为技术找市场，又为市场找技术，实现"产、学、研"的有机结合，促进高等学校科研成果的产业化。

第四，建立对科研项目课题制管理模式，研究队伍由固定人员和流动人员组成，课题负责人以固定人员为主，流动人员由课题负责人根据研究工作的需要和争取到课题的实际情况自主聘任，受聘人员的相关费用由课题组负担。

第五，创建培育创新人才的培养模式。高等学校科研管理队伍应根据本院校的实际情况，有针对性地实施科研人才培养计划，构建定位明确、层次清晰、衔接紧密、促进优秀人才可持续发展的人才培养模式。以站在学术前沿的学科带头人为龙头，以具有突出创新能力和发展潜力的青年学术带头人为主体，以广大青年骨干教师为基础和后备力量，支持他们承担不同的科研任务，并在同一科研项目组中进行搭配组合，培养和构建具有自我发展、自我提高能力的科研队伍。要将最新的科学研究信息传达到教学第一线，反过来又将教学第一线的实践作为科学研究素材，从而实现科学研究与教学第一线的有机结合，推动高等学校师资水平的提高和高等教育的发展。

第六，创建体现知识价值的分配制度。知识经济的关键就是要体现知识的价值，因此要吸引和留住高层次人才，就必须创建充分体现知识劳动价值的制度，让知识分子的贡献与其工作条件和待遇相符合，具体采取以下措施：

一是，把科研成果和技术投入作为参与收益分配的要素，使有所作为、有突出贡献的科研管理和科研人才能够通过自己的科研及管理活动较大幅度地增加收入，从而提高其政治和经济地位。

二是，树立科学家、管理人才的独特的社会形象，并发挥其典型示范作用，带动整个科研队伍的成长。对于开展基础研究的科研人员，要提高他们的工资福利待遇，让他们集中精力，潜心钻研，追求科研质量，不急于求成。

第七，创建人才、资金的合理投入机制。在知识经济时代，人才与资金的作用一样重要。

一是，重视对人才的投入。创新来源于人的智力活动，高等学校科研管理要适应知识经济的要求，强调以人为本，无论是管理机构，还是直接的科研机构，人才的投入是第一资源，人才将从"成本"概念演变为"资本"概念。对于敢于创新的人才，要彻底打破论资排辈、求全责备的传统思想，真正做到不拘一格选择任用创新人才，使他们的积极性和创造性得以充分发挥。

二是，建立适应知识经济时代科技创新研究的资金投入机制。由于基础研究转化为生产力的周期较长，基础研究更需要来自国家和高等学校研发经费的支持。在高等学校内部研发经费的投入上必须重视对基础研究的投入，否则将导致基础研究不足，原始创新能力薄弱，高等学校科技发展后继乏力。因此，对于基础科学和公益型研究，应实现政府投入；而对于应用技术研究，则主要依靠高等学校和企业来进行。在资金的使用上，要将课题研究的人力成本纳入预算体系，要允许在课题经费中支出部分人员的工资和奖金，让流动研究人员以及博士后、研究生等重要科研力量从课题研究中得到合理的报酬。只有这样，高等学校科研的有限资金才能用在刀刃上，才能激发研究人员和管理人员的积极性，实现资金投入的良性循环，使有限的投入通过研究成果的市场运作创造出更多的资金，实现高等学校科研的快速发展。

第八，创建项目管理模式。要重视知识产权的创造和管理，通过对科研项目从申请立项、进行研究到成果产生及转化的全过程，实施知识产权跟踪管理，完成对知识产权的创造过程的管理。即审查立项时确定该项目预期实现的知识产权具体目标是否切实可行，是否真正具有理论上的开创意义或应用上的经济意义。项目研究过程中，尤其是应用型项目，随时审查其阶段性成果，看是否需要及时申请专利保护，暂不需要申请专利的，看是否要作为技术秘密予以保护。研究人员要发表相关论文的，要确定不涉及科研专利技术的提前泄露。项目成果产生后，首先确定其是否达到了预定的知识产权目标；其次看成果的创新水平，再根据项目的目的和成果的性质决定成果的保护和应用方式。在我国，作品一旦产生即受《中华人民共和国著作权法》保护，并无登记或审查方面的要求，而要得到专利保护则必须向国家知识产权局提出申请并被批准。因此，应当及时为科研成果申请专利，准确评估该成果的价值，积极推动应用型成果作为技术资本进入市场，确保项目投资人的投资得到满意的回报以及科研成果能够应用于社会经济和技术的发展。在促使科研成果商业化运作的同时，还要坚持大学的教学、科研和服务宗旨，要在科研成果商业化与高等学校所承担的知识传授与传播义务之间寻求平衡点。

第二节　高等学校科研管理的组织结构

组织结构可以理解为一种组织形式，这种形式是由组织内部的部门划分，权责关系，沟通方向和方式构成的有机整体。"就本质而言，组织结构是反映组织成员之间的分工协作关系"①。调整高等学校科研管理组织自身的结构，实现科研资源的优化配置，形成合理的科研布局，营造良好的组织创新环境，建立充满活力的运行机制，提升科研创新实力，是高等学校科研改革的重要任务。高等学校作为建设创新型国家的重要组成部分，是科研成果的重要生产地以及企业技术创新的主要合作者，承担着科学发现、知识生产、技术创新和知识传播的任务，对经济发展和社会进步发挥着不可替代的作用。大力提高我国高等学校科研成果转化的能力，为构建创新型国家、增强综合国力提供强大的科技支撑，已成为时代发展的需要。

一、高等学校科研管理的传统组织结构

高等学校现行科研管理组织结构是在长期的管理实践中逐步形成的，随着社会市场经济的逐步建立，高等学校科研管理体制也在逐步改革，对不适应市场经济条件的管理体制进行调整或重建。科研管理体制也在适应经济社会发展变化的要求中不断探索，目前大多数高等学校的科研管理组织结构安排主要采用的是直线职能制。

（一）直线职能制科研管理组织结构的认知

目前我国高等学校的科研管理组织结构大体上出现了以下具体形式：校—院，系—研究所（室）、校—院/系—专业、校—院—系、校—系，系级研究所—研究室、校—院—系—专业教研室、校—院/系/研究所—研究室/专业教研室等。不管是校、院/系、室三级管理形式，还是其他形式，在保持直线的统一指挥前提下，又设立了承担具体管理职能的部门。这些组织结构理论上属于金字塔式组织结构，是一种直线职能制的组织结构。直线职能制是一种以直线制结构为基础，在党委领导下的校长负责，下设相应的职能部门，实行校长统一指挥与职能部门的参谋、指导相结合的组织结构形式。校长对各级科研管理部门均实行垂直式领导，各级直线管理人员在职权范围内对直接下属有指挥和命令权力并对此承担全部责任。职能管理部门没有直接指挥权，其职责是向上级提供信息和建议。有些学校对科研管理组织结构虽进行了尝试，对一些短期的、技术简单、参与人员少的科研任务实行课题负责制等，取得了一定的效果，但毕竟是局部的，没有形成整体框架，配套管理跟不上，往往流于形式。传统的科研管理模式，课题责任人的自主性较弱，受到的行政干预较多，积极性与创造性无法得到充分发挥。同时，各种科研资源难以打破单位界限、部

---

① 谢敏. 高校科研管理组织结构创新研究 [D]. 青岛：青岛大学，2010：9.

门界限和所有制界限，不利于人才流动机制的建立。大学的学术研究需要给予大学教师一个自由宽松、充分授权的工作环境。只有扁平化的组织，才有利于信息的沟通、团队的建立、工作的创新，总而言之，目前组织结构模式仍存在诸多的问题，需要调整和变革。

（二） 直线职能制科研管理组织结构的不足

单一化的纵向管理模式固然具有传递命令方便快捷的特点，但随着知识经济时代的到来，它使得高等学校不能适应外界社会迅速变化的需要而及时改变或调整科研的内容和方向，或者对变化的反应不敏捷。各个学院、院系行政界限分明，不仅阻碍了不同领域学者学术上的交流，减缓了知识的发展速度，也不利于科研基础性资源的共享，造成资源配置的不合理和浪费。在高等学校的科研管理活动中，采用单一的直线职能制的组织结构进行科研管理，容易产生以下问题。

第一，体制缺乏必要的灵活性。"金字塔形"科研管理体制下，层次过多影响了信息传递的效率。知识和信息逐层从一个部门流向另一个部门，知识和信息只掌握在少数人手中，信息和决策在金字塔的底层与顶层之间来回流动。由于不同形式的科研活动，在人员组成、工作思路、运作方式等方面往往存在较大的差异，需要不断地开阔思路、开拓创新，以适应千变万化的发展趋势。这种管理体制对外界的变化反应不敏捷，不能适应外界迅速变化的需要，不能知识共享，不能很好地让科研机构之间、科研机构与外界建立广泛的联系。

第二，科研产出效率不高，知识创新不足。目前国家投入的科研经费呈逐年递增趋势，但与之相对应的科研机构的产出比例却比较低，造成科研经费使用效益低下局面的主要原因是传统科研管理体制下形成的科层制组织结构，机构重叠、效率低下。因此改革已经不能适应高等学校科研发展需要的科研管理体制是提高知识创新效率的关键所在。

第三，高素质创新人才培养受到影响。直线职能制的科研管理组织结构，无论是哪种具体形式，在基层都是按学科划分和设置的。在这种模式下培养出来的学生往往只具备一定的专业知识，其他领域的知识和技能相对比较薄弱。而当今社会需要的是一专多能的人才，高等学校作为人才培养的基地，要输出社会需要的人才，就必须加强跨学科教育，而组织跨学科科研不仅有益于科研创新，更可以培养符合时代需要的创新型人才。

高等学校中主要有两种权力——行政权力和学术权力，行政权力是指学校行政机构和人员为实现组织目标，运用有效的管理方法依据一定的规章对学校工作的计划、组织、指挥、协调和控制。学术权力指的是学术人员和学术组织所拥有和控制的权力。学术权力的主体是学术人员和学术组织，在高等学校的学术人员包括拥有学术头衔的人，如教授、副教授、讲师等，高等学校的学术组织包括决定学术事务的组织，诸如学术委员会、教授委员会等。学术委员会是校长或有关副校长领导和主持下的学术评议机构。在传统的科研管理组织结构模式下，学术管理长期处于行政权力掌控之下，专家和教授位于管理组织的底层，在日常学术事务处理中，履行上级部门指令的职责，决策管理往往以行政权力为中心，学术权力在很大程度上由行政权力代替。

高等学校学术委员会理应拥有广泛的学术权力，在大学学术决策、管理中发挥重要作用。但是，实际上重要学术事务的决策主要通过校长、校长办公会议或校党委常务会议直接讨论决定。许多大学的学术委员会还没有建立起正常的活动程序和作用机制，它参与决策的范围、程度都不清晰，在大学学术管理中起着微弱的咨询和参谋作用，缺少对学术事务实质性决策的权力。即使在学位评定、职称评审等学术委员会中，教师代表也只是在行政部门制定的原则下发挥有限的作用，这在一定程度上抑制了教师作为高等学校科研主体力量的创造性和积极性。通过组织制度确立学术组织的权力地位，树立其应有的权威，提高学术权力对科研创新的应有推动作用，应该是在科研管理组织结构设计中必须考虑的。

二、高等学校科研管理的现实组织结构

高等学校的科研管理组织要发挥其功能，不断促进科研创新，取得良好的效益，就必须遵循和依据组织结构理论来进行组织结构设计。高等学校科研管理组织结构的变化不仅要顺应时代发展和外部环境的变化，而且要依据学校自身的特点，进行具体问题具体分析，才能使组织有效地运转。

随着信息化时代和知识经济的到来，经济的知识化、信息化、网络化、虚拟化、中空化以及全球化为创新管理提供了良好的基础，新型的管理模式已经形成，对高等学校科研管理的组织适应能力提出了很高的要求，同时也为有效的组织结构实施提供了技术保障。现代组织的设计要求柔性原则，这是相对于传统金字塔式的刚性结构提出来的。所谓组织的柔性，是指组织的各部门和人员都是可以根据组织内外环境的变化而进行灵活调整和变动的，组织的结构保持一定的柔性可以减少组织变革所造成的冲击。注重研究的高等学校以知识创新为己任的特点，决定了高等学校科研管理组织结构应该比较柔性化，应该为知识创新的组织单元提供自由和宽松的研究环境和条件，提供有利于消除行政组织壁垒的跨部门、跨学科的学术研究。

（一）矩阵制科研管理组织结构的特征

所谓"矩阵管理法"就是为了某一工作目标把同一领域内具有相当水平的创新元素组成一个纵横交错的矩阵，通过管理使矩阵元素及行列按一定的数学规律变换，从而创造条件，激励创新。高等学校科研管理组织结构模式可以借鉴这种"矩阵管理法"，根据研究的需要自由组合研究人员，以学校科研管理部门为协调的枢纽，提供研究的财力、设备等，满足研究的条件；横向以课题为中心，纵向以各院、系、所有相关研究人员为元素，为课题的解决而组成跨学科的研究小组或攻关小组。实现跨学科、跨院系、跨领域的研究结合，充分利用网络技术，在学科的交叉点上，实现科学研究的创新。

矩阵制科研管理组织结构面向问题，名称不一，灵活多样，在问题导向下，为解决特定的问题，会产生特定的课题组。课题组作为矩阵制科研管理组织结构的基本单元，其成员同时接受来自学院与项目（问题）两个方面的领导。人员可能是来自某一个学院或者研究室，也可能是来自多个不同的院系或者研究所、实验室，甚至其研究人员来自校外，可能是别的大学，也可能是社会上的研究院、所或企事业单位，他们既要同各院系及职能部门保持组织及业务上的联系，又要进行与该项目、课题有关的工作或部分工作，完成项目负责人分配给其的任务。从行政隶属关系上而言，课题组人员直接受院系负责人的领导，承担教学、科研工作，在体制编制上直接归属于该院系，其工资、奖金、晋升、职称方面由学院管理。从项目管理体系上看，课题组负责人对课题组成员在项目上的成长与发展直接负责，负责整个项目（课题）的进度和质量，并要经常对成员进行业务上的领导；来自各院系的成员在课题组中不仅可以获得科研经费，结识更多的研究伙伴，更可以提升自己的学术科研能力。

（二）矩阵制科研管理组织结构的优势

矩阵制结构不仅有利于知识的创新、人才的培养，而且有利于学科的交叉渗透及与外部的交流，保证了科研管理职能的发挥，应成为以研究为主的高等学校组织结构变革中最现实可选择的组织结构形式。因为，相比传统的科研管理的直线职能制组织结构，它确实拥有很多的优势，具体表现如下：

第一，有利于提高科研效率。矩阵制结构采用的是分权管理，扁平形、层次少，减少了中间层次，缩短了信息通道，加快了决策速度。把完成同一任务所需的有关人员集中在一个课题组里，利用信息的横向交流，使信息利用更及时、更充分，便于及时讨论与决策，并能根据市场变化及时调整研究方向。课题组可以在最短的时间内调配人才，组成团队，集中不同职能的人才，解决复杂的高难度问题。

第二，有利于促进科研创新。矩阵制结构在创新过程中不断吐故纳新，淘汰失去创新活力的元素，吸收新发现的创新元素。被淘汰元素恢复创新活力后可再被吸入矩阵，从而产生比矩阵中原有创新能力更高级的创新。把矩阵中纵横交错排列的元素用信息技术网络连接起来，每个元素都是网络中的一个信息节点，其中最为活跃、创新能力最强的一个或几个节点就成为创新结点，创新目标最有可能在创新结点上实现。

第三，有利于合理高效地配置科研资源。采用矩阵制结构，能够集成组织内部不同部门之间的知识和技能，可根据完成某一特定任务的要求，把具有各种专长的人员调集在一起，充分利用人力与物力，做到集思广益、各展其能，避免了科研资源不必要的浪费。通过课题组的形式，使各个学科、院系的资源能够共享，从而节约了建设资金。

第四，有利于各学院之间的交流与协作。矩阵制结构通过具有横向报告关系的管理系统，把各院系有关的研究人员联系起来，便于沟通信息、交换意见；各学院之间的边界变得灵活和松散，减少了行政权力对不同学科领域的交流的行政阻隔，使得学术流活跃，行政流畅通；同时，有关的研究人员参加了项目小组以后，承担着共同的任务和目标，整体观念得到了加强，这些显然能够促进院系之间的协作。

第五，有利于复合型创新人才的培养。长期固定在一个学院里，身边接触到的都是同一学术领域的人员，不利于开阔眼界和发明创新。在矩阵制组织结构中，通过课题组的形式，科研人员能够与不同学科领域的人进行学术上的交流，能够接触到更多的知识和技能，可以实现人员之间的专业互补，扬长避短，相互借力和支撑，弥补各自的缺陷和不足。这有利于具有综合才能的复合型创新人才的培养。

（三）矩阵制科研管理组织结构的局限性

矩阵制组织结构在高等学校科研机构中有着很强的发展潜力、表现出多方面的优越性，但是其也存在着应用的局限性，具体表现为两方面：①组织的临时性产生注重局部利益与责任不清的问题。有时课题组或项目组等新组织的运作与科研机构长远发展战略不一致，过分注意小团体利益。在责任承担方面，人员受双重领导，有时不易分清责任，动力不足，影响了组织的效率。习惯于在本学科领域进行教学及科研工作的人员一旦进入新的环境，可能对不同学科领域之间的交流与合作不适应，从而在短期内不能高效率地开展工作。②成员的学术权威性和角色冲突性。项目组成员同时是某个院系、学科的成员，有的成员还是行政职能部门的成员。这个"交点"因而具有每个行列的属性，当不止一个行列都来要求它分担责任、奉献忠诚时，就引起了角色冲突。参加项目的成员来自不同部门，隶属关系仍在原单位，成员位置不固定，有临时观念，有时责任心不够强，若没有足够的激励手段与惩治手段，项目负责人对他们管理就会困难。

矩阵制科研管理组织结构的局限性更多的是在执行过程中产生的，有效克服其不足是在科研机构运用矩阵制管理取得效益的关键。在实际应用中结合科研组织的特点，加强管理，克服不足，提高矩阵制组织结构的效率，发挥其优势，可以从以下方面着手：

第一，充分运用信息技术加强信息共享和沟通。充分利用高等学校科研技术领先和设备先进的优势，运用信息技术提高沟通的效率。传统技术无法处理的指数级增长的信息量和复杂的人际关系在计算机强大的信息处理能力面前迎刃而解。建立一个完善的信息管理系统，作为成员之间、上下级之间高效率沟通的平台，达到政策和信息共享，实现"跨越时空界限"的交流。

充分运用互联网的巨大作用，加强信息的传输，通过电子邮件、视频会议等通信技术可以在同一时间将信息在整个组织范围中扩散。同时，采取制度性或结构性措施来保证沟通的有效性，如召开定期沟通例会或结构性地设立一个负责协调的岗位，如专业的监督委员会、特别小组等，解决跨部门沟通问题，使部门围墙透明化。

第二，注意配备好矩阵两个方向的负责人。行政领导与项目领导的合适人选是保证矩阵制科研管理组织结构和谐运作的重要保障。一般说来，行政负责人要求有较强的组织能力和协调能力，最好是配备具有较广博专业知识、有创业精神和组织能力的年富力强的专业人才。这种人才还要善于共事合作，能处理好同各方面（各职能部门、各学科组）的关系。课题组或者科研团队负责人一般应是在学术方面有较深造诣的学科带头人，拥有个人的人格魅力和学术权威。

第三，利益引导，交流思想，通过共同的团队文化提升凝聚力。要在团队内部形成一种互相交流、互相合作、协作共进的氛围，使不同学科领域的知识在矩阵制科研管理组织结构内部融会贯通，促进学术交流与创新；另外，在处理不同利益之间的再分配问题时，科研院所可以通过制度化的形式让研究人员和技术人员的利益得到保障，如加强知识产权的保护，承认科研人员的贡献和努力。有的科研单位实行实时施奖，对创造出重大科研成果的个人的奖励即时兑现，有效地调动了科研人员的积极性。

在矩阵制科研管理组织结构中，这些设置灵活、形式多样的课题组或者科研团队使高等学校生机勃勃，洋溢着自由研究的氛围，并达到较高的研究水准，为社会提供了大量的科研成果。或许在不久以后，科研团队作为科研管理最有效的组织，将成为高等学校科研组织结构中的基本单元，形成高等学校学术创新的主要力量，使高等学校科研沿着灵活有序的方向发展。简言之，矩阵制科研管理模式，既保证了科学研究自由探索的需要，又顺应了"大科学"时代科学研究的需要。

（四）矩阵制科研管理组织结构的科研团队

课题组是矩阵制科研管理组织结构的基本单元，为了避免课题组在实际操作中出现非正式组织结构的缺点，变成一种沙龙性质的组织形式，本节中提出要建设高等学校科研团队，从而保证科学研究一定的稳定性。跨学科研究已经成为科研活动的一个新方向，不同学科的交叉、交融已经成为现代科研活动的一个显著特点。只有众多不同背景的科研人员相互配合，形成一个团队，围绕某一个重大前沿问题，进行有效合作，才能更好地实现既定目标。

科研团队是以共同的科研目标为基础，通过某种独特的方式结合在一起的从事科学研究的群体。科研团队的特征包括：①以共同的活动为基础，团队成员之间相互联系、相互协作。②团队成员有着共同的行为规范，其行为规范反映团队成员共同的价值目标。③具有一定的组织性，团队成员在团队中有着一定的地位，各自扮演着不可替代的角色，其中最重要的成员是团队带头人，是带领团队实现科研目标的关键成员。科研团队非常强调团队的特征。团队是一种永久性的任务小组，而且经常与专职整合人员一同使用，组织在开展大型的项目、重大的创新或开发全新的产品线时，设立跨职能的团队是一种常用的解决办法。

科研团队同一般的课题组存在明显的不同之处，科研团队是相对固定的，科研团队通常存在一个核心小组，即使当科研团队因某个科研项目完成而解体后，此核心小组依旧存在，但这个核心小组本身并不是科研团队，在组建新的科研团队之前，科研核心小组的主要任务是寻找科研项目并申请科研项目立项，当申请科研项目立项成功之后，核心小组将着手邀请外围人员组成科研团队。而课题组不存在核心小组，当科研项目完成之后，工作小组成员彼此之间就宣告解散，甚至就很少联系。科研团队是一个相对独立的科研实体，为保证其正常运作，实现团队的科研目标，需要建立科学的团队管理机制，以保证整个科研管理矩阵制组织结构的协调发展。

三、高等学校科研管理的未来组织结构

知识经济时代的呼唤推动着管理范式的变革，目前管理范式正向着重人力资本、重知

识创新的知识管理转变。面对新的动态竞争环境，组织结构的灵活性显得尤为重要。扁平化、松散化、虚拟化是组织结构变化发展的必然趋势，高等学校科研管理必将面临虚拟时代管理范式的挑战。

（一）虚拟科研管理组织结构的特征

在信息技术高速发展、经济全球化和竞争国际化不可逆转的形势下，面对市场信息的多变性、需求的复杂性、学科的交叉性、技术的综合性和资源的有限性，各研究机构和企业充分认识到仅靠自身的力量无法应付市场的瞬息万变和技术交叉融合发展的需要，难以维持原有的竞争力。于是，联合研究开发成为一股不可阻挡的潮流。正是在信息化、网络化的背景下，虚拟研发作为各研究机构有效借助外部力量和资源的创新模式，已经越来越广泛地被应用到研究机构的创新活动中去。

第一，网络化、虚拟化。在未来大学特别是研究型大学中，网状的结构更加适应科研创新的要求。网状科研管理组织结构的结点是各研究小组、工作站、课题组、项目计划团队等，各结点之间的关系是平等的、非刚性的。以校内高水平的、具有辐射力的学术组织为核心，利用发达的计算机网络通信，与社会进行人员、信息的输入与输出联系，与其他的单位共同组成科研项目组，或者合办学院、科技中心等，从而在校内外建立起纵横交错的科研网络，促进科研组织全方位的信息沟通，可以使高等学校科研产业开发较快发展，同时提高科研单位对环境的应变能力和创新能力。

随着科研组织的虚拟化趋势不断加强，对高等学校科研管理水平和能力提高的要求也日趋紧迫，这就需要在高等学校内部、高等学校之间或企业之间进行资源组合。网状的科研管理组织结构进一步虚拟化。科研虚拟组织结构是这一变化的产物。科研管理虚拟组织结构围绕某一研究目标和内容，把所需的各种研究资源和必要的组织功能联合在一个新的"柔性组织"中，建立一个较紧密的跨越时空的合作联盟。建立在信息网络上，通过运用先进的网络技术和信息系统基础结构把不同学科领域、不同地区、不同行业部门的人才资源迅速联合成一个虚拟整体，也就是说，组织的柔性就体现在研究所的人员构成、规模、范围和领域的可调整上。

第二，流程管理服务理念，淡化行政权力。传统科研管理范式涉及的主要要素是人、技术和组织结构，而虚拟化管理范式则强调管理范围是整个科研流程，涉及组织的所有要素，时间、空间和信息也成为管理的要素。这就给传统的科研管理理念带来巨大冲击，服务成为科研管理哲学，行政权力逐渐淡化。

第三，最具代表性的组织形式是虚拟科研团队。虚拟科研团队是围绕一个共同的科研项目临时组织成立的科研团队，它的组织相对不稳定，成员随项目的进展随时会发生变动；项目成员对于项目的参与程度各不相同；成员之间的关系也相对松散，以致在大多数情况下，在团队成员甚至在科研项目管理者眼里，并没有把它视作一个真正的团队。在传统沟通方式占主导地位的环境下，为了保证团队成员之间的有效沟通，团队的组织边界不可能很宽；而虚拟科研团队因为依靠信息技术为支撑，一个虚拟的科研团队可以产生在很多的科研团队之间，甚至是跨地区、跨国界的组织形式，进行跨区域的实时交流，完成特定任务，因而组织边界非常宽泛。

第四，信任与协作是成功的必要条件。对于科研虚拟组织来讲，如果能够成功地运作，必须有一个共同的目标。组织成员之间的信任至关重要，因为如果成员之间缺乏必要的信任的话，那么他们之间就很难进行深入合作了；因为虚拟组织在结构方面没有传统组织那么严格，成员之间的沟通、合作与协作就显得尤为重要和复杂。

（二）虚拟科研管理组织结构的优点

与传统科研管理组织结构相比，虚拟化的科研管理组织结构具有以下优点：

1. 提供科研创新环境

虚拟化的组织结构具有知识性、创新性的特点，是一个知识型、学习型的新型组织。它减少了管理层次，缩短了信息通路，以最低的柔性成本对外部需求做出敏捷的组织变化，加快了决策速度，提高了研究与开发的效率。随着现代科学技术的发展，科研和技术创新活动对跨学科、多领域的知识集成的依托日益加强。知识集成的前提或实质是人才的集成，虚拟组织可以把具有不同学科和技术背景的人才整合到一起，宽松的环境可激发研究人员奔放的思维和灵感，而科研成果则是人才的创造性劳动和宽松的研究环境相结合的产物。

2. 拥有丰富科研资源

虚拟科研管理组织结构突破了传统的科研单位的界限，比传统的组织结构拥有更丰富的资源，可以在各种组织之间相互渗透和延伸，使国内外的科技、教育和企业联系密切，大量利用内外部资源进行技术研究开发，可以在更大的规模和范围内对资源进行优化组合。虚拟科研管理组织结构为知识共享和终身学习提供了基础，使高等学校科研和高科技企业实现优势互补、国内外人才实现优势互补，以低成本达到组织柔性的目的，从而获得高水平的研究成果。同时，网络式扁平结构，极大程度地简化了管理程序，减少了管理层次，缩短了信息通路，使快速、完备和准确的信息流通成为可能。

面对纷繁复杂的网络化环境，科研管理组织虚拟化是必然的发展趋势。高等学校如何在动态的竞争环境中把握自己的方向、培育自身的科研特色、多出创新成果，成为必须考虑的重要问题。因此，在虚拟管理时代，构筑高等学校科研核心竞争力至关重要。核心竞争力是企业开发独特产品、发展独特技术和发明独特营销手段的能力。核心竞争力是某一组织内部一系列互补的技能和知识的结合，它能使一项或多项业务达到世界一流水平。核心竞争力具有与众不同之处，一项能力要成为核心竞争力，还必须是独树一帜的能力。在虚拟组织结构状态下，要想在竞争中站稳脚跟，高等学校必须提炼、整合、培植独特的专长，以构筑高等学校科研核心竞争力。

随着实践的发展，虚拟组织结构的优势初见端倪，然而，虚拟科研管理组织结构不可能解决研究方面的一切问题，其产权模糊性问题带来的复杂问题需要进一步研究解决，而且目前它是否具有通用性和普遍适用性，只有人类社会进入了全面知识化时代，才能做出判断，它面临着人们观念转变的巨大挑战。但是，科研管理组织结构虚拟化的发展趋势，无疑是不可逆转的。

第三节　高等学校科研管理的创新激励

高等学校科研创新是时代发展的必然要求，科研创新是高等学校为国家经济建设和社会进步做出服务和贡献的主要功能之一，是加强学科建设、增强学术实力的根本措施，是培养、锻炼学科队伍的必由之路。科研创新贯穿现代高等教育传授知识、创造知识、应用知识三大职能之中，是核心驱动力。科研创新是高等学校学科发展的内在需求，是增强学术实力的根本措施。学科建设的主要载体是科研方向，而科研方向本身就是智力资源"聚合"与"拓展"的具体设计，是智力创新的实现形式。只有当体现着智力水平的科技创新不断推进的时候，才能表现出学科建设层次的不断提升；只有具备了高质量的研究项目和由此产生的高质量成果，才能从根本上实现学科的发育与成长。没有科研创新，就不可能提高学科水平，就不可能增强学校的学术实力。

一、高等学校科研管理的创新激励思路

（一）高等学校科研管理的创新激励制度

1. 树立现代科研管理理念，构建校园文化

管理理念是管理者以一定的文化背景为依托，由一系列具有密切联系的概念判断和命题所组成的观念群。管理理念隐藏在众多管理行为背后起着支配作用。树立现代科研管理理念，切实做到在发现人才、培养人才、吸引人才和稳定人才的各个环节中坚持"以人为本"，重视人的个性发展，并尽可能地创造条件，使他们能自由地、全面地发展自己的潜能，实现自己的价值，使科研人员的创造性得到最大限度的激发。

校园文化建设对高等学校科研具有重要的作用，能有效激励高等学校科研创新的制度。高等学校科研创新应当运用各种手段与校园文化有机地融合起来，形成科研创新型校园文化，以促进高等学校科研创新的效率。构建科研创新型的校园文化，培育科研人员的创新意识和创新精神，有利于形成鼓励创新、宽容失败的文化氛围，有利于提高科研人员的创新能力。科研创新能力的强弱和效率的高低，很大程度上取决于人们的创新观念。特别是高等学校管理人员和核心科研骨干人员，更应该具备非凡的活力和超乎常人的创新精神。

对高等学校而言，要加大科研创新的激励力度，不断借鉴和吸收外来管理文化的精华，构建一个鼓励和支持科研创新、促使创新型人才脱颖而出的良好环境。在校园文化建设中要突出科研创新文化的内涵，建立适合中国国情的创新型文化。必须更加重视高等学校科研人员的独立性、个性和灵活性，提倡和保护具有个人冲动的"灵感"和独创性，要通过科研创新型校园文化的建设，转变科研工作人员的思想观念，培养创新意识，培育冒险和创业的文化氛围，激发创造热情，弘扬创业精神，鼓励不畏风险，增强风险意识和风险承担能力，为高等学校科研创新营造一个宽松、自由、兼收并蓄、鼓励个性发展的文化环境。

2. 建立科学的吸引与培训人才激励制度

高等学校建立科学有效的吸引人才和培训人才激励制度能够充分发掘科研人员的潜力，帮助他们实现自我价值，并且可以增强科研人员对单位的忠诚度和归属感，减少人才的流失。造成科研人才流失最为重要的原因是缺乏有效的激励机制，使得人才的价值在科研中难以体现。因此建立合理的吸引和培训人才的激励制度十分必要。

（1）建立吸引人才的激励制度。吸引人才包括吸引学校以外的人才来校工作和吸引校内的人才更好、更稳定地工作。吸引校外人才来校工作，有利于给组织增添新的活力、带来新的思想，激励组织内的各个成员不断以新观念、多角度来思考问题，有助于提高成员的创新能力；吸引校内人才更好、更稳定地工作，即避免人才流失，是激励创新的基本条件。

（2）建立培训人才的激励制度。在当今知识剧增、知识老化速度加快的时代，知识和信息对于从事科研工作的人才而言显得尤为重要。如果不能进行必要的知识更新，得不到可靠的新信息，他们的创造能力就会降低。在知识经济时代，只有不断学习才能跟得上时代。培训是科研人员的需要，他们希望通过培训，提高自己的技能，希望达到某个理想目标。科研人员的培训应注重两个方面：一方面是知识与技能的培训；另一方面，加强科研人员价值观的教育。科研人员创新能力的发挥在很大程度上受到他们的价值取向的影响。科研人员的价值取向是决定科研人员创新能力的重要因素。

3. 建立科研团队的创新激励管理制度

科研创新绝不是个体独立实现的，具有创新能力的团队是孕育科研创新的摇篮。科研团队有助于激发个人的创造力，提高组织的工作绩效和创新力。团队和团队精神带来的是人与人之间相互依存、团结合作、友善民主、亲密和谐的人际关系，这种良好的人际关系在一定程度上既能促进彼此之间的合作，提高士气，同时还能满足成员的合理需要，创造出一种增加工作满意度的氛围，使人产生归属感和认同感，并从中获得自信与力量，形成一种激励，调动个人的积极性，激发个人的工作和学习兴趣，使人们创造性地工作和学习。科研团队使得一个集体不但能充分体现、发挥个体的个性和特长，还能使一个团队具有各个成员所不具有的战斗力和创新力，最终使得团队的工作绩效明显高于个体成员绩效的总和。

4. 建立科学评价考核、鼓励探索的制度

高等学校对科研的评价大多以承担多少项目、发表多少篇论文为考核目标，通过量化打分评判优劣，存在重数量轻质量、考核周期短的弊端，不利于激励高等学校科研创新。因此应建立科学的评价考核激励制度。科学研究分基础研究、应用研究和开发研究，应建立分类评价考核机制，评价不能一刀切，考核周期也不要太短，周期过短不利于科研创新成果的出现。要通过对科研创新人员的科研创新成果进行审查和评定，以确定其业绩与效果，并据此给予相应的奖励。具体而言，先可以通过高等学校科研创新成果稽核制度，对研究成果的真实性和有效性进行评定；然后运用计算机联合评价系统或相关领域的校内外

专家匿名评审，给出评定结果，最后根据结果，予以奖励。这样可以激励他们不断地创造出有价值的创新成果。

科学研究是创造性劳动的过程，需要长时间的积累，科研创新是有风险的，不可能每一次创新都能成功，因此在建立高等学校科研创新的激励机制中，除了有创新成功奖励机制外，还应建立尝试创新失败容忍机制。这就应该对各个岗位和职位予以定级，根据不同的级别规定可以失败的次数、项目数、时间和经费规模等。在上述范围内允许失败，超出范围的是不受支持或是要受惩罚的。这样，由于在一定范围内的失败可以被容忍，高等学校科研人员的积极性就会高涨，创新意识就会非常强，创新成果也会随之增多。要出大成果必须有一个学术气氛浓厚、宽松的环境。

5. 建立以激励创新为导向的分配制度

高等学校科研资源的稀缺性决定了资源分配的重要性，在资源分配的过程中，绝对的公平只能导致资源的浪费和资源使用者的平庸化，充分体现多劳多得、创造富有竞争性的环境更有利于激发高等学校科研人员的工作动力，促成高等学校科研工作目标的实现。高等学校科研工作，应建立起激励创新为导向的资源分配制度，这具体可以表现为向特聘岗位、特殊贡献人才倾斜，向重大科研项目、高新技术项目、有较大经济或社会效益项目、跨学科项目倾斜，向重点学科、重点实验室倾斜的资源分配制度。有导向性的资源分配制度，是体现激励效果的主要表现形式，是建立规范化激励制度的重要组成部分。

6. 建立科研知识产权保护的激励制度

知识产权制度是在知识经济时代调整人的财产与社会关系的杠杆，它是通过国家意志的形式赋予知识以财产权（是一种无形资产，包括著作权和工业产权两个主要部分）的一项制度。知识产权制度对科研人员的激励作用主要体现在其使社会对著作权人及一切发明创造者名誉权（人身权）、财产权与处置权的尊重与保护上。科研成果专利是创新的主要形式。科研管理的专利保护就是对其进行有效的管理与保密，据近来微观经济的市场分析表明：专利实际就是垄断，专利与垄断实际就是一种自我替代效应，也是创新的重要内容。高等学校科研激励也要基于这种认知来把握，真正维护科研人员的利益，推动科研事业的不断发展。

（二）高等学校科研管理的创新激励方式

高等学校科研创新激励从激励方式的角度可分为物质激励和精神激励。物质需要是人们的基本需要，只有满足了人们的基本物质生活需要，才可能使更高的精神需要发挥作用，所以物质激励是激励的最基本的方式。当人们的物质需要得到一定程度的满足时，人们在精神方面的需要增大，这时，采用精神激励，就能更持久有效地激发人们的积极性。物质方面的激励包括工资激励、物质奖励激励等；精神方面的激励包括晋升激励、考核激励、培训激励等。具体而言，高等学校科研管理的创新激励方式如下：

1. 目标激励方式

目标是组织希望达到的成果或结果，目标是对组织的宗旨与使命的进一步阐述，目标具有导向作用，目标的首要作用是为组织指明前进方向。一个组织没有明确的目标，就没有前进的方向，就无法有效地协调资源。因此，每一个组织都必须为自己设立明确的目标，使组织成员能够互相协调，为追求共同目标而奋斗。目标具有激发组织成员的作用。高等学校科研管理可以设置适当的目标，建立科学的评价体系。在对教师和科研人员的评价体系中，要用人才培养质量、科研成果、学术水平、创新活动、成果转化及高新技术产业化等综合指标来进行评价。通过评价，激励人的动机，达到调动人的积极性的目的。目标是靠人的行为实现的，而人的行为是由其积极性来推动的，一个切实的战略目标，是对整个群体的一种激励和挑战，一个宏伟的目标能激励管理者和科研人员集中精力，全力以赴，共同去完成。

目标激励是激励的基本方式，就高等学校而言，学校要完善与市场经济相适应的用人机制和分配政策，特别是在教师和科研人员的工作待遇、生活条件等方面出台新的激励措施来稳定、吸引优秀人才从事教学、科研工作；要通过实行导师制、引导职称评聘中的科研导向、设立专项奖励基金等措施，加快青年科研队伍的培养。学校鼓励开展积极的学术交流活动，继续资助具有高级职称的人员和获得博士学位的教师参加国内外各类高水平的学术交流活动。

2. 政策激励方式

政策是管理者为了实现某个目标而制定的一系列相关的文件规定，大多数高等学校是实行津贴制，基本上都有科研奖励方法（对学术论文、学术专著、课题项目、获奖成果、技术专利等实施奖励），对广大科研人员的科研成果进行量化管理，目的是创造一个尊重知识、尊重人才的外部环境，肯定人才和智力劳动成果的价值，进一步调动科研人员的积极性，所以政策激励是一种积极的激励方式。

3. 能力激励方式

某种需要有无激励力，在很大程度上取决于员工对自己能力的评估，如果他觉得自己具备足够的能力，就会努力去实现自己的理想。反过来，具备某种能力本身也会使人产生相应的需要，如果某人掌握了一项别人不懂或不如他的新技术，他就会产生自己应该承担更大的责任、提升到更高的职位、取得更大的成绩、得到更丰厚的回报等需要。这时，如果组织的系统和机制也能够强化他对自己的能力与这些需要的满足之间的关系，我们就可以预期他不仅会产生强烈的需要，而且会为此付出必要的努力。所以，组织应该不断地通过更新员工的知识和提高员工的技能来激发他们的进取心。

4. 知识激励方式

科研人员对获取知识具有强烈的渴望，高等学校可以使科研人员在一流导师指导下，从事一流的研究工作，使他们能够在业务与能力上不断进步。同时，注重科研人员的培训、进修等学习机会，使他们能够接触最先进的技术知识。知识就是力量，当科研人员发现他们获得的知识不仅可以得到相应的回报，而且能够和所在单位一同成长，丰富自己的知识体系，他们就会更加努力地工作，全身心地为高等学校发展贡献力量。

5. 公平激励方式

人的需要主要是在与周围的人或环境的比较中对自身缺乏的一种主观感知，这种比较实际上也是衡量自己的付出是否得到了合理的回报。这种公平性的比较往往被看作是保健因素，因为员工认为得到公平的回报是天经地义的，得到了不会产生动力，得不到则会产生强烈的不满，严重挫伤其积极性，使其对努力与满足需要之间的关联性失去信心，以至于放弃努力。根据公平理论，报酬多少固然对个体积极性有影响，但报酬的分配是否合理，对个体积极性的影响更大，公平会产生激励作用，不公平会使人丧失积极性。保持系统的公平性，尤其是使处于相同或相似位置、承担相同或相似责任、具有相同或相似能力、付出了大致相同的努力、取得了大致相同的成绩的员工能够得到公平的回报，可以激发员工新的需要并增强员工通过努力满足需要的信心，所以同样具有激励的作用。

6. 愿景激励方式

激励力量取决于两个方面：一是对激励愿景价值的认识；二是实现激励愿景目标的可能性大小。在工作中如果把目标的价值看得越大，则能实现愿景满足的概率就越高，激发出的动机就越强，产生的内部激励力量就越大，激发出的积极性就越高。需要是结果的吸引力，结果从某种意义上讲就是期望，是愿景，是未来的一种可能，是努力后的一种回报。当一个人可以预见或有信心能够实现某种对自己有吸引力的结果时，他就会产生这种需要，就会为满足这种需要而付出更大的努力。所以，组织应该在相应的政策和条例中明确员工各种行为的结果和发展前景，从而激发员工因对结果的期待和对愿景的憧憬而产生强烈的需要，并为此做出积极的努力。

二、高等学校科研管理的创新激励机制

（一）高等学校科研创新激励机制的原则

激励机制是在组织系统中，激励主体通过激励因素或激励手段与激励客体之间建立的相互作用关系的总和，即组织激励内在关系结构、运行方式和发展演变规律的总和。或简单地说，在组织中用于调动其成员积极性的原则、制度和方法的总和。高等学校科研创新激励机制是指为充分调动广大科研人员积极性，从而实现科研创新的目的，所采取的激励原则、制度和方法的总和。激励机制对高等学校的科研创新和高等学校的发展至关重要，高等学校科研创新激励机制要依据高等学校科研和科研人员的特点以及科研创新理论和激励理论，按照一定的原则来构建。原则是人们在不同范围、不同层次、不同方面说话行事必须遵循的基本准则，它是在长期的实践中形成和发展起来的。通过对高等学校科研、科研人员以及科研团队的分析，高等学校科研创新激励机制的建立须遵循以下原则：

1. 科研创新激励机制的以人为本原则

坚持以人为本原则就是一切管理工作均应以调动人的主动性、积极性和创造性，做好人的工作为根本。在研究高等学校科研创新的激励机制时，必须把人和环境紧密联系起来，不能只单独研究人，而忽视了环境对人的影响。人是管理工作的核心，管理应尊重人的需要、尊重人的个性发展，同时也尊重人的主观能动性。人是所有资源中最宝贵的资源，人是生产力中最基本、最活跃、最关键的因素。传统的管理把人看成是一种"技术要素"，把人置于"严格监督和控制之下"。而随着生产力的不断发展和社会的进步，管理从以物为中心转向以人为中心，把人看成是"具有内在的建设性潜力"的因素，并为人提供、创造各种条件，使人的主观能动性和自身的劳动潜力充分发挥出来。在高等学校科研创新的激励机制中，要以正确的态度看待人，要把科研创新人员作为激励工作的核心，正视科研人员的个性和潜力发挥，灵活把握激励制度对人的积极作用。

2. 科研创新激励机制的系统性原则

所谓系统就是按照统一的功能目的而组成的有机的整体，系统中要素与要素之间、要素与整体之间、整体与环境之间都存在着相互依赖、相互结合、相互制约的关系。管理中的系统性原则，是在对系统中各个要素充分分析基础上进行有机组合，以达到最佳的管理。高等学校科研创新的激励机制就是一个系统，它有一个系统的功能目的：激发人的创新力、提高科学技术水平，以增强高等学校创新能力，促进国家经济发展。科研创新激励

机制本身也不是孤立的，它必须与外部系统发生密切联系。系统性原则要求我们在进行激励机制的构建时，应注意以下方面：

（1）全局性。首先，必须将高等学校科研创新激励机制放在社会大系统中，放在整个学校系统中研究外部环境对内部机制各要素的影响；其次，要将高等学校内部科研创新激励机制作为一个整体，不能片面强调某个方面。有时从局部看到有利的事，从全局看并不总是一定有利。

（2）目的性。不同的系统有不同的目的。混淆了目的的管理必然是混乱的管理，这就要求我们明确目的，包括整个系统总的目的和各个要素不同的目的。但必须注意，各要素目的和系统总目的是一致的，必须服务于系统总目的。

（3）协调性。一个系统内部各要素之间如果没有较好的协调或有机组成，那就不能称为系统或机制，而是简单要素的相加和排列。高等学校科研创新激励机制的协调性体现在对制度建设、文化建设和激发人的内在创新力的有机组合上。

3．科研创新激励机制的针对性原则

科研创新激励机制要有针对性，要针对科研人员心理需求的差异性，有的放矢地实施有效的激励，充分调动他们的积极性，尤其是对高级职称的科研人员进行物质奖励的同时，还要辅以精神奖励。在各种场合大力提倡为学校的发展比贡献、比成绩，营造人人向上的氛围，对科研人员的成绩给予充分肯定，对科研工作突出的单位和个人给予表彰，提高他们的社会知名度，巩固其学术地位，给他们以精神的成就感和满足感。总而言之，在设计激励机制时一定要考虑科研人员的特点和差异，这样才能收到最大的激励效力。当然，不是要求对每一位科研人员都要采取个性化的激励方式，而是在构建激励机制时，必须充分考虑激励的个性化特点，使激励机制具有一定的灵活性，以便对特殊科研人员和核心科研人员采取针对性的激励。

4．科研创新激励机制的公平性原则

公平理论是在社会比较中探讨个人所做的贡献与他们得到的报酬之间如何平衡的一种理论，侧重于研究工资报酬的合理性、公平性对个人积极性的影响。管理人员应积极引导科研人员正确评价别人的投入与产出比，在管理实践中探索出一套客观的、量化的、准确的评价科研劳动的指标体系和方法，努力为科研人员创造一个良好的、平等的竞争环境，排除可比的不公平因素，引导他们正确对待自己和别人、荣誉和奖励，使科研人员以旺盛的精力投入科研活动。正确评价劳动个体在科研群体中的劳动投入，公平地分配劳动成果的份额，以弥补科研人员组织向心力弱、集体感比较缺乏的弱点。

5. 科研创新激励机制的沟通原则

科研创新的主体是科研人员，科研人员的素质，一方面由不同学科领域的专业技术构成；另一方面由团队精神、自主学习、研发能力等因素构成。科研人员有较高层次的人性表现。按照马斯洛的需要层次理论，科研人员的人性表现呈现出对自我实现、尊重和成就感等的追求。麦克利兰的成就需要理论把人的最高层次需要即人性表现归纳为对权力、友谊和成就的需要。属于科研人员较高层次追求的权力、友谊、成就感，都在团队合作、频繁沟通及相互的社会关系中体现。团队成员间彼此有效沟通，分享信息和智慧，能激发团队潜在的力量，保障团队目标顺利实现。科研工作是以科学技术和科研人员为首要资源的活动，它为科研人员对科学技术的研究、开发、创新和转化创造良好的环境，在此过程中沟通管理是必不可少的手段。没有科学技术的有效沟通，就没有科研工作的高效率运行，也就没有科学水平的提高。沟通的过程贯穿在管理的全过程中。由于管理工作都要围绕科研活动来进行，因此沟通管理将发挥更为重要的作用。

（二）高等学校科研创新激励机制的重点

1. 以系统观念为指导设计激励机制

以系统观念为指导，做好科研创新激励的整体规划设计极其重要。要做好激励工作、使激励成为高等学校科研长期可持续发展的有力依托、克服激励工作中的短视和各自为政的弊端，就要对激励工作进行整体规划设计。具体来讲，以系统观念为指导，应该做好以下工作：

（1）正确做好对激励方法种类进行选择的工作。各种激励方法之间是相互联系和互为补充的，只有对它们加以综合运用，才能取得好的激励效果。在实际操作中，高等学校要根据本单位的实际情况，对传统的激励方法进行分析与选择，确定主要的方法和辅助的方法；要对各种激励方法进行定位，确定各种方法之间的关系，使各种方法形成有机的整体、体现统一的指导思想。

（2）要构建起科研激励的层次结构。在每个组织中，员工的需要层次是不尽相同的，处于不同层次的员工应获得相应层次的激励。因此，在构建激励体系时应体现激励内容的层次组合。在统一思想的指导下，要照顾到不同群体或个体的"各异性"来进行激励。同时，激励规划就整体而言，也应体现出逐步深入、层层递进、循序渐进的发展原则和一定的前瞻性。

（3）要处理好科研激励的点与面的关系。高等学校科研激励要面向全体科研人员，不要仅注重对科研拔尖人才、优秀学术骨干的激励，还要重视对所有科研人员的激励，注重他们积极性的全面提高，妥善处理好激励的点与面的关系，这有利于科研团队建设和团队精神的培养。

（4）要做好科研激励的时间规划。激励工作应该有目的、有计划地逐步推进；要实现它与组织的战略决策和整体规划有机的统一，做好长期规划和短期规划的结合，而不应该走一步算一步。同时，激励机制要随时间的变化而有所变化。做好激励的时间规划有利于将激励纳入自觉发展的轨道。

（5）要将激励工作纳入高等学校科研管理这一有机整体之中，使科研激励工作与日常科研管理、学科建设、研究机构建设、人才培养、科研文化建设、科研人事管理等工作有机地结合起来，共同促进科研创新工作全面发展。

2. 建立分层次的科研创新激励机制

目前各高等学校纷纷建立了自己的科研奖励为主的科研激励制度，若要使奖励更好地发挥激励作用，就要兼顾不同的层面，既要有高层次的奖励，也要有低层次的奖励。如果只有高层次奖励，就会使多数人觉得难以获得奖励，进而对前途失去信心，放弃对目标的追求；如只有低层次的奖励，则不利于鼓励人才脱颖而出。此外，不同层次的奖励要根据评奖具体情况确定奖励等级，这既是对不同质量成果给予正确评价的客观要求，也是扩大受奖面，使更多的人受到鼓舞的需要。除上述问题应着重考虑外，还有些问题也不能忽视。例如奖励制度中的阶段性与连续性、奖励中的客观性与公正性、适时奖励与适时惩罚、奖励的内容与形式、激励政策与其他政策的协调配套、激励对象共性与个性的区别对待等。

激励制度作为科研管理的有效手段之一，不仅已被广大高等学校采用，而且正发挥着越来越重要的作用。按照以人为本的原则，充分运用激励手段加强高等学校的科研管理，是提高高等学校科研管理质量的一条有效途径；不断完善高等学校科研管理中的激励机制，则是高等学校科研管理部门和科研管理人员应思考的重要课题。从某种意义上而言，科研激励制度建设成功的关键是使每一位教师都感觉到有动力和压力，挖掘每位教师的科研潜力，而且通过努力能达到这一目标。这里的分层是指高等学校科研一般分为基础研究、应用研究和开发研究三类，它们研究的内容、目标不同，成功率也不同，用统一的考核指标来评价不合适，不利于调动高等学校科研人员的积极性，不利于高等学校科研创新。

制度建设体现分层激励的目的是提高"效价"和"期望值"，从而实现激励功效。具体可以从以下方面实现分层激励：首先，将科研人员按照科研能力分为不同的层级，如按职称来分，可分为教授、副教授、讲师、助教四个层级，一般而言，相应的职称意味着相应的科研能力；其次，针对不同层级制定不同的奖励标准和措施，同一层级奖励标准相同；最后，在制定激励制度时，对于较低层级要体现得到的利益和所发挥的效能的不对称性，即对于科研能力弱的教师群体，要降低要求，加大奖励力度。

3. 建立科学量化与代表性成果结合评价模式

科研考核指标不能真实、准确地衡量科研人员的贡献，不能恰当地评价科研人员的贡献，将会导致激励不公平现象的发生。在市场经济条件下，科研管理的指导思想应该是使对人们工作的评价标准从原来的身份平等向机会均等、效益平等的方向转变，其具体的要求就是建立起有利于全体员工公平竞争的政策与人文环境，贯彻按劳分配的原则，合理地调整全体科研人员的利益与社会关系。在具体的操作中，建立科学的业绩评价指标体系是贯彻上述思想的首要一环，也是决定其能否实现的关键。

在评价指标体系构建中，高等学校应该充分考虑和照顾各单位、各成分人员的不同情况，考虑到自然科学与社会科学以及基础研究、应用研究与开发研究的平衡问题，确定合理的一级指标、分级指标和权重，并积极地征求群众意见，使评价尽可能合理并易于操作。要在管理中摸索出一套客观、准确、公正的评价科研劳动的指标体系，努力为科研人员创设一个平等和谐的竞争环境。

代表性成果是能够反映一个人的学术水平和科研实力的成果，在考虑科研评价时实行代表性成果制度，就是评价某个人的学术水平时，不是看成果数量的多少，而是看成果的质量，如不看这个人有多少文章，而是看他文章的水平。实行代表性成果制度，有利于激励科研人员安心科研工作，克服浮躁心态。在对科研人员进行考核时，科学量化和代表性成果相结合，有利于科研人员个性特色的发挥，有利于科研团队成员的密切合作，从而实现高等学校科研创新。

4. 妥善处理好各种激励中的"量"与"度"

妥善处理激励机制中"量"与"度"的关系，对高等学校科研创新至关重要。激励机制中的"量"是指激励的范围、领域或内容；激励机制中的"度"是指激励的尺度、强度或标准。激励机制中的"量"与"度"不是固定不变的，各单位应根据条件和时间等因素的变化适时地予以调整。不同的高等学校在制定激励政策时，应充分考虑本校的实际情况，即应根据自身的科研实力、科研水平、科研任务与目标等确定激励的"量"与"度"。

一般而言，高等学校科研管理的激励范围大致包括科研项目（含申报、立项等）、科研成果（含获奖成果、获准专利、著作论文等）、成果推广、科研结题、科研考核等。激励的强度须因地制宜。对于整体科研实力较弱的学校，一般应在相应领域的较低层次上给予较大强度的激励；而对于整体科研实力较强的学校，则应在相应领域的较高层次上给予较大强度的激励。激励的强度一般都不宜过低，否则难以起到激励的作用。在条件允许的情况下，应尽可能地给予较大强度的激励。另外，激励的强度往往与学校科研实力呈负相关关系。科研实力较弱的学校只有采取较大强度的激励，才能更大地激发科研人员的积极性，才能吸引人才、留住人才。高等学校在对科研人员实施激励的时候，一定要善于把握好"度"，具体体现在以下方面：

（1）激励目标的设定和激励强度要适"度"。在目标激励中，所设定的激励目标一般应有一定的超前量，这样才能产生激励效果。但超前量过大则会使人觉得高不可攀而放弃努力，所以应正确把握好超前量的"度"，做到适量适度。同时，激励的强度也并非越高越好，过高的强度不但不能使激励起到应有的效果，还可能使其偏离原有目标，带来负面的影响（如过分强化物质享受、按酬付劳、负担过重等）。因此，在设计激励的强度时，同样应适可而止、量力而行。

（2）要把握好精神激励与物质激励之间关系的"度"。在强化激励过程中，对强化措施（包括物质方面和精神方面）的选择应视具体情况而定，但一般应坚持精神激励为主、物质激励为辅的原则。事实证明，物质激励属于外部刺激，只起到外力的作用，是外因，目标的实现还必须通过内因（内在的精神动力）起作用。人类不但有物质上的需求，更有精神方面的需求。因此，单用物质激励不一定能起到相应的作用。高等学校应该综合运用物质激励与精神激励来激发科研人员的工作动力，其重点应放在努力增强全体员工的工作责任心、自觉性、使命感等方面。

（3）要把握正、负激励间的"度"。正激励固然重要，负激励也不应忽视。负激励的合理运用可以起到克服错误、惩前毖后、治病救人的作用，是正激励的重要补充。高等学校应坚持正、负激励相结合的方法，正激励为主，负激励辅之。

5. 建立高等学校科研公积金制度

高等学校只有建立一个基于能力和工作绩效为导向的激励制度，才可能真正形成强大的工作"发动机"，推动高等学校科研创新及学校整体发展战略目标的实现。高等学校科研创新应实行科研公积金制度，用科研公积金的方式鼓励科研人员开展科研创新工作。所谓科研公积金是指科研人员每年完成的科研工作量通过一种计算方法转换成对应的公积金数额。

科研公积金来源于学校的科研经费，具体额度由学校确定。学校为每个科研人员设立一个科研公积金账户，然后把科研人员每年获得的科研公积金存入账户，实行统一管理。科研公积金逐年存入，不断积累，长期有效，直至退休；超额完成科研任务所得的科研公积金，学校可加倍存入（具体倍数由学校根据本校情况制定）；科研公积金只能用于科研工作的需要，不能挪作他用。科研公积金可与学校科研发展直接挂钩，就好比股份制企业的股份，共享科研发展的成果，如股份红利。科研公积金可以代替现金，比例可以是1∶1（即等额），也可以不等额，具体可根据学校科研经费实际状况而定。

每年取得的科研公积金可以作为年度科研工作考核的依据；科研公积金的累积总量可以作为职称职务晋升和学术骨干选拔任用的依据。个人的科研公积金是用来逐年积累的，不像目前科研经费（包括奖金）几乎是用来一次性消费的。一般情况下，个人的科研公积金要到退休时才可提取或结算，而科研人员是不可能同时退休的，这样就有利于学校整个科研经费的积累与灵活使用，有利于学校科研整体实力的不断壮大，有利于学校集中力量办大事。科研公积金有利于增强科研工作的自主性和灵活性。如某个教师因为特殊原因无法完成当年的科研工作量时，可以用其原有的科研公积金来补充，以避免科研考核不合格所带来的一系列问题。还可以根据自己的生活和工作安排来自主地开展科研活动，这样就增强了教师科研工作的自主性和灵活性，有效缓解繁重科研任务所带来的精神压力，克服为科研而科研或为职称而科研的现象。

科研公积金有利于解决教师科研资金应急问题。现在有许多年轻的博士、硕士，他们科研能力比较强，也很想在专业上有所作为，但迫于生活中的经济压力，靠个人能力很难著书立说，有了科研公积金制度，就能缓解教师尤其是青年教师的经济压力。科研公积金有利于建立科研工作的利益共同体。由于科研公积金与学校的科研基金和科研经费积累是直接挂钩的，科研公积金最终代替现金情况的好坏与学校科研的总体发展水平是密切相关的，这样就有利于鼓励科研人员发扬集体精神和团队合作精神，把个人命运与学校发展紧密地联系在一起，树立"校荣我荣"的思想。

三、高等学校科研管理创新中管理沟通

管理沟通在高等学校科研工作中具有及时传递科研信息、建立和改善人际关系与为科研创新提供支撑等多重作用，通过减少管理沟通环节、扩宽信息反馈渠道以及加强学科的交叉与融合等多种策略，建立良好的科研管理沟通环境，可以帮助管理人员弥补经验等方面的不足，实现科研管理目标。

（一）管理沟通在高等学校科研工作中的作用

1．及时地传递科研信息

在信息时代，知识和技术发展和创新速度加快，信息传递也更加频繁，通过相关科研信息的传递，教师可以快速获得科学研究新的动态，并快速做出反应。教师也可把他们自己对科研工作的新想法、要求和意见传递给科研管理部门。这同时也是高等学校科研管理部门制定决策和规划的基础，要想做出正确的决策，必须以准确、完整、及时的信息为基础。通过与上级主管部门、各科研院所及科研人员等内外部环境之间的信息沟通，可以获得最新的科研信息，从而为科研工作决策和规划提供依据。

2．为科研创新提供支撑

管理沟通应在围绕高等学校如何获得科研核心能力方面做出努力。通过建立与外界科研单位的科研联盟，获得外部的资源和能力；科学技术变化迅速，需要不断地通过沟通来汲取前沿的技术和能力，通过合理的学习和激励使教师获取新的知识和能力；提高教师的沟通能力、增强教师沟通的主动性，进而通过沟通整合教师能力；通过沟通营造一个浓厚的科研创新环境，达到持续创新的目的，最终形成科研核心能力。

3．科研管理的重要手段

高等学校科研管理部门是通过各种途径将信息和任务传递给教师并使教师理解和执行的。如果沟通不畅，教师就不能正确理解和执行，科研工作就不能按计划进行，最终可能导致工作混乱。此外，有效的管理沟通可以实现学校教师对管理工作的充分参与，发挥激发教师潜能的作用。

4．建立与改善人际关系

管理沟通的目的除了科研创新外，还有一个作用是学校科研管理部门与教师以及教师之间通过沟通和情感的交流，改善相互之间的关系。信息沟通、意见交流，将许多独立的科研人员、科研团队、科研单位贯通起来，成为一个整体。信息沟通是人的一种重要的心理需要，是人们用以表达思想、感情与态度，寻求同情与友谊的重要手段。通过沟通可以协调人际关系，传达校园文化和精神，创造有利于科学研究的氛围，鼓舞教师的工作和创造热情。畅通的信息沟通，可以减少人与人之间的冲突，改善人与人、人与团队之间的关系。

（二）高等学校改善科研管理沟通环境的策略

1. 明确科研管理沟通的目的，制定计划

科研管理沟通不是为了沟通而沟通，而是达到特定目的的一种手段。无论是正式严肃的书面沟通，还是轻松随意的口头沟通，无论是从上而下的沟通，还是从下往上的沟通，或是同级管理者及同级教师之间的沟通，无论采取何种方式，达到何种目的，管理者先要明确沟通的主要目的。目的不明确，信息就得不到准确良好的组织，沟通就会无的放矢。确定了沟通目的，还要制定相应的沟通计划，包括沟通哪些信息、跟谁沟通、用怎样的媒体或方式沟通、哪些时间沟通、沟通过程怎样进行。

2. 构建两级管理沟通体系，减少沟通环节

现行的管理体制中分多个层次，包括学校、学院、系部、教研室（或研究室）等，这种体制在管理沟通中存在"沟通环节多、信息损失大"等问题。为了减少沟通环节，在学校的科研管理上可实行两级管理制度，即常规科研信息由学校科研管理部门公布在校园网上，并传达至学院，由学院科研秘书通知到本院每一位教师，教师可以通过校园网全面、准确地了解科研信息的详细内容；对于特殊科研信息，学校科研管理部门可根据信息涉及的范围直接通知到有关人员。这既保证了沟通的及时性、准确性，又降低了管理沟通的成本。同时，信息反馈的环节也随之减少，学校科研管理部门可以建立良好的信息反馈渠道，形成有效的双向性沟通。通过校园网信息发布、科研秘书通知以及科研简报等多种形式的结合，又形成了有效的重复性沟通和综合性沟通。

3. 建立学术交流平台，促进学科交叉与融合

由于科研单位之间缺乏有效的凝聚机制，所以科研单位不能自然形成较高程度的沟通与交流，更谈不上交叉与融合。学校在这样一个特殊阶段，应努力提供良好的沟通与交流环境，推动学科之间的碰撞与融合，培育交叉学科的形成。例如，针对一些学校学术交流较为困难的状况，可以构建学术交流平台——青年学者论坛，论坛的组织形式要灵活，规模可大可小，可由学校主办，也可由学院或系部主办，这可以为学术交流创造最佳氛围，随着论坛的发展，新的科研方向在这样的氛围中可以被酝酿并培育出，形成学校的特色研究方向，一些较为成熟的方向也可以在学校的支持下建成研究所（室），具备科研竞争实力。

4. 召开多种形式座谈会，拓宽信息反馈渠道

科研管理部门进行较高层次科学研究管理，在经验、方法以及协同攻关等方面都尚需提高。因此，学校应召开多种形式的座谈会，多角度进行沟通，集思广益，提高科研管理效率。例如，每年召开学科带头人座谈会、校院两级管理人员座谈会、重点科研项目负责人座谈会、博士及在读博士座谈会、新任教师座谈会等多种层次和规模的座谈会进行管理沟通。学校科研处在信息沟通过程中以服务者的角色和帮助对方解决问题的方式同广大教师进行交流，增强信息接收者参与信息沟通的主动性，并以合作的态度进行沟通，尊重对方，使之处于平等的地位，以赢得信息接收者的信任和好感，从而形成支持性沟通。同时，科研处可以得到第一手反馈意见，及时了解教师在科研工作中的阻力和动力，并相应制定合理的科研政策与规划，从而提高科研管理质量。

第四章 高等学校科研评价及其实施

第一节 高等学校科研评价体系的价值取向

"评价是一种价值判断活动，具有明显的主观性，高等学校科研评价亦不例外。显然，立足不同的价值取向，可以构建相异的高等学校科研评价体系"①。

一、高等学校科研评价体系价值取向的特点

评价是一种价值判断，高等学校科研评价实践活动是一个复杂且系统的过程，无法离开价值判断。首先，高等学校科研评价体系需要在理解评价对象的基本属性和特征的基础上，建立一个能够表征评价对象的评价指标体系，评价指标体系的建立是蕴含价值判断的，什么样的指标体系可以表征评价对象、满足评价目的，这些均受到评价者所持部分不同的价值取向所影响；其次，为确定高等学校科研评价体系中的评价指标集及相应指标的权值而开展的信息收集和数据采集活动，以及选择合适的评价方法实施评价的活动，都涉及评价者的价值判断；最后，"在实施高等学校科研评价的过程中，评价主体需要在综合考虑多方面因素及平衡多方面利益的基础上，立足价值理性为主导的定性分析和工具理性为主导的定量分析"②，得出评价结论，在这个评价实践过程中，必然会涉及不同主体的价值判断。

评价是一种价值关涉的社会活动，评价无法离开价值判断，评价合理性的基本尺度是合规律性、合目的性。一般而言，衡量评价所蕴含的价值实际上就是在理想的评价中（或者评价的理想目标的基础上），建立一套评价的价值标准，继而对评价活动进行评价。

---

① 徐红，陈承. 构建与实施高校科研评价体系研究 [M]. 武汉：华中师范大学出版社，2019：52.
② 陈燕，崔金贵. 学术评价中工具理性与价值理性的主导成因及平衡机制 [J]. 清华大学学报（哲学社会科学版），2012（6）：145.

高等学校科研评价本身不是一个无目的和价值的手段，既不是价值中立也不是价值无涉的，而是蕴含着评价主体的价值取向的，即它是价值关涉或者说价值负载的。按照前文对价值、价值观、价值取向、评价、高等学校科研、高等学校科研评价等概念的理解，高等学校科研评价体系价值取向是指对高等学校科研评价主体进行认识和实践的过程中，产生的具有主导性的价值观，即评价主体的评价价值标准所取的方向，是评价主体对高等学校科研评价行为所取的方向。

价值取向在高等学校科研评价中涉及不同的评价主体需要的满足，高等学校科研评价体系价值取向，是评价主体对于高等学校科研评价体系、评价功能所进行的选择与评价，不同的评价主体在高等学校科研评价过程中对高等学校科研的认识、判断和改进不同，因而对高等学校科研评价体系就会持有不同的价值取向。对于社会而言，最主要的价值取向是社会价值取向，即社会关注高等学校科研对社会的服务功能；对于企业而言，最主要的价值取向是经济价值取向，即注重高等学校科研评价体系满足企业的经济需求，高等学校科研成果产出能够转化为经济效益，促进产学研协同创新；对于高等学校而言，由于强调学术自由、要求免受外部影响、强调通过自由探索精神来发展新思想，因而更主张学术价值取向、教育价值取向；对于科研人员而言，认为高等学校科研评价应充分考虑科研人员的经济报酬、职业发展等现实需求。总体而言，不同评价主体所持部分价值取向是不同的，不能脱离具体的评价主体而抽象地讨论高等学校科研评价体系的价值取向。所以，高等学校科研评价体系价值取向应该有以下特点。

（一）理念性特点

理念是哲学意义上的观念或学说，是一般意义上的观点或观念，也就是我们对教育、教学、科研等的看法或所持部分信念。高等学校科研评价体系价值取向是理念形态的，是我们对高等学校科研评价体系的一般意义上的观点和看法及所持部分信念。价值取向支配着主体对高等学校科研进行评价，是评价活动的起点。高等学校科研评价体系价值取向具有理念性，主要表现有三个方面：第一，精神性。价值取向实际上是对于某种"客观实在"所实施的认识层面的"纯化"。高等学校科研评价体系价值取向，是在高等学校科研评价体系经过主体内化以后产生的观念或意念，是对高等学校科研评价体系认识层面的高度概括，具有精神性。第二，主观性。无论哪种高等学校科研评价体系的价值取向，从某一点或者某些观点出发而建构的一种思想图像，根据研究者当时的知识状况，以及其所惯于支配的概念结构，给高等学校科研评价带来的一种价值判断准则以及一种价值取向的选择。随着知识的逐步积累，原先建构的价值取向可能失效，而为了达到对实在更为深入的认识，就需要研究者改进其价值取向或者重构新的价值取向。第三，非有形、非物质性。价值取向是用来理解经验实在的一种方法，是看不见摸不着的，没有具体的形态，存在于人们对于某种价值的信仰的基础之上，价值理性的行动将某种价值追求引入高等学校科研评价体系当中，并形成行为目的；而工具理性的行动则借助于科学或者客观的知识，设计出实现此目的的最为适当的、有效的手段。高等学校科研评价体系价值取向，通过价值理性的行动确立某些"可欲的"价值，如自由探索、科技创新、社会效益等成为高等学校科研评价体系所应追求的价值目标；再以工具理性的方式从具体规则，即手段上予以体现和保障。在工具理性与价值理性之间，任何一种都不具有价值上的优先性，二者同样都是非常重要的。

（二）导向性特点

高等学校科研评价体系的价值取向应该向被评价对象明确传达"应该做什么""应该如何做"等导向性信息。价值取向不同导致高等学校科研评价体系的差异，正确的价值取向对高等学校科研评价体系具有积极的引导作用。确立科学合理的高等学校科研评价体系的价值取向，可以引导高等学校科研健康有序发展，引导被评价对象的科研目标和国家（或社会）需要相结合，突出高等学校在科研事业发展中的重要作用，鼓励创新，服务需求，科教结合，特色发展，从而保障高等学校科研评价的有效运行，有效提高高等学校科研质量与水平。

（三）合规律性特点

合规律性指的是高等学校科研评价体系的价值取向必须符合科学精神，符合社会潮流。高等学校科研评价体系的价值取向应该符合客观规律，具体表现在高等学校科研评价体系的价值取向应该具有科学性、可行性。在高等学校科研评价中，价值取向的科学性是指评价体系的价值取向必须以科学的精神为指导，积极引导评价活动的组织与实施。其科学性要求在对高等学校科研这一评价对象的本质进行理解的基础上，确立科学合理的价值取向。评价体系价值取向的可行性，主要是指评价体系的价值取向必须具有可实现性，是评价体系科学性的补充，要求评价体系的价值取向符合现实条件，能够引导高等学校科研评价活动顺利实施与操作。总而言之，评价体系价值取向的合规律性是评价有效实现主体价值选择的基础，是评价活动得以顺利实现的保证。

（四）合目的性特点

合目的性是指高等学校科研评价体系的价值取向应该符合社会需求，符合高等教育的理念和价值追求，需要体现正当性、有益性和适当性。在高等学校科研评价体系中，价值取向的正当性是指评价体系的价值取向是否满足了实践主体目的。从一般意义上而言，在人类的社会实践活动中，只有充分满足实践主体的需求，实现实践主体目的的评价活动才是正当的、有益的。高等学校科研评价目的，在于更好地改善与提高高等学校的科研质量与水平，只有实现或者满足这一目的的评价，才能被视为正当的、有益的评价。评价价值取向的适当性，主要是指评价活动的近期目标和长远目标，以及最终目标之间的适应与平衡，评价的根本需要与现实需要之间的协调、和谐与统一。合目的性必须考虑高等学校科研评价的不同主体之间的评价目的不同。就企业而言，高等学校科研评价是高等学校技术转移、科技服务、成果转化能力的参考依据，目的是考察高等学校为企业带来了多大经济效益；就高等学校而言，高等学校科研评价是为促进高等学校科研发展、学术创新及人才培养服务的；就高等学校科研人员个人而言，高等学校科研评价是对其自我价值实现的一种评价。不言而喻，高等学校科研评价体系的价值取向应该是在平衡各方目的的基础上形成的，不应该顾此失彼或厚此薄彼。

二、高等学校科研评价体系价值取向的原则

（一）目的与工具价值的统一

从逻辑上而言，在高等学校科研评价体系中，目的价值与工具价值之间不应该存在断裂，不可能存在价值无涉的纯粹的工具价值，也不可能存在完全抛弃工具价值的纯粹的目的价值，作为高等学校科研评价体系价值取向的两极，工具价值一定要发展到目的价值，同时目的价值必定要在工具价值的基础上得以实现。在目前的高等学校科研评价中，存在人为割裂目的价值与工具价值之间联系的态势，重视评价的管理工具职能，忽视评价引导科学方向、促进科学发展的作用，导致评价中工具价值极端凸显，造成高等学校科研评价实践出现了事实与价值分离、目的与手段倒置。高等学校科研评价体系的应然价值取向必须在目的价值和工具价值之间取得平衡，在尊重工具价值的同时，更加重视高等学校科研评价的目的价值，科学将在价值观上发展，必须包括价值观念，必须摆脱定量化的要求，不能定量化的科学模式也应看作有效的模式。高等学校科研评价的价值取向必须有效地整

合目的价值与工具价值，避免价值取向上的单一性、片面性与畸形化。

（二）社会与个人价值的统一

高校科研评价体系是一个有机整体，在这样的一个整体中，各个组成部分之间是相互联系、相互作用的。高等学校科研评价体系价值取向必须使高等学校科研的社会价值和个人价值有效统一，不能仅重视个人价值而忽视社会价值；高等学校科研评价体系价值取向应该坚持社会价值和个人价值的有机统一，这种价值取向的有机统一，事关不同类型高等教育主体在招生、教学等方面的公平竞争。因此，在高等学校科研评价中，必须平等发展、高扬人的主体性，激发人的自我创造、自我完善的潜能，同时兼顾他人、集体和社会的利益。总而言之，高等学校科研评价体系的价值取向需要遵循社会价值和个人价值的统一原则，寻求个人价值与社会价值的最佳结合点。

（三）自身规律与社会需要的统一

科学的本质在于求真，其本质上是自由的。科研人员从事科学研究，源于"闲逸的好奇"，探索自己感兴趣的或者自认为有价值的课题，具有自由探索的特性，这是由科学的本质特点决定的。科学源于人们的困惑、好奇和兴趣，其动力在于人们具有解除困惑的精神需求。科学在起源上是自由的，在其后来的发展上也有着明显的自由探索的特性。对能符合其价值标准的科学研究进行肯定、鼓励和大力支持，这类科学就能获得相应的快速发展；相反，如果科学研究不能满足其价值要求，就会受到排斥，并失去相应的支持，这类科学研究就不能得到相应的快速发展。科学的发展既得益于外部的功利性的激发和推动，又得益于内部科学精神的激励。科学研究应该是自由的，人们应该有自由选择科研课题的权利，符合科学发展的规律性要求。但功利性的价值取向使得科研工作者不得不屈从于人们对于科学即时、现实、物质的价值追求，不得不拘泥于科学共同体、社会和国家的既定规范的要求，科学研究的自由性受到严重影响。高等学校科研评价体系的价值取向需要在尊重高等学校科研自身规律的同时，重视社会需要，实现科研自身规律和社会需要的统一。

（四）科学研究与人才培养的统一

高等学校科研与科研院（所）等科研机构的科研不同，高等学校的科学研究不能完全离开人才培养这个根本。只有这样，才能使高等学校科研与人才培养的目标定位一致。高等学校科研对学校专业建设具有引导作用，对专业教育具有促进作用，对青年教师具有培养作用；高等学校科研是培养学生创造力的源泉，是培养学生科研意识的动力，是培养学生思想教育的重要阵地；高等学校科研可以促进教学内容更新，可以促进教师的教学质量提高，促进学生的社会实践能力提高，促进科研与教学的融合。所以，我们需要充分认识高等学校科研育人的本质特征，高度重视高等学校科研育人功能，强化以人才培养为导向的高等学校科研评价体系的价值取向。总而言之，科学研究在知识创新、技术创新的同时，必须重视高等学校人才培养，高等学校科学研究的过程也应该是创新人才培养提升的过程，科学研究贡献的衡量不能仅依靠那些以出版物的形式体现的外显知识，也必须充分重视无形的产出，包括创新人才的培养，研究人员与组织创新能力的提升。因而，高等学校科研评价体系的价值取向必须遵循科学研究与人才培养和谐统一的原则。

三、高等学校科研评价体系的应然价值取向

依据高等学校科研工作的特点，以及高等学校科研评价体系的原则，在构建高等学校科研评价体系时，应该坚持以下价值取向。

（一）重视原创，探求未知

科研评价是一种手段，其价值取向是一支指挥棒。高等学校科研评价应引导高等学校科研工作者重视原创、探求未知。

高等学校作为高深知识的殿堂，无论在西方还是在东方，都无一例外地以忠实、客观地追求高深知识或高深学问为指向，遵循以学术为中心的价值取向，在这样的价值取向下，不管市场、商品、利益如何冲击，学者们都始终追求纯粹的学术价值。成为全社会思想的先导、知识的源泉，其影响社会的力量远远超越了物质和金钱的力量。高等学校不仅重视教学和科研方面的追求，而且开始强化自身的社会服务职能，这种变化虽然值得肯定，但是由于高等学校追求的主要是社会长远利益和人类整体利益，与社会现实之间应该保持必要的距离，即高等学校的科研应该反映所处社会的时代精神、联系所在地区的实际，但同时必须坚持高等学校的内在逻辑，超越社会现实生活的局限性和功利性。

"国际科技竞争日趋激烈，全球经济发展进入了活跃的创新阶段，国力的竞争主要是创新能力的竞争，科技竞争已经从技术层面前移到基础研究，且竞争的焦点正日益向知识、人才和机制创新等科技创新的核心要素聚集"[1]。在国家科技创新体系中，高等学校

---

① 王延觉. 全面实施高等学校"十二五"科学和技术发展规划，以改革创新精神推进高等学校科技工作科学发展 [J]. 研究与发展管理，2013（2）：1.

是我国科技创新的重要组成部分和主力军，理应主动积极承担科研任务，特别是承担国家重大专项。高等学校科研应该与科研院（所）及其他企事业机构的科研部门所开展的科研有所区别。国外的经验表明，高等学校应以基础研究和自由探索为主，基础研究是高等学校科研的传统和长项，科研院（所）等科研机构应以应用研究为主，企业则应以应用研究和开发研究为主，以此构成一个各有侧重、分工明确、相对稳定，又相互协作的科技创新体系。因此，我国应充分借鉴国外先进的经验，出台相关政策，引导高等学校准确定位，以基础研究和自由探索为主。只有这样，才能有效端正高等学校教师的科研动机，助推高等学校科研创新，促进高等学校科研可持续发展。

（二）技术创新，服务社会

科研的终极目标是为经济和社会发展服务。在科学技术是第一生产力的当今时代，提高解决关系国家发展战略的重大科学问题和关键技术问题的能力，支撑经济发展方式的转变，推进产业结构战略性调整，已成为当前十分重大而紧迫的任务。在这种形势下，一方面，高等学校应积极主动发挥自身在人才、条件和基础研究方面的优势，积极开展科技攻关，履行起创新技术、服务社会的职能；另一方面，社会和政府也应通过相应的评价机制引导高等学校面向社会需要、创新技术、尽力服务社会。可见，创新技术、服务社会理应是构建高等学校科研评价体系时坚持的价值取向之一。

（三）协同育人，科教融合

协同育人，是指科学研究与教学活动共同培育人才。当今高等学校确实很少研究自己，忘记了自己的根本职能是培育人才，忽视了自身科研的育人功能；科教融合，一方面是指科学研究与教学研究相融合，另一方面是指科学研究要为促进教学提供服务。高等学校科研与科研院（所）、企事业机构的科研部门所开展的科研虽然有许多相似之处，但高等学校科研必须具有育人性，这是高等学校科研与其他科研活动的最大的区别。之所以有不同其主要原因在于：首先，高等学校科研源于人才培养，大学的主要职能是传授知识，即人才培养，科研活动隐含于教学之中。其次，高等学校的根本任务是人才培养，科研不能置身其外。人才培养始终是高等学校的根本任务。尽管高等学校科研也要讲究科研成果与科研产出，但它不能脱离人才培养这个中心，不能脱离人才培养这根主线，否则高等学校就不配称学校。再次，高等学校科研的主体主要是高等学校教师。

高等学校科研不能完全离开人才培养这个中心，促进人才培养是高等学校科研义不容辞的责任与使命。高等学校尽管有时会承担部分纯科学类的研究，尽管自己不是在每一项科研活动的每一环节中都要体现科研育人（培养学生）的使命，但总体上应该牢记自己的根本使命是育人，在科研过程中，尽可能做到以研促教，以培育学生为根本使命。通过科研评价引导高校注重加强对自身的反思与检讨、总结与研究，注重科教融合。以培育学生为根本使命，是高等学校科研评价不可忽视的又一价值取向。

第二节 高等学校科研评价标准体系的构建

在高等学校科研评价实践中，评价指标体系、评价指标体系的权重集（指标权集）和评价标准体系是一个有机整体，三者缺一不可。为了将上述高等学校科研评价指标体系，及其权集运用于高等学校科研评价实践之中，必须构建一套与上述高等学校科研评价指标体系，及其权集相应的评价标准体系。评价标准体系是关于某一评价对象的所有评价标准的有机整体。评价标准，是指评价被评对象的某一方面实际达到指标程度的具体要求。根据被评对象达到指标程度（简称，达标程度）的不同，可将达标程度分为不同等级，不同等级的达标程度对应着不同的评价标准。在评价体系中，末级指标必须明确规定评价标准。

一、高等学校科研条件评价标准体系的构建

高等学校科研条件评价标准，即评价高等学校科研条件的标准，是对高等学校科研条件达到某种水平及满足高等学校科研活动顺利实施程度的价值判断。高等学校科研条件在一定程度上反映了高等学校科研的规模与能力。

（一）科研人才的评价标准体系

科研人才是科研活动的主体，高等学校科研人才水平的高低决定高等学校科研水平的高低。高等学校科学技术的发展、进步，科研人才是决定因素，科研人才是一所高等学校综合科研能力的体现，也是衡量一所高等学校学术水平的重要标志。科研人才的素质直接关系到科研活动的深度和广度，影响到科学技术发展的水平与效益的科研活动，需要科研人才队伍有良好的来源，能源源不断培养、补充优秀科研人才。建立一支具有良好的科研业务能力、结构合理、相对稳定的科研人才队伍，是科研活动的基础。高等学校科研人才

队伍水平决定着科研活动，决定高等学校的学术地位和综合实力。

（二） 科研基地的评价标准体系

科研基地，又称科研平台，是优质大型科学仪器及科研条件设施经梯次配置和整合优化而形成的科技基础条件，是进行高水平科学研究的重要支撑。科研平台的建设有别于单纯的、满足个别学科发展或课题组需要的仪器购置，带有明显的公共服务特征，其建设目的是支撑和带动一批相关学科的发展，是实现原始理论创新、重大技术突破的物质条件之一。按照科研平台所涉及的学科领域的范围大小，可分为广义的科研平台和狭义的科研平台。广义的科研平台是指科研工作者在不同的学科领域内所进行科研工作的平台。不同学科领域内的科研平台相互交错，形成一个大的科研平台网络。在这个网络中，任何一个子领域中的科研平台都是一个节点，这些节点都能成为科研工作者进行科研工作，实现科研目标的特定空间。狭义的科研平台是指科研人员在特定学科领域，进行一项具体科研工作的平台。

（三） 学科建设的评价标准体系

综合考察国内外有关学科概念内涵的相关研究后发现，学科是一个使用广泛而含义多重的术语，不同的人、不同的情景、不同的视角有不同的定义，每一个定义背后都隐含特定的价值取向，引导着不同的学科建设实践。学科是高等学校的细胞组织，是高等学校存在的先决条件。如今，大学的各种功能活动都是在学科中展开的，一个学科能否成为重点学科，主要看该学科的科研成果是否达到国际或国内领先水平，实现这些目标的基础性措施即是科学研究。一所学校即使开设了新学科，如果不开展科学研究，也将难以达到较高的学术水平。此外，随着社会的发展和科学技术的进步，科研成果大量涌现，新学科还在不断地产生，而产生新学科的基础就是科学研究。科学发展的趋势是分支学科、边缘学科、横断学科等层出不穷，不仅出现在技术科学各门学科之间，而且发展到自然科学各门学科之间、自然科学与社会科学之间。科学问题的深入研究，一方面加深对了学科内容纵深的认识，出现了一些分支学科或边缘学科等新兴学科；另一方面，新学科的产生，学科与学科间的交叉与融合，促进了先进实验室等物质条件建设，促成一批著名学者和科研成果的产生。这样学科建设水平在得到不断增强的同时，学校的学术声誉也不断地在提升，有利于形成浓厚的学科建设氛围，促使新兴学科建设进入良性发展轨道，因而学科建设是高等学校科研运行的有效保证。高等学校能否完成科研，学科建设是关键，其水平能够反映高等学校的整体科研水平，体现学校的科研思路与特色，直接关系到科研成果的质量和规格。学科是大学学术活动的平台，学科是因人类认识能力的局限和方便将作为整体的科学和知识进行区别的分类，是大学人才培养和学术研究的基本单元、组织系统和规范制度。

（四）学位点建设评价标准体系

学位点是学位授权点的简称，既是研究生培养的重要依托和主要载体，又是高等学校科学研究的重要依托和主要载体，是高等学校科研能力的一种表现形式，包括一级学科硕士点和一级学科博士点两类。学位点强调教学研究，特别是各学科自身的个性化、多样化教学研究。无论是一级学科硕士点，还是一级学科博士点，其建设的好坏都事关高等学校科研质量与水平的高低。

二、高等学校科研过程评价标准体系的构建

科学研究是一个复杂而系统的过程，一个重大的科研活动如果在过程层面失去科学规范，其结果是可想而知的。评价科研过程的目的在于，通过过程审核对质量能力的评定，确保过程能够达到充分控制并具有所需的能力，从而能在各种因素作用下仍然能够产生符合要求的科研产品。高等学校科研过程评价是指对高等学校科研过程达到学理要求及预期计划程度的价值判断，高等学校科研过程评价标准即评价高等学校科研过程的标准。从上文来看，科研项目与科研经费及项目执行与科研管理情况，是决定高等学校科研过程质量与水平的重要指标。本节将逐一构建它们的评价标准。

第一，科研项目的评价标准体系。科研项目又叫科研课题，是科研劳动的对象，项目是持续进行的科研活动。科研项目的类别很多，影响高等学校科研过程质量与水平的主要项目是国家级项目和省部级项目，理应为之构建相应的评价标准。

第二，科研经费的评价标准。科研经费是指用于对新产品、新技术、新材料、新工艺的论证、设计、实验、试制、使用及鉴定、定型等科学研究项目全过程完成所必需的投入资金，充足有效的科研经费是科研项目进行的基础，如果科研项目没有充足有效的科研经费作保障，科研项目则可能无法顺利完成。显然，科研经费是促进科研活动得以有效完成的重要物质条件。

第三，项目执行水平的评价标准。项目是持续进行的科研活动，项目执行水平是指科研项目被科研人员执行的进展情况。具体而言，项目执行水平指的是包括科研计划在执行

过程中是否科学无误、科研发展的各个阶段的表现是否及时实现，以及在执行过程中是否产生了预期以外的科研成果等。

第四，科研管理水平的评价标准。科学管理水平是指科研管理机构设置及其运行的科学性与合理性，包括科研管理机构设置的科学性，专职科研管理人员数占全校全时研究与发展人员数的比重的合理性，科研管理制度与相关文件的规范性，识别科学研究新方向或技术难题的敏感性，引导及调整研究领域的技术难题的水平等。

三、高等学校科研成果评价标准体系的构建

科研成果是指，人们在科学研究活动中通过复杂的智力劳动所得出的具有某种被公认的学术或经济价值的知识产品，高等学校科研成果评价是指对高校科研成果满足社会相关方面需求程度及其促进人才培养、科技进步和社会经济发展程度的价值判断。

第一，公开发表成果的评价标准。高等学校公开发表成果的评价标准即是对高等学校公开发表的科研成果满足社会相关方面需求程度及其促进人才培养、科技进步和社会经济发展程度进行价值判断时的依据。公开发表成果是高等学校科研产出的重要方式，而公开发表的成果是高等学校科研产出的重要形态。

第二，公开登记成果的评价标准。公开登记成果即公开登记的成果。公开登记成果一般是享有知识产权的科研成果。所谓知识产权，是指申请专利的科技成果。具体而言，知识产权是指人们就其智力劳动成果所依法享有的专有权利，通常是国家赋予创造者对其智力成果在一定时期内享有的专有权或独占权。从本质上说它是一种无形财产权，其客体是智力成果或者知识产品，是一种无形财产或者一种没有形体的精神财富，是创造性的智力劳动所创造的劳动成果。与房屋、汽车等有形财产一样，都受到国家法律的保护，都具有价值和使用价值。知识产权包括专利权、商标权、著作权、植物新品种权、网络域名权、集成电路布图设计权等，并分为两类：一类是著作权（也称为版权、文学产权），另一类是工业产权（也称为产业产权）。

专利权是指一项发明创造向国家专利局提出专利申请，经依法审查合格后，向专利申请人授予的在规定时间内对该项发明创造享有的专有权。专利权是一种专有权，一旦超过法律规定的保护期限，就不再受法律保护。根据中国专利法，发明创造有三种类型：发明、实用新型和外观设计。发明和实用新型专利被授予专利权后，专利权人对该项发明创造拥有独占权，任何单位和个人未经专利权人许可，都不得实施其专利，即不得为生产经营目的制造、使用、许诺销售、销售和进口其专利产品。外观设计专利权被授予后，任何

单位和个人未经专利权人许可，都不得实施其专利，即不得为生产经营目的制造、销售和进口其专利产品。

植物新品种权是工业产权的一种类型，是指完成育种的单位或个人对其授权的品种依法享有的排他使用权。

集成电路是指半导体集成电路，即以半导体材料为基片，将元件和部分或者全部互联线路集成在基片之中或者基片之上，以执行某种电子功能的中间产品或者最终产品。集成电路布图设计必须具备独创性，布图设计应当是作者依靠自己的脑力劳动完成的，设计必须是突破常规的设计，或者即使设计者使用常规设计但通过不同的组合方式体现出独创性，都可以获得法律保护。

软件著作权指计算机软件著作权，是指软件的开发者或者其他权利人依据有关著作权法律的规定，对于软件作品所享有的各项专有权利。软件经过登记后，软件著作权人享有发表权、开发者身份权、使用权、使用许可权和获得报酬权。

评审具有评价和审定的双重含义。所谓评审，是指由国家有关管理机构对取得的成果、成就以及某种资格进行评价、审定，并最终给予某种形式的确认的活动。

国家标准是指由国家标准化主管机构批准发布，对全国经济、技术发展有重大意义，且在全国范围内统一的标准，分为强制性国标（GB）和推荐性国标（GB/T）。国家标准的编号由国家标准的代号、国家标准发布的顺序号和国家标准发布的年号（发布年份）构成。国家标准的年限一般为五年，过了年限后，国家标准就要被修订或重新制定。强制性国标是保障人体健康、人身安全、财产安全的标准和法律及行政法规规定强制执行的国家标准；推荐性国标是指生产、检验、使用等方面，通过经济手段或市场调节而自愿采用的国家标准。推荐性国标一经接受并采用，或各方商定同意纳入经济合同中，就成为各方必须共同遵守的技术依据，具有法律上的约束性。

行业标准是指在全国某个行业范围内统一的标准，由国务院有关行政主管部门制定，并报国务院标准化行政主管部门备案。当同一内容的国家标准公布后，则该内容的行业标准即行废止。行业标准由行业标准归口部门统一管理。行业标准的归口部门及其所管理的行业标准范围，由国务院有关行政主管部门提出申请报告，国务院标准化行政主管部门审查确定，并公布该行业的行业标准代号。

地方标准又称区域标准，对没有国家标准和行业标准而又需要在省（自治区、直辖市）范围内统一的工业产品的安全、卫生要求，可以制定地方标准。地方标准由省（自治区、直辖市）标准化行政主管部门制定，并报国务院标准化行政主管部门和国务院有关行政主管部门备案，在公布国家标准或者行业标准之后，该地方标准即行废止。

第三，成果奖励的评价标准。成果奖励是指获奖的成果。成果获奖是对科研产出的一种公开认同。高等学校科研成果奖励体现高等学校科研工作的质量与水平，是对研究与发展工作成果的奖励。科研成果奖励评价即是对科研成果奖励的类型与等级进行评价。高等学校科研成果奖励评价就是对高等学校所获科研成果奖励的类型与等级进行价值判断；高等学校科研成果奖励评价标准就是对高等学校所获科研成果奖励的类型与等级进行价值判断时的依据。

第四，成果采纳的评价标准。成果采纳即被采纳的成果，一般是指被各级各类政府部门（或行政部门）采纳的科研成果。成果采纳的评价标准就是对被各级各类政府部门（或行政部门）采纳的科研成果进行价值判断时的依据。本书中关于高等学校被采纳的科研成果包括：被各级各类政府部门（或行政部门）及具有相应行政级别的企事业单位或机构采纳的咨询报告、被各大报刊复印资料等转载或摘录的科研论文、被相关网站转载的科研论文等。

第五，人才培养的评价标准。人才培养是指通过各种教育理论与教育实践途径，不断提高人才的政治思想觉悟、科学文化水平和劳动技术能力的活动。人才培养的评价标准就是对人才培养的质量与水平进行价值判断时的依据。高等学校科研的重要使命之一就是通过科研促进人才培养。高等学校科研促进人才培养的途径与形式很多，且相应的成果表现也很多，在高等学校科研评价指标体系中，省级优秀硕士学位论文、省级优秀博士学位论文及国家级优秀博士学位论文，是评价高等学校科研促进人才培养质量与水平的重要指标。

第三节　高等学校科研评价体系的实施路径

一、高等学校科研评价体系的实施方法

高等学校科研评价体系只是评价高等学校科研的一个依据，在具体评价实践中，可以运用不同的实施方法。

（一）高等学校科研绩效评价法

高等学校科研绩效评价法是指在广泛收集高等学校科研信息与数据的基础上，运用拟

定的高等学校科研评价体系,对各级各类高等学校的科研状况进行综合评价的过程。

1. 收集相关数据

收集相关数据是指收集与高等学校科研有关的数据,具体而言,即是收集高等学校科研评价体系中每个末级指标所对应的数据。例如,各高等学校国家级人才的数量、国家实验室的个数、国家重点学科的个数、国家级Ⅰ类项目的个数、按时结题项目数占当年应结题项目数的比例、科研管理制度与相关文件的规范性程度、专著的部数、获批发明专利的项数、国家科学技术奖特等奖的项数、国家级优秀博士学位论文的篇数等。

2. 分项计算分值

分项计算是指针对高等学校科研评价体系中的每一个评价项目(末级指标),分别计算其相应的分值。对于分项计算的具体方法而言,除"按时结题项目数占当年应结题项目数的比例""科研管理制度的规范性程度"及"专职科研管理人员数占全校全时研究与发展人员数的比例"三个评价项目外,其他评价项目的计算方法还有:先计算某高等学校某一评价项目的数量,接着计算全国(某地域)所有高等学校该评价项目的总数,然后计算全国(某地域)所有高等学校该评价项目的平均值。

3. 增加权重积分

加权积分是指针对高等学校科研评价体系中的每一个评价项目(三级指标),在分项计算其分值的基础上,增加其相应的权重后的积分。加权积分的具体含义是,针对高等学校科研评价体系中的每一个评价项目(三级指标),用其分项计算所得的分值乘以其在整个高等学校科研评价体系中所相应的权重。

通过该方法计算出来的结果,既可以适用于某一高等学校科研状况的纵向比较,也可以适用于全国所有高等学校或某地域所有高等学校科研状况的横向比较。此外,通过该方法计算出来的得分,可以作为全国所有高等学校或某地域所有高等学校科研状况排名的依据,可以作为教育部门评价高等学校科研质量与水平的依据,还可以作为高等学校自身衡量其科研质量与水平进退的依据。

(二)高等学校科研综合指数评价法

高等学校科研综合指数评价法是指,综合运用层次分析法和模糊评判法等手段,将高等学校科研评价体系中度量不尽一致的各项指标转化为同度量的个体指数之后,再对高等学校科研状况进行评价的方法。综合指数法的基本思路是,利用层次分析法计算的权重和模糊评判法取得的数值进行累乘,然后相加,最后计算出综合评价指数。

第一步：确立科研评价体系中各项末级指标的标准值。

第二步：确定科研评价体系中各项末级指标的得分。

第三步：采用线性加权的方法得到综合评价指数。

高等学校科研综合指数评价法计算出来的结果，同样既可以适用于某一高等学校科研状况的纵向比较，也可以适用于全国所有高等学校或某地域所有高等学校科研状况的横向比较；通过高等学校科研综合指数评价法计算出来的科研得分，同样可以作为全国所有高校或某地域所有高等学校科研状况排名的依据，可以作为教育部门评价高等学校科研质量与水平的依据，还可以作为高等学校自身衡量其科研质量与水平进退的依据。

二、高等学校科研评价体系的实施建议

（一）开展科研评价舆论宣传

引导高等学校强化科研质量意识，形成自觉自愿接受科研评价的态度，彰显高等学校科研评价体系的重要价值。政府高度重视高等学校科研评价，并极力强化各级各类高等学校提升科研质量的意识，是构建成熟的高等学校科研评价体系的前提。在我国，高等学校科研作为科教兴国的中坚力量和急先锋，为国家的经济和社会发展提供了卓越非凡的动力，在国家科技创新体系中的地位不断提高，是国家科技创新的王牌军，高等学校获得国家政府部门科技投入比例在不断提高，高等学校科研对经济发展和社会进步的贡献在与日俱增。当下，人们已经普遍意识到通过评价手段促进科研质量提升的必要性，并针对科研质量评价问题进行了探索。只有科技管理部门、高等学校科研工作者的高度重视、思想认识到位，才能加大投入，强力推进，才有可能构建科学合理的高等学校科研评价体系，进而提高高等学校科研质量与水平，为国家的科技创新做出更多的贡献。

（二）建立科研评价专门组织

政府、高等学校、社会三方参与，按照"谁主管、谁负责"的原则，按照课题立项管理单位的类型不同和层级不同，分别设立相对应的高等学校科研管理评价专门机构和人员。课题立项管理部门直接对科研项目质量负责，该部门对科研项目申报征集、项目评审、项目中后期检查、项目结项、项目成果公布和应用转化全程负责。所以，我国国家社会科学基金、自然科学基金、教育部等部门及下属层级部门都应成立相应的高等学校科研管理专门机构。按照"监督管理分离"的原则，在此专门机构基础上，国家还要成立科研

评价机构监督委员会，负责对各部门和各科层高等学校科研评价专门机构进行监督检查和管理，实行高等学校科研评价机构专门化。

（三）设立科研评价专业机构

设立专门评价机构，是搞好高等学校科研评价工作的基石。从美、英、日、澳、荷五国科技评价机构的发展经验来看，基本上都有官民结合的、多样化的专门评价机构。

1. 设立国家级的科研评价机构

我国可以由科学技术部、教育部等部门牵头成立高等学校科研质量评价机构，使高等学校科研评价机构国家化，提高高等学校科研评价机构的层次和效度。目前，澳大利亚、英国、法国等国家就是使高等学校科研评价机构国家化，如澳大利亚研究委员会开展的科研评价经历了从"综合指数"到"科研质量框架"再到"澳大利亚科研卓越"计划的转变过程。

2. 设立民间级的科研评价机构

从国家的层面和从部门的层面设立高等学校科研评价机构，无论它们有多科学，有多透明，有多公正，它们的官方性质都十分明显，为了最大限度体现评价的公平、公正与公开，需要部分非官方性质的高等学校科研评价机构来弥补官方性质的评价机构的不足，使高等学校科研评价机构的组成更加科学化。所以，非官方性质的高等学校科研评价机构的出现，彰显注重中介组织的参与评价的理想愿望。作为民间非营利组织对科研成果进行评价，有利于增强大学科研评价的科学性、公正性、透明性。

（四）培育科研评价专业人员

目前缺乏专业化的高等学校科研评价人员，仅靠高等学校科研部门的科研管理人员是不行的，他们不够专业，专业的事应该让专业人去做。高等学校科研评价人员需要专业化发展，需要要求他们通过参加专业教育或自学，获得高等学校科研评价的专业知识，提升科研评价的职业素养，提高高校科研管理的水平。目前，高等学校科研管理的专业化、科学化和规范化都还存在部分问题。例如，高等学校科研管理评价人员缺乏一定的创造性，高等学校科研评价人员多以兼职为主，缺乏明确的职业定位；高等学校科研评价人员的知识结构不太合理，专业背景和学科背景都存在一定的局限性。因此，建议高等学校科研评价人员自觉地提升职业素养，相关部门组织专门的科研评价职业素养培训，制定激励机制激发科研管理人员的工作热情，进一步完善高等学校科研评价管理的有关制度，进一步提升高等学校科研管理评价人员的工作效率和管理水平。

(五) 收集科研评价有效数据

全方位、立体化收集相关科研数据，不能局限于科研队伍、论文与著作数量或科研项目与经费、科研基地与重点学科等方面的数据。

高等学校科研评价离不开数据，建立系统、全面、权威的数据库，提高真实性是搞好科研评价的基础性工作。

第一，建立国家层面的权威数据库。建议教育部设立高等学校科研数据库，收集和整理全国高等学校科研队伍和人员、科研项目、科研条件、科研进展、科研成果、科技转化等方面数据，特别是收集和认可科技成果方面的论文、专著、专利、获奖等方面数据。

第二，建立面向全国的高等学校科研评价管理网站。网站公布各项科研数据，设立项目成果库，项目评审系统、项目推广应用管理系统等内容，为高等学校科研评价管理提供了有效平台，对把控高等学校科研项目质量起到了很好的作用。

第三，规范高等学校科研网站管理，要求高等学校发布真实信息，公布可靠数据。加强对民间机构发布数据的校正、厘清。部分民间机构出于趋利考虑和自身责任的异化，可能会出现所发布的数据不真实、不系统、不严谨的数据现象。这样就需要有关部门及时予以干预，帮助这些民间机构端正态度，指导他们校正数据，厘清真伪。

第四，充分利用国外、国内知名数据库，为高等学校科研评价提供参考依据。

最后，加强个性化数据平台建设，提高定量评价指标的基础数据质量。因此，建立并逐步完善适合个性化评价需要的内部共享科研产出数据平台，成为提高定量指标科学性的重要基础工作。

(六) 加强科研评价过程监督

强化高等学校科研管理，并严格其评价实施，是搞好高等学校科研评价工作的关键。有了正确的高等学校科研评价取向，必须强化过程管理，严格操作过程，这是搞好科研评价的关键所在。

第一，从国家及政府层面来看，要加强对高等学校科研评价的管理和监督。高等学校科研评价不是什么机构都可从事的工作。国家和科教部门要从严审批官方和民间的评价机构，建立科研评价机构准入和牌证发放制度、年检制度，对有争议的科研质量评价实行仲裁制度，对违法乱纪行为实行举报查处制度。

第二，评价机构的评价要坚持科技创新的价值取向和质量第一的指导思想，秉持"公平、公正、公开"的原则，公开评价标准、程序、项目、评委专家、评价时间，公布评价过程、计算公式、评价结果。通过现代管理技术和平台公平，公平、公正评价每一项科研成果。

第三，评价人员包括参与评价的评委专家，要恪守良知，遵纪守法，按章办事，不谋私利。同时，还要从程序上加强规范，严格按程序操作。

第四，被评人员及项目成果所有人，严禁弄虚作假，伪造数据；严禁拉关系，走后门，杜绝请客送礼、用钱铺路等学术腐败现象的产生。要以平常心对待评价，要着眼于通过评价找到自己的不足和努力方向，进一步提高自己的科研质量。

（七）完善科研评价相关制度

完善高等学校科研评价相关制度需要从顶层设计，立法保障，监管有力；立足创新，着眼激励，确保发展；施行代表作制，降低数量，确保质量；规范评价周期，重视过程评价，建立中长期考核制；完善评价机制，发展非官方机构，推崇第三方评价等方面着手。

1. 完善顶层设计，立法保障，监管有力

立足于高等学校科研评价体系，做好科研评价，从我国高等学校科研评价的现实状况看，当下行之有效的立法规范思路主要有两个方面：

（1）修改及完善相关规定，从宏观层面明确高等学校科研评价的意义、作用、地位和原则，指导高等学校科研评价。

（2）在技术部、教育部、中国科学院、中国工程院的基础上，出台专门的科研评价法或高等学校科研评价法，调整政府与高等学校、高等学校科研评价评论主体与客体、科研人员与科研成果等的各种关系，明确各方的权利和义务及监督机制。规定科研评价的价值取向、评价的目标、评价内容、评价方法、评价程序、评价标准、评价机构等。把各类的高等学校科研评价纳入法制化管理的轨道，从而保证科研评价的准确性和公正性，促进科研质量的提高。

2. 需要立足创新，着眼激励，确保发展

创新是科研的生命线，立足创新的价值取向是构建成熟的高等学校科研评价体系的根本。为做好高等学校科研创新工作，必须把握以下方面：从评价目标上看，我们需要明确高等学校科研评价工作中的主要问题，倡导质量第一，克服功利主义和浮夸浮躁心理，营造科技创新的氛围，正确引导高等学校科研评价工作；从评价内容上看，提倡务实评价，

建立立足国情并与国际接轨的评价内容，逐步完善各类评价指标体系；从评价方法上看，加强具体指导，明确职能定位，规范科研评价方法；从程序上看，坚决反对任何形式的学术不端行为，避免过繁过重和虚假的科研评价活动；从评价标准上看，以科学、合理、可行为原则，区别不同评价对象，区分各类评价标准，坚决反对浮夸作风，坚决反对短视行为，客观评价非主流、非共识、非名人的科研结果，营造良好的创新文化。

3. 施行代表作制度，降低数量，确保质量

质量是高等学校科研的核心，科研评价是对高等学校科研工作者学术水准认证的方法，代表作制度可以有效弥补科研成果数量和质量的线性关系。代表作制度在国外比较盛行，在国内有部分高等学校在大胆尝试。其原因非常简单，只有学术精品力作，才能反映学者的真实水平。

4. 规范评价周期，重视过程评价，建立中长期考核制

适当缩减定量评价使用范围，延长其评价周期，降低潜在消极影响。

世界上很多学术大师，一生中有影响和独特创见的论文或专著数量并不多，而对于探索性的科研活动，所产生的经济效益或社会效益也并非在短时期内所能呈现。故而，短时期很难对一项科研成果做出合理评价。目前，我国许多高等学校科研绩效考评都是年度进行，这种重短期效益轻长期积累的评价方式显然与科学研究的本质相悖。为了尊重科学研究的内在规律，鼓励教师潜心治学，科研评价应持有某种"时滞"观念，考核和检查不应过于频繁，而应以中长期为主，鼓励科研人员从事"打基础、顾大局、管长远"的工作，给其一定的空间和时间潜心学问，而不用疲于应付，以避免急功近利的快餐效应产生。建议高等学校教师的科研考评周期以 3~5 年为宜，部分特殊专业可考虑延长至 5~10 年甚至更长时间。建立定量指标的质量标准对数量标准的单向替代机制。科研评价的首要任务是对科研活动的科学价值和社会价值进行判识，因此，不能简单地用数量代替质量，要始终将质量放在第一位。

5. 完善评价机制，发展非官方机构，推崇第三方评价

完善高等学校科研评价机制，首先要实现从官本位到学术本位的转变，将科研评价权从官僚化框架剥离。可以加强社会参与，依托社会中介组织，建立独立的社会化科研评价机构，以维护科研评价工作的独立性。让学术回归本真，高等学校科研评价还需以配套的制度作支撑。评议是国内外公认的最为合理的科研评价制度，但同行评议的功能、程序、环节还存在诸多亟待完善之处。我国高等学校科研评价中的同行评议一般用单盲法，为尽可能避免各种因素的干扰，确保评价公正、合理，尤其是对参与评价的专家进行约束，在

同行评议中应实行双向匿名制、利益攸关回避制及专家组定期轮换制等。此外，高等学校可创造条件建立网上评价系统，适时建立网上评价机制。网上评价具有许多优势，可以实现真正的匿名评审，保证评价的公正，可以促进学术交流，也能及时地反馈评价意见，成本低、效率高，还有利于排除各种干扰。

第五章　高等学校科研平台发展的保障

第一节　高等学校科研团队建设与创造力

一、高等学校科研团队建设

"高等学校科研团队是高等学校创新的主力军"①。高等学校创新是国家创新体系的主要组成部分。高等学校培养的创新人才是整个国家创新体系的人才支撑体系。加强高等学校科研团队建设，既是高等学校创新的需要，也是培养创新人才的需要。解决高等学校科研团队建设存在的问题，必须对症下药，以科学发展观为指导，创新理念，改革体制，增加投入，完善评估。

（一）高等学校科研团队建设的创新理念

理念支配思想、形成认识；认识指导行为、影响政策。解决理念滞后的对策要以科学发展观为指导，创新高等学校科研团队发展理念，需要树立以下理念。

1. 发展理念超前

树立高等学校科研团队超前发展理念，就是要把高等学校科研团队的发展提高到科教兴国、人才强国的高度，提高培养创新人才的高度，提高建设创新型国家的高度，制定相应法律法规和政策措施，加快发展速度，提升发展质量。

（1）加快发展速度。加快发展速度就是要优先保证高等学校科研团队的发展，以超过常规的发展速度去发展，大幅度提高发展速度。目前的高校科研团队发展是竞争性发展，是一种市场机制。这种发展对开始比较弱小而又有发展潜力的高等学校科研团队不利，也

---

① 张茂林. 创新背景下的高校科研团队建设研究 [M]. 北京：中国社会科学出版社，2014：176.

· 114 ·

与高等学校招生的计划机制不适应。政府和高等学校应有超前思维，把高等学校招生的计划机制与科研项目的市场竞争机制有机地结合起来。在保持竞争性发展的同时，拨出一定专款作为科研均等化发展资金，让每一位高等学校教师都有一定的基本科研经费，更有利于形成高等学校科研团队生态系统。只有发展数量众多的低层次高等学校科研团队，才能保证形成一定量的中层次高等学校科研团队，从而发展形成少量的高层次高等学校科研团队，形成合理的金字塔式高等学校创新生态环境。加快高等学校科研团队发展速度，必须确立超前发展的理念，打破发展常规，大幅度增加专门的高等学校科研团队发展资金，大幅度增加国家自然科学基金、国家社会科学基金、教育部社会科学基金等科研基金，使高等学校科研经费超常规快速增加。

（2）发展质量提升。提升发展质量就是在加快发展速度基础上，创造有利于发展的学术环境，保障学术自由，大幅度提升高等学校科研团队发展质量。在保障学术自由方面可以借鉴西方发达国家的经验。现如今，学术自由不仅是西方发达国家大学认同的一种大学理念，而且已成为一种现代大学制度。从某种意义上而言，世界一流大学都在学术研究最为自由的国家，世界一流大学也往往是学术研究最为自由的大学。我国要发展高等学校科研团队，建设世界一流的大学，保障学术自由权利是一个基本的条件。虽然改革开放以来，我国的学术环境已经大大改善，学术自由有了基本保障，但是，由于评价机制不合理、科研管理不规范等因素的影响，高等学校科研团队内部交流实际上存在着一定困难。

如果改革开放以前没有学术自由使得科研人员"不敢说"，那么，现在是怕自己的创新思想在公开发表以前泄密使得科研人员"不愿说"。造成这种情况，一方面是科研评价机制不合理，另一方面是科研管理还不够规范，使科研人员处于紧张焦虑的过度竞争学术环境中。宽松的学术自由环境既包括学术言论自由，又包括学术竞争自由，需要良好规范的竞争环境，这些都是促进高等学校科研团队创新的必要条件。提高科研团队的发展质量，必须有充分的学术交流和学术活力。高等学校科研团队不但要加强团队内部交流，还要加强团队外部交流。美国大学推崇自由的学术研究，将学术自由作为学术研究的基本准则。美国大学教授协会以及终身教职制度、集体谈判制度和黑名单制度，值得借鉴。建设世界一流大学，需要世界一流的高等学校科研团队。发展不仅是数量的增长，更是质量的提高。提升发展质量是高等学校科研团队建设的内在要求。

2. 管理理念规范

树立规范管理的理念，就是要对高等学校科研团队及其相关事务进行规范管理，以保障高等学校科研团队健康发展。对高等学校科研团队进行规范管理要符合依法治国和依法行政的要求，在保障和服务学术自由的前提下进行规范管理。

（1）切实完善管理依据。科学研究是宪法赋予的权利，依法管理是科研机构的基本职责。科学研究是一项公益性事业，保障科学研究权利，国家必须加大科研投入。规范管理不仅是对科研团队进行规范管理，更重要的是对科研投入、科研管理机构进行规范管理，以确保科研团队工作的顺利进行。树立规范管理的理念，就是要加强管理，把科研团队管理纳入法制轨道。依法规定政府对高等学校科研投入、项目管理等方面的义务与责任，依法建立产学研一体化制度，高等学校科研、教学和学习一体化制度等，为高等学校科研团队建设和管理提供法律依据。

（2）积极实施规范管理。积极实施高等学校科研团队规范管理，政府和高等学校科研管理机构首先要规范自身管理行为，依法保障科研经费投入，规范科研经费的使用和管理，杜绝投入和使用的随意性；在高等学校科研团队申报、评审、运行、结项等过程中，遵守科研规范，依法进行管理，搞好科研服务，保障公平竞争，维护竞争秩序。同时，完善各项科研管理制度，包括高等学校科研项目的申报、评审、运行、结项制度；高等学校产学研一体化制度；高等学校科研、教学和学习一体化制度；高等学校创新教育制度；高等学校科研与研究生教育一体化制度；高等学校科技成果转化制度；高等学校科研团队内部管理制度；高等学校学术不端及其调查处理制度等。管理机构积极实施高等学校科研团队规范管理，要把规范管理和优化服务有机结合起来，既要创造宽松的学术自由环境，又要加强团队管理研究，解决学术失范问题，遏制学术不端行为。

3. 创新理念全面

树立全面创新的理念，就是要全面思考高等学校科研团队在提升高等学校创新能力过程中的作用，系统谋划高等学校科研团队建设，用全面创新的理念实现高等学校科研团队建设多元化。

（1）实现高等学校科研团队建设多元化。创新与高等学校创新都是多方面的，建设创新型国家也具有多方面的内容，科技创新只是其中的一个重要组成部分。同时，高校科研团队也不仅是科技方面的科研团队。树立多元创新的理念，要求政府和高校在重视高等学校科技科研团队建设的同时，重视高等学校人文科研团队建设；在重视科技创新的同时，重视人文创新，特别是要重视管理创新、制度创新和政策创新；在重视科研创新的同时，重视培养创新人才等，兼顾多方面的创新。因此，坚持全面创新的理念，需要注意以下方面：

第一，在发展高等学校科技科研团队，提升高等学校科技创新能力的同时，加强高等学校人文科研团队建设，提升高等学校人文创新能力。在当前重理轻文的环境下，人文创新显得更为重要。人文创新包括人文理念创新、管理创新、政策创新、制度创新等。著名经济学家吴敬琏在谈到发展中国高新技术产业时，强调"制度重于技术"。国家社会科学基金、教育部和各省有关社科基金中，应当出台人文创新团队政策，启动人文创新团队建设，以利于社科基金培养出高素质人文创新人才，研究出高水平人文创新成果，为建设世界一流大学创造良好的人文环境。

第二，发挥高等学校多学科优势，建立跨学科科研团队，特别是文理综合创新团队。建议授权教育部组建文理综合创新团队，对改革开放和社会发展中出现的诸如教育、医疗、住房、分配、环境等重大社会问题，发挥高等学校多学科优势，汇集科技创新人才和人文创新人才集体智慧，集中力量进行攻关，研究可行性、创新性方案，以解决这些重大社会问题。

第三，建立高等学校科研、教学和学习一体化科研团队，在产出科研成果的同时培养创新人才。改革部分高等学校科研制度和教学制度，建立高等学校科研、教学和学习一体化制度，要建立和完善科研与研究生培养一体化制度，为建设创新型国家培养更多的创新型人才。

第四，以科学发展观为指导，多层次发展高等学校科研团队，包括建立国家层次、地方政府层次、高等学校层次、院系层次的高等学校科研团队，遵循高等学校科研团队的生态发展规律，形成高等学校科研团队金字塔生态系统。

第五，科研经费分配要兼顾公平与效率，加大青年项目的支持力度，加强职业技术学院和二本、三本高等学校的科研支持力度，加强对中西部落后地区高等学校的科研支持力度，避免经费过度集中在少数权威、重点高等学校手中。

（2）把高等学校科研团队看作一个系统。高等教育系统本身是一个复杂的综合性系统，这个系统与建设创新型国家密切相关，是创新体系的重要组成部分，高等学校科研团队系统是高等教育系统的一个子系统。树立全面创新理念，就是要把高等学校科研团队当作一个系统来建设，运用系统科学的理论来思考高等学校科研团队建设。任何系统都不是孤立存在的，系统内外之间互相联系、互相影响和互相制约。国家创新体系是社会系统的一个组成部分，国家创新体系与社会系统的其他部分是互相联系和互相影响的。同时，国家创新体系又可以分为部分子系统，包括企业、科研院所和高等学校创新体系等。随着国家创新体系的不断发展，高等学校作为一个子系统起着越来越重要的作用，而高等学校科研团队作为高等学校创新的主力军无疑也越来越重要。

国家创新体系、高等教育系统以及高等学校科研团队系统三者之间互相联系、互相影响，存在着大量的能量、信息交换。因此，高等学校科研团队建设不仅要紧密联系高等教育系统，还要考虑与整个国家创新体系的联系，把高等学校科研团队系统与其他相关创新系统结合起来研究。同时，由于高等学校科研团队本身是一个系统，这个系统是一个金字塔式的高等学校创新生态系统。在发展高等学校科研团队时，要有全面系统意识，既要发展高等学校科技科研团队，又要发展高等学校人文科研团队；既要发展高层次的高等学校科研团队，又要发展中层次高等学校科研团队，还要培育低层次的高等学校科研团队；既要在科研经费上向重点大学倾斜，又要给予各级各类高等学校一定的均等化科研支持；既要支持东部地区高等学校科研团队发展，也要支持中西部地区高等学校科研团队发展；既要规范高等学校科研团队的科研行为，又要规范相关管理部门的科研管理行为。把高等学校科研团队看作一个系统，需要教育行政部门以科学发展观为指导，牵头成立以专家为主体的高等学校创新战略推进委员会，全面系统考虑高等学校科研团队建设问题，建立高等学校科研团队金字塔生态发展系统，推进高等学校科研团队系统科学发展，不断提升高等学校创新能力。

（二）高等学校科研团队建设的改革体制

改革体制就是要克服现有体制中的弊端，建立适合高等学校科研团队发展的各种制度与政策，增强高等学校科研团队内部活力，提高高等学校科研团队学术产出，造就高等学校科研团队领军人才，使管理体制、激励体制和人才体制适应高等学校科研团队建设的需要。

1. 增强内部活力

高等学校科研制度安排缺乏灵活性，科研运行机制缺乏有效性，是高等学校科研团队内部活力不足的主要原因之一。改革管理体制是增强高等学校科研团队内部活力的重要对策。

（1）增强高等学校科研团队内部管理活力。改革传统管理体制，实行高等学校科研团队目标管理，是增强高等学校科研团队内部管理活力的有效措施。实行目标管理不是政府和高等学校给科研团队确定目标，也不是科研团队给团队成员规定目标，而是要加强沟通与协商，增强目标的引导性、自主性。要把提高团队内部管理水平和完成科研目标结合起来，把科研团队围绕整体目标，进行集体攻关和给予团队成员自由研究有机结合起来，以增强团队目标管理活力和成员个性管理活力。

第一，增强团队目标管理活力。增强团队目标管理活力不是鼓励高等学校科研团队随时改变科研目标，而且要围绕科研目标增强管理合力，更有效地实现科研目标。并不是有了工作才有目标，而是有了目标才能确定每个人的工作。目标管理提出以后，便在美国企业中迅速流传被广泛应用，并很快为日本、西欧国家的企业所仿效，在政府和非政府组织等机构也被借鉴应用。目标管理的具体形式虽然多样，但其基本内容是一样的。目标管理是通过组织中的上下级一起协商，根据组织的使命和宗旨确定一定时期内的组织总目标，由上下级共同决定上下级的责任和分目标，并把目标作为组织经营与管理的依据，作为评估与奖励每个单位和个人贡献的标准。目标管理是以理论为指导思想，即认为在目标明确的条件下，组织成员能够对自己负责。

高等学校科研团队引入目标管理，更有利于增强科研团队内部管理活力。高等学校科研团队目标管理与传统的管理方式相比有三个鲜明特点：①重视人的因素。高等学校科研团队目标管理是一种参与的、民主的、自我控制的管理，能够把政府和高等学校对科研团队的管理目标、团队组织目标与团队成员个人需求有效地结合起来。在这一制度下，科研管理者、团队带头人与团队成员的关系是平等、尊重、依赖、支持，团队成员在承诺科研目标后是一种学术自觉、学术自主的研究活动，科研团队的管理实际上是学术自治式的管理。②建立目标体系。高等学校科研团队的目标管理是通过专门设计的过程，可以将高等学校的科研总目标分解为各科研团队的目标，将团队目标逐级分解，转化为团队小组或成员的分目标。科研目标的分解过程就是权、责、利的明确过程，且每个人的权、责、利相互对称。目标分解后，形成方向一致、环环相扣、相互配合、协调统一的科研目标体系。在团队内部，只有每个团队成员完成了自己的分目标，团队总体目标才有完成的希望。③重视科研成果。高等学校科研团队目标管理以科研目标的确定为起点，以科研目标的完成为终结。科研成果作为评定科研目标完成程度的标准，既是评价科研管理工作绩效的重要标志，也是考核与评价科研团队及其成员的重要依据。实行高等学校科研团队目标管理，科研管理机构和团队负责人主要控制科研目标，对完成科研目标的具体过程、途径和方法不过多干预，这完全符合学术自由的原则。因此，实行高等学校科研团队目标管理，科研监督的成分很少，但控制目标实现的能力很强，能有效地把加强科研管理与尊重学术自由结合起来。

高等学校科研团队目标管理的构成要素包括明确目标、参与决策、规定期限和评价绩效四个方面：①明确目标。高等学校科研团队在组建时就有明确的科研目标，如何把团队总体目标分解为团队小组或成员目标，是明确目标的主要内容。目标明确对取得高水平的业绩有重要作用。②参与决策。实行目标管理，确定高等学校科研团队目标不同于传统管理的目标设定，不是由上级单方面给下级规定目标，然后分解成子目标落实，而是用参与的、民主的方式确定团队总体目标，再分解落实到团队小组或成员。高等学校科研团队管理者、团队带头人与小组负责人或成员共同参与选择设定各对应层次的目标，即通过上下级共同协商，逐级制定高等学校科研整体目标、每个团队总体目标、团队小组目标以及团队成员目标，这种目标体系的形成和目标转化过程既是"自上而下"，又是"自下而上"的，这种参与决策的方式确定的高等学校科研团队目标，有利于达到既加强高等学校科研团队管理又尊重学术自由的目的，有利于增强科研团队目标管理活力。③规定时限。高等学校科研团队目标管理也强调时间性，制定的每一个目标都有明确的时间要求。在多数情况下，高等学校科研团队目标的制定可与科研经费的年度预算或主要项目的完成期限一致。但由于学术研究的特殊性，高等学校科研团队在规定时限方面也有一定灵活性。有些科研目标应该安排在短期内完成，而有些则需要安排更长时期，特别是部分重大问题研究，需要比较长的期限。④评价绩效。在高等学校科研团队目标管理过程中，应不断地将团队整体目标进展情况反馈给团队的每个成员，以便他们调整自己的行动。而且团队的每个成员有完成自己目标的责任，也有同团队负责人一起检查这些目标完成情况的责任。更重要的是，团队带头人用目标管理方式引导团队成员对照预先设立的目标来评价科研业绩，鼓励自我评价和自我发展，鼓励团队成员加强科研工作，有利于创造一种激励的团队管理环境。

高等学校科研团队实行目标管理的优点至少有五个方面：①形成激励。当高等学校科研团队的研究目标成为团队小组和每个成员自己未来时期达到的一种结果，且实现的可能性相当大时，研究目标就成为团队成员们的内在激励。特别是当结果实现，科研团队还有相应的物质奖励或报酬时，研究目标的激励效用就更大。从研究目标成为激励因素来看，这种研究目标最好是科研团队、团队小组及每个成员自己制定的目标。同时，高等学校科研团队成员对学术本身的追求，使他们在达到目标时有一种成就感、集体荣誉感，形成一种有效的精神激励。②有效管理。目标管理方式的实施可以切切实实地提高科研团队管理的效率。目标管理方式比计划管理方式在推进团队工作进展，保证团队最终目标完成方面更胜一筹。目标管理是一种结果式管理，不仅是一种计划的活动式科研工作。这种管理要求团队小组及每个成员首先考虑目标的实现，尽力完成目标，因为这些目标是团队总目标的分解，故当团队小组及每个成员的目标完成时，也就是团队总目标的实现。在目标管理方式中，一旦分解目标确定，且不规定各个团队小组及成员完成各自目标的方式、手段，反而给大家在完成目标方面一个创新空间，有效提高团队管理效率。而且，科研团队目标管理还与高等学校学术自治、学术自由的基本原则具有内在的一致性，符合学术研究的内在规律，有利于提高学术研究效率。③明确任务。科研团队目标管理的另一个优点就是使团队各小组及成员都明确了团队总目标、团队小组和成员分工与合作及各自的任务。职责明确使得团队与小组带头人知道，为完成目标必须给予成员相应的权力，而不是大权独揽，小权也不分散，从而不断增强科研团队的学术管理活力。④自我管理。高校科研团队目标管理实际上也是一种学术自我管理的方式。在实施目标管理过程中，团队成员不再只是做工作，执行指示，等待指导和决策，团队成员此时已成为有明确目标的小组或个人。一方面团队成员已参与了目标的制定，并取得了组织的认可；另一方面，团队成员在努力工作实现自己的目标过程中，除目标确定外，如何实现目标则是他们自己的事，从这个意义上看，目标管理至少可以看成高等学校科研团队自我管理的方式，是以人为本的科研管理方式。⑤控制有效。高等学校科研团队目标管理方式本身也是一种控制方式，即通过目标分解后的分目标实现，保证团队总目标实现，从而保障高等学校科研目标的实现，是一种结果控制方式。高等学校科研团队目标管理并不是把目标分解下去便没有事了，事实上科研团队带头人在目标管理过程中要定期检查，对照目标，进行评比，发现问题，及时纠正。从另一个方面看，一个科研团队，如果有一套明确的可考核的目标体系，那么其本身就是进行监督控制的最好依据。

第二，增强成员个性管理活力。高等学校科研团队成员在知识和能力上优势互补，是科研团队的一个重要特征。不同的团队成员，其知识和能力不同。增强高等学校科研团队内部管理活力，需要增强团队成员个性管理活力，即在高等学校科研团队目标管理过程中，以人为本，尊重成员个性，做到扬长避短、因人适用，用人所长、因才适用。"扬长避短、因人适用"就是在高等学校科研团队目标管理过程中，充分考虑具有不同智力倾向的个人特性，不是简单提倡个人去适应科研岗位，而是顾及科研岗位特点，扬长避短、因人适用。在团队科研任务分工中充分考虑到团队成员的意愿和特点，尽可能地使科研任务与该成员的特点、特长相一致，使其科研工作得心应手，以调动科研积极性。对科研团队的每个成员，使用时要了解其特长，观察其个性，根据不同特长、不同性格考虑分配不同的任务，对性格内向的成员可分配理论性研究比较强的任务，这种研究主要是查资料、进行理论思考；对性格外向的成员可分配实证性研究比较强的任务，这种研究需要外出调查、取得实际资料。

如果科研团队内部分成若干小组，分组时，适当考虑到年龄上搭配、性格上互补，既可取得良好的合作效果，也有利于青年人才的成长。"用人所长、因才适用"就是在高等学校科研团队目标管理过程中，根据科研团队成员的能力和特长，用人所长，不求全责备，尊重人才的个性和特长。在高等学校科研团队中，有德有才的人，往往也是有思想、有个性、有特长的人。对这类贤才，瞎指挥或命令式管理方法是不能奏效的，人才有自己的人格与追求，不听任别人的任意摆布，不能把他们当作器具来使用，而应以礼相待，尊重他们的人格，承认他们的学术自主权。在尊重团队成员个性的前提下去宽容、去沟通，就会缓释团队压力和矛盾。宽容不是放纵，因人采用不同的工作方式，最终达到有效的管理目标。增强成员个性管理活力，基点要放在以人为本上，用现代的人才观念重新认识、重新审视团队成员个性与才能的关系，正视个性差异，宽容个性差异，理解个性差异，尊重个性差异，在此基础上尊重人才，认识人才，使用人才，确保完成科研团队目标任务。

（2）增强高等学校科研团队内部组织活力。高等学校科研团队是一种组织形式，这种组织形式与高等学校的学科组织以及科研、人事等职能部门密切相关。团队组织既有自己独特的组织个性，也有一般组织形式的特点。改革管理体制，增强高等学校科研团队内部组织活力，主要包括以下方面：

第一，增强团队内部学科组织活力。增强团队内部学科组织活力，需要针对学科划分过细、门户观念过重导致的力量分散等问题，优化学科组织结构，活化用人机制，促进学科交叉。对不同的高等学校科研团队，管理方法应有所不同。高等学校科研团队有单学科科研团队与跨学科科研团队。对单学科科研团队，其内部管理相对而言比较单纯，但也要打破专业界限，发挥专业优势，促进跨专业合作，以提高学科整体实力，发展高水平科研团队。对跨学科科研团队，要打破学科分割，整合优势资源，促进跨学科合作。要打破传统的学科组织结构，使之与科研团队综合研究任务及科研团队对资源共享的要求相适应；要按照学术组织的基本特点，赋予跨学科科研团队在学科建设、资源共享等方面的特殊权力与职能，尽可能消除学科组织已经形成的组织障碍。鼓励组建跨学科科研团队，充分发挥跨学科科研团队的作用。

第二，增强团队内部人事组织活力。增强团队内部人事组织活力与打破学科分割紧密相连，需要突破单位所有制，整合跨学科优势资源，促进跨学科、跨单位合作，鼓励跨学科、跨单位组建科研团队。高等学校要打破人事分割现状，提升科研团队内部组织协调能力，根据科研团队组建情况，赋予科研团队负责人部分人事权，包括从校内外灵活选择科研团队成员，实行科研团队成员"能进能出"，使受聘的能进来，落聘的能出去，不断增强科研团队的环境适应能力和快速反应能力。

高等学校科研团队成员通常是一种高素质人才，在市场上的流动是一种自主程度比较高的流动，主要表现为高等学校科研人员相对稀缺、流动自主、流向明显和人才共享四个方面：一是相对稀缺。高等学校科研人员虽然总体数量多，但是由于高等学校学科专业以及专业方向繁多，这些人员分配到每个学科专业就显得比较少，分配到每个专业方向就更少了，相对表现为稀缺性。高等学校科研团队成员是高等学校科研骨干，属稀缺资源。这些成员一般要经过长时间的锻炼成长，有一个不断学习与实践的过程，往往需要更多的投入才能脱颖而出，才能成为高等学校教学科研人员中的先锋，成为全社会人力资源中争夺的部分，导致流动性增大。二是流动自主。高等学校科研团队成员的流动，大多是主动和自觉流动，而不是被动和盲目的流动。人力资源价值的实现和增值，通过人力资源的流动来实现。人才流动总是受经济利益、社会地位和生存环境等利益机制的驱动。人才向往着更好的发展机会、更好的工作环境和更好的物质待遇是人之常情，高等学校科研团队成员也不例外。高等学校科研人员依靠自身人力资本丰厚的储备，具有很大的优势和较强的竞争力，也就有较成熟的条件来追求更好的发展空间，满足自己的需求。高等学校科研团队成员在流动过程中，不但具有被选择性，更重要的是这种高流动性主要表现为具有更强的自主选择性。三是流动方向。流动方向即高等学校科研团队成员朝着什么方向流动。一般而言，高等学校科研团队成员的流动方向，是从低收入高等学校流向高收入高等学校、从低层次高等学校流向高层次高等学校、从地方高等学校流向部属高等学校、从西部高等学校流向中东部高等学校、从中小城市高等学校流向大城市高等学校等。四是人才共享。高等学校科研团队成员流动的本质也在于人才的可共享性，一个高等学校科研团队成员特别是高等学校教师的知识、技能、能力、体力可以被多家单位共有和重复使用，而且目前许多单位在吸引人才时，也都相应建立对高等学校人力资源"不求所有，但求所用"的新人才观。高等学校人力资源的共享方式越来越多样，使用方式越来越灵活，出现了特聘教授、兼职教授和讲座教授等多种运用方式。因此，增强团队内部人事组织活力既符合高等学校科研团队的发展要求，也是增强团队内部人事组织活力的需要。

（3）增强高等学校科研团队内部文化活力。重视高等学校科研团队文化特别是学术文化建设，促使高等学校科研团队形成和谐宽松、合作互助、共同学习、互相激励的文化氛围，促使团队成员形成学术交流、资源共享的习惯，不断增强高等学校科研团队的文化凝聚力，巩固管理体制改革成果。

第一，增强团队内部学术文化活力。高等学校科研团队是以学术创新为目的的团队，团队内部学术文化应当是一种学术自由文化和学术创新文化。增强团队内部学术文化活力，要增强团队内部学术自由文化活力和学术创新文化活力。高等学校科研团队文化是团队在形成与发展过程中，由各种学术要素组成的复杂体系，各要素在结构上互相联结，在功能上互相依存，共同发挥着团队整合的功能。每个团队都有与其相适应的团队文化，并表现出一定的文化活力。任何团队文化活力都是文化各个要素在相互作用中发挥的有利于该团队发展的多种功能的有机综合，是团队文化生命力、凝聚力和创造力的统一。

高等学校科研团队文化生命力是高等学校科研团队作为一个文化有机生命体所表现出来的生命力。高等学校科研团队文化凝聚力是指团队内部各成员因共同学术利益和价值目标结合为一个有机整体的某种聚合力。文化凝聚力是文化作为一个"吸引力"，成为人们聚合的力量，这种力量源自人们共同的学术文化认同。高等学校科研团队文化创造力，指团队产生新思想，发现和创造新事物的能力，是指通过本科研团队与其他团队文化的融会贯通，从而产生新思想，发现和创造新事物的能力。激发高校科研团队的学术文化活力，要建设科研团队核心价值体系，明确一定时期内的科研创新目标，同时又要兼容并包，允许不同思想的存在，坚持学术自由的原则；正确对待科研团队内部文化和外来文化的关系，注意吸收外部优秀文化，增强团队内部生命力、凝聚力和创造力；充分发挥科研团队每个成员在团队文化建设中的主体作用，激发每个成员的创造活力和创造热情，在完成科研团队任务的同时，不断提高团队成员创新素质，不断推进团队学术文化创新。

第二，增强团队内部合作文化活力。高等学校科研团队内部合作文化活力是内部文化活力的另一个重要方面。高等学校科研团队具有学习与创新并轨的特点，加强合作才能增强学习能力和创新能力。增强团队内部合作文化活力，一方面，要增强团队成员合作理念。高等学校科研团队成员加强合作是科研团队发展成为卓越团队的必要条件。对研究中遇到的问题，科研团队要组织公开讨论，进行思想碰撞与学术交流。在团队内部要打破过强的自我防卫意识，充分发挥团队集体智慧，对团队中权威成员的观点，团队其他成员要敢于提出反对意见；同时，团队中权威成员要能听得进不同的意见，鼓励年轻成员提出不同于自己的学术观点，这是增强科研团队成员凝聚力的必要条件。另一方面，尽可能减少甚至消除团队内耗。只有在增强科研团队成员合作理念的基础上，在科研团队内部加强沟通与交流，增强成员之间的信任感，才能减少甚至消除团队内耗，增强团队的学术文化活力，提高团队的科研绩效。

2. 提高学术产出

（1）建立科研团队奖励制度。建立科研团队奖励制度，是激励高等学校科研团队提高学术产出的重要措施。

对个人奖励的做法，重视对科研团队进行表彰奖励，且今后的国家奖励可以奖励科研团队为主。建议在一年一度的国家科学技术奖励大会上，定期命名表彰一批奖项，对学术产出特别高、取得重大创新成果的科研团队实行重奖。也可以对创新团队单独设立奖项，给予表彰奖励。同时，有关部门也可以建立科研团队奖励制度。

（2）给予科研团队优先支持。为高等学校科研团队创造良好条件也是重要的激励措施。根据高等学校科研团队的依托资源不同，可以把高等学校科研团队分为依托基层组织的高等学校科研团队、依托研究平台的高等学校科研团队和依托研究项目的高等学校科研团队。给予高校科研团队优先支持，就是要对其依托资源给予优先支持。

第一，在基层组织建设方面优先支持。依托基层组织的高等学校科研团队，指高等学校科研人员依托基层组织，如教研室、研究所等高等学校基层学术组织组成的高等学校科研团队。要对基层学术组织建设给予优先支持，一方面，政府在高等学校基层学术组织建设方面要给予政策支持；另一方面，为了支持这种高等学校科研团队的建设与发展，高等学校要加强自身基层组织建设，为高等学校科研团队提供良好的组织空间。同时给予教研室、研究所等高等学校基层学术组织一定的学术管理权、财务支配权和人事管理权，为基层学术组织创造良好的科研条件，为培育和发展高等学校科研团队创造基础条件。

第二，在研究平台搭建方面优先支持。依托研究平台的高等学校科研团队是指高等学校科研人员依托研究平台，如研究中心、实验室等高等学校学术研究平台而组成的高等学校科研团队。在研究平台搭建方面优先支持，一方面，政府要把科研团队学术产出作为国家重点实验室评审、国家和省部级研究中心认定的重要条件，促使科研团队不断提高学术产出。同时，政府及有关部门要有更多的高等学校研究平台建设计划，为高等学校研究平台建设提供资金保障。另一方面，高等学校要改善自身的研究平台建设条件，引进优秀人才，为研究平台提供人才支撑，依托平台组建与发展优秀科研团队，保障研究平台在建设创新型国家过程中充分发挥作用。

第三，在研究项目资助方面优先支持。依托研究项目的高等学校科研团队是指高等学校科研人员依托研究项目，如基金项目、委托项目等各类项目而组成的高等学校科研团队。项目计划与科研课题是高等学校科研团队的主要依托资源。优先支持高等学校科研团队承担国家和省部级重大科技攻关项目，优先给予项目计划与科研课题资助，优先推荐科研团队学术产出高的骨干人才参评国家科学技术奖、有突出贡献的中青年专家和劳动模范等。把科研团队的学术产出作为以后科研立项、项目评估的重要条件，促使科研团队不断提高学术产出。

（3）建立科研团队优惠政策。建立有利于高等学校科研团队提高学术产出的配套政策，包括知识产权保护政策、财政税收优惠政策、政府采购优先政策等，以充分调动高等学校科研团队不断提高学术产出的积极性。

第一，完善知识产权保护政策。高等学校科研团队的创新成果是知识产权的重要来源，要健全知识产权保护体系，加大知识产权的保护力度，营造尊重和保护知识产权的法治环境。政府和高等学校都要加强从事知识产权保护和管理工作的力量，改革高等学校知识产权保护体制，切实保障高等学校科研团队成员的知识产权权益。国家科技计划和各类创新基金等，对高等学校科研团队所支持的项目，在国外取得自主知识产权的相关费用应给予适当财政补贴。完善科技成果转化政策，高等学校应对高等学校科研团队的科技创新成果完成人和在科技成果转化中有突出贡献的人员，依法给予相应报酬。政府有关部门组织应建立专门委员会，对涉及国家利益并具有重要自主知识产权的企业并购、技术出口等活动进行监督或调查，避免自主知识产权流失和危害国家安全。

第二，调整财政税收优惠政策。财政税收优惠政策对科研创新有着直接而关键的作用。具体而言，一方面，通过各种措施加大政府对 R&D 活动（科学研究与试验发展）的支持，如通过提高 R&D 经费水平促进国家整体科技实力，支持高等学校等机构加强科研团队建设；另一方面，通过税收政策激励科技投入，即政府将应收的税款让渡给企业用于科技开发，调动企业科技创新的积极性，为高等学校科研团队创新成果提供良好的转化渠道。对加强高等学校科研团队建设而言，财政税收优惠政策主要涉及大幅度增加高等学校科研团队投入，确保财政投入的稳定增长，切实保障重大专项的顺利实施，优化财政科技投入结构，创新财政科技投入管理机制；加大对企业自主创新投入的所得税前抵扣力度，允许企业加速研究开发仪器设备折旧，完善促进高新技术企业发展的税收政策，支持企业加强自主创新能力建设，完善促进转制科研机构发展的税收政策，支持创业风险投资企业的发展，扶持科技中介服务机构等，以此促使企业购买高等学校科研团队的创新成果，推动高等学校科研团队创新成果产业化。

第三，健全政府采购优先政策。当高等学校科研团队的创新成果产业化时，需要政府采购优先政策给予支持。政府采购优先政策是指政府对创新产品给予采购优先的一系列政策，以保护本国的自主创新产品。采购优先政策主要包括五个方面：①完善财政性资金采购自主创新产品制度。完善自主创新产品认证制度、认定标准和评价体系等。②改进政府采购评审方法，给予自主创新产品优先待遇。在满足采购需求的条件下，在以价格为主的招标项目评标中优先采购自主创新产品。当自主创新产品价格高于一般产品价格时，要根据科技含量和市场竞争程度等各种因素，给予自主创新产品一定幅度的价格扣除优惠。③健全激励自主创新的政府首购和订购制度。如高等学校科研团队开发的试制品和首次投向市场的产品，符合先进技术发展方向和国民经济发展要求的，具有较大市场潜力需要重点扶持的，经有关部门认定，实行政府首购，由采购人直接购买或政府出资购买。④健全本国货物认定制度和购买外国产品审核制度。⑤发挥国防采购扶持自主创新的作用。

第四，完善人才引进灵活政策。对高等学校科研团队的人才引进，政府和高校要给予灵活政策，鼓励科研团队积极引进海内外优秀人才。完善吸引优秀留学人才和海外科技人才来华工作、回国服务优惠政策，结合国家自主创新战略、重大科技专项和重点创新项目等创新政策，应采取科研团队引进、核心人才带动等多种方式引进海外优秀人才。

第五，建立产学研一体化政策。用科研政策将企业、高等学校、科研机构结合成一个有机整体，是激励高等学校科研团队创新的重要政策。除企业、高等学校、科研机构合作，政府相关政策配合外，与产学研直接相关的法律法规和财政支持，是推动产学研一体化的关键。因此，政府建立产学研一体化政策，一是用法律法规保障产学研一体化。产学研一体化是产学研合作的高级阶段，也是产学研合作创新的优化配置。法律法规是保障产学研一体化的首要前提。二是用财政资金保障产学研一体化。利用财政资金在高等学校建立一系列产学研合作中心，开展合作研究，同时，设立财政专项基金以补偿产学研合作风险。

3. 造就领军人才

创新人才特别是领军人才是最宝贵的高等学校科研团队建设资源。领军人才是创新人才的杰出代表，对高等学校科研团队建设具有至关重要的作用。一个高素质的领军人才往往能带动一项重大技术突破，一个学科的兴起，甚至是一个产业的出现。造就领军人才必须改革人才体制。人才体制包括人才引进体制、人才培训体制、人才培养体制，改革人才体制要立足当前，面向未来，把领军人才的引进、培训和培养有机结合起来。

（1）引进高等学校科研团队领军人才。在我国高等学校领军人才缺乏的情况下，引进人才应成为一项重要的政策措施，包括从国内引进和从国外引进两个方面。

第一，从国内引进。从国内引进即从高等学校外的国内政府机关、科研机构与企事业单位引进高等学校需要的领军人才。从国内引进主要包括两种情况：①中国科学院院士、中国工程院院士、博士生导师、国家有突出贡献的中青年专家以及国家百千万人才工程一、二层次人选；②享受国务院政府特殊津贴人员、获得博士学位人员、正高职称的学科带头人。引进方式主要有两种：①通过调动、录用、聘用的方式，引进到高等学校工作，成为高等学校正式工作人员；②通过临时聘用、借用、兼职等柔性流动方式，吸引更多优秀人才来高等学校科研团队奉献智慧和力量。为保证优秀人才能够引得进、留得住、用得好，高等学校要制定一定的引进政策，为领军人才提供优厚的政治待遇和福利待遇，妥善解决引进人才落户、医疗、保险、税收、配偶安置、子女入学等方面的问题。

第二，从国外引进。从国外引进即主要从国外高等学校、科研机构与企事业单位引进高等学校需要的领军人才，包括引进外国科研人员和吸引优秀留学人员回国两个方面。在引进外国科研人员方面，可借鉴国外吸引世界科学精英和高端人才的成功经验，引进世界一流专家学者来华工作。建议设立基金，专门用于引进世界一流领军人才。高等学校制定相应的配套政策，解决引进人才的福利待遇问题。在吸引优秀留学人员回国方面，要继续创造条件、完善配套政策，加大吸引留学人才的力度，特别是有潜力成为领军人才的海外名校杰出人才。在今后一段时间内，我国的经济社会和科技教育发展仍将处于追赶阶段，高等学校急需领军人才，吸引优秀留学人员归国，是解决高等学校当前高层次紧缺人才不足的重要途径之一。

（2）培训高等学校科研团队领军人才。由于领军人才的培养需要很长的时间，在目前高等学校普遍缺乏领军人才的情况下，对高等学校领军人才加强培训也可以成为一项应急措施。培训高校领军人才可以从两个方面着手：

第一，建立国内培训基地。在中国一流大学建立若干国家领军人才培训基地，为领军人才提供快速成长平台，聘请世界一流人才到基地讲学，为领军人才提供科技、人文等高级课程，提升领军人才综合素质。

首先，实行学术自由政策。在国内领军人才培训基地实行与其他高等学校不同的学术自由政策，给国家领军人才培训基地充分的学术自由，这种学术自由政策，会在培训基地形成自由、民主的探究氛围，营造良好的学术特区环境，有利于吸引更多在国外留学、工作和生活的优秀华人、华裔科学家回国，到培训基地创业、工作，进而为我国科研提供更加强大的领军人才支撑。同时，随着自由民主探究氛围的不断改善，我国也可以吸引更多外国的领军人才来中国合作与交流，在中国工作和生活。在提升我国科研能力的同时，也必将有利于我国科研优势的不断增加与积累。

其次，遵循领军人才的成长规律。人才成长是有规律的，领军人才也不例外，其中领军人才的成长规律主要有九个方面：①名师传承规律。一流的领军人才需要一流的名师指导，名师传承规律是指在领军人才培训过程中，领军人才的德识才学得到名师指导，使领军人才在继承与创造过程中与同行相比，少走弯路，成长更快，达到事半功倍的效果，能尽快成长为领军人才。②扬长避短规律。人各有所长，也各有所短，这种差别是由人的天赋素质、后天实践和兴趣爱好所形成的。领军人才不可能是方方面面的全才，领军人才大多数也是扬其长而避其短的某方面或者某领域的拔尖人才。③最佳年龄规律。领军人才具有一个最佳年龄区间。④马太效应规律。社会对已有相当声誉的科学家做出的特殊科学贡献给予的荣誉越来越多，而对那些还未出名的科学家则不肯承认他们的成绩，这种现象被称为"马太效应"。因此，应给那些具有发展前途的潜在领军人才以大力支持。⑤期望效应规律。人们从事某项工作，采取某种行动的动力，来自个人对行为结果和工作成效的预期判断。更高的期望目标也是激励领军人才取得更大成就的重要动力。⑥共生效应规律。人才的成长、涌现通常具有在某一地域、单位和群体相对集中的倾向。就是在一个较小的空间和时间内，人才不是单个出现，而是成团或成批出现。⑦累积效应规律。人口资源、人力资源与人才资源是三个逐层收缩的金字塔，高层次人才居于塔尖，高层次人才的生成数量取决于整个人才队伍的基数。⑧综合效应规律。人才的成功与发展离不开自身素质和社会环境两个条件。前者决定其创造能力之大小，后者决定其创造能力发挥到什么程度。⑨合理流动规律。领军人才合理流动是领军人才尽快成长的重要途径。鼓励国家领军人才培训基地的领军人才合理流动。领军人才合理流动能激发其二次创业。人才流动，特别是领军人才的流动是国际化与全球化的必然趋势。建议尊重人才流动与领军人才成长的规律，制定相应的激励机制和政策，鼓励领军人才在合理流动中快速成长，但也要限制不合理的炒作和恶意竞争。

最后，为领军人才建立学科特区。为领军人才建立学科特区，把培训基地创新与领军人才培训有机地结合起来。

第二，建立国外培训基地。由政府部门或国内一流大学牵头，与世界一流大学合作，在世界一流大学建立中国领军人才国外培训基地。与这些基地建立领军人才学术交流制度，定期选拔领军人才到国外培训基地进行学习培训和学术交流。之所以提出这一措施，是基于两方面考虑：①主要发达国家成为培养领军人才的主要国家。②世界一流大学成为培养领军人才的主要场所。

（3）培养高等学校科研团队领军人才。随着我国创新型国家建设进程的不断深入，我国经济社会和科技教育发展应该进入超越阶段，我国在国际人才竞争中面临的形势将会越来越严峻，领军人才不能也不可能长期依赖海外来培养，要尽快树立领军人才必须立足国内培养的理念，坚持早期介入、分阶段发展、长期扶持的方针，在综合素质养成、专业能力形成、创新能力激发、领军能力完成等不同阶段为领军人才成长创造条件、营造氛围。

领军人才作为高层次创新人才，其生成数量取决于整个创新人才队伍的基数。培养领军人才，须以培养大量的创新人才为基础。要培养大量的创新人才，必须彻底改革应试教育，全面推行创新教育。在推行创新教育、培养创新人才的基础上，制定领军人才培养政策，建立领军人才培养基地，设立领军人才培养基金。

第一，制定领军人才培养政策。把培养领军人才作为建设创新型国家的一项基本国策和战略措施，加快世界一流大学建设步伐，以创新教育为基础，制定领军人才培养政策。创新教育是培养领军人才的基础。创新教育是旨在培养创新性人才的教育。培养领军人才需要建立创新教育生态系统，以中小学创新教育为基础，同时建立以培养创新人才为导向的高等教育政策。

第二，建立领军人才培养基地。加强本科生、研究生和博士后人才培养，为领军人才成长提供优质平台。一方面，国家可以明确在某些研究型大学的优势学科建立领军人才培养基地。在领军人才培养上，研究型大学具有优势累积效应，优质的本科教育是其成长的重要基础。为实现我国领军人才国内培养的目标，可以在某些研究型大学的优势学科建立领军人才培养基地，遵循领军人才的成长规律，发挥自己应尽的效用，提供优质的本科教育，为这些潜在科技精英打好宽厚的基础。具体表现在：开展真正意义的通识教育和创新教育，培养学生的创新思维和创新能力，使其形成网状的知识结构；减轻学生每学期的课程负担，扩大选修课的比例和选择面，给学生更多的学习自由；建立本科生和研究生共选课程，让学有余力和对某一课题感兴趣的学生提前深入学习相关学科和课程。另一方面，在领军人才培养基地实行更加宽松的学术自由小环境。营造宽松的学术自由与民主探究氛围，对提升我国研究生教育、培养领军人才的能力尤为重要。也只有这样，才能培养出越来越多具有学术自由观念的领军人才，才能促进国人思想观念的改良，从根本上促进我国政治、经济、社会等整体面貌的改善，才能促进我国成为具有持续创新能力的国家。

第三，设立领军人才培养基金。为支持领军人才培养基地更好地培养领军人才，设立领军人才培养基金，为未来领军人才提供一流的成长空间。领军人才培养基金主要用于两个方面：①重视和落实本科教育的奠基作用，加大对本科教育的投入。研究型大学本科教育是一项需要投入巨大资源的事业。领军人才在素质养成阶段具有不同于一般学生的学习特点和兴趣特点，为提供符合领军人才兴趣、能力和学习风格的优质本科教育，进行的各项改革和完善都需要投入人力、物力、财力等各种教育资源。为实现领军人才国内培养的目标，应加大对本科教育的资源投入，为领军人才研究生阶段的学习和后期的学术发展奠定厚实的基础。对具有领军人才潜力的重点大学本科生，实行领军人才培养基金补助政策，为领军人才获得更好的本科教育创造条件。②加大对研究生教育和博士后研究的资助力度。建立健全多样、完善的资助体系，不断改善研究生和博士后的生活待遇；采取多种形式把经济资助与能力锻炼结合起来，通过提供各类助学、助研、助教岗位，既可以改善研究生和博士后的经济状况，又能提升其能力水平，为未来领军人才从事科学研究、开展科研交流提供充足的经费支撑。

（三）高等学校科研团队建设的增加投入

要扩大高等学校科研团队总体规模，必须加大高等学校科研团队经费投入。没有经费投入增长，扩大规模就是空谈。要确立超前发展战略，树立高等学校科研团队特别是创新团队的经费投入是建设创新型国家的一种战略投资理念，确保创新团队财政经费投入增长速度不低于同级财政科研经费的增长速度，各级科研经费投入的增长速度不低于同级财政经常性收入的增长速度，高等学校自身创新团队经费投入的增长速度不低于高等学校自身科研经费的增长速度；高等学校自身科研经费投入的增长速度不低于高等学校自身经常性收入的增长速度。完善以各级主管部门为主、科研团队所在单位为辅、社会化多渠道的投入机制，对科研团队特别是创新团队承担的科研课题、重大项目和创新平台建设在经费安排上实行重点倾斜；中央财政应通过基金委、教育部等多种途径给予高等学校等研发单位在人才培养、引进、项目研发等方面连续稳定的资助；地方政府特别是省级政府也要加大财政投入力度，逐步形成在基础研究方面以投入为导向，在开发研究方面以市场投入为导向，在应用研究方面以混合投入为导向的科研团队建设经费投资回报机制，促进经费投入与创新回报步入良性循环。

第一，国家层次科研团队是以国家级实验平台、研究中心、计划项目、科研课题为依托组成的科研团队，是我国高水平科研团队的代表，包括以国家自然科学基金（基金委）、国家社会科学基金等为依托组成的科研团队。中央政府要加大国家财政经费投入力度，扩大国家层次的科研团队规模。除了竞争性科研投入外，中央财政还应拨出一定科研专款作为高等学校教师均等化科研资金，以便高等学校教师自由组成科研团队。

第二，增加地方层次的科研团队经费投入。地方层次的高等学校科研团队也是高等学校科研团队的重要组成部分。由于地方高等学校很难申报国家层次的科研团队，因此，中央政府应当鼓励地方政府加大高等学校科研团队经费投入力度，对地方政府的科研投入实行奖励或处罚配套政策，为建立高等学校科研团队生态系统奠定基础。地方政府应当主动出台政策，加大科研团队经费投入，扩大地方层次的科研团队规模，并拨出一定数量的专款组建一定数量的地方创新团队。同时，地方财政还应拨出科研专款作为地方高等学校教师均等化科研资金，以便高等学校教师自由组成科研团队。综合运用财政、税收、金融等多种经济手段，加大对高等学校特别是地方高等学校科研团队建设的扶持力度，促进地方高等学校发展，为区域创新培养创新人才，为地方经济社会发展打下基础。

第三，增加高等学校层次的科研团队经费投入。高等学校层次的高等学校科研团队是高等学校投入自有资金组建的科研团队。中央政府和地方政府应当出台政策，鼓励高等学校特别是地方高等学校自筹资金组建校级科研团队。高等学校应当拨出专款，组建一定数量的校级科研团队和校级创新团队，为申报省级和国家级科研团队和创新团队打下基础。科研实力比较弱的地方性高等学校，也应当积极筹备资金，组建一定数量的科研团队，并拨出专项资金最少组建一个校级创新团队，以便对全校科研工作起到示范作用。各级各类高等学校要在科研均等化方面做出一定努力，增加一定数量的科研均等化经费，把科研竞争机制和科研均等化有机地结合起来，形成制度，建立高等学校科研团队金字塔生态系统。

（四）高等学校科研团队建设的完善评估

完善评估是促进高等学校科研团队创新的重要手段。虽对不同科研团队很难用统一的评估标准进行评估，但在建立长效评估机制、设计合理评估指标两个方面具有共同性。

1. 建立长效评估机制

科学研究需要尊重科学研究规律，注重长期效益，应延长评估时间，反对急功近利，因此，建立长效评估机制是建立科学合理的高等学校科研团队评估体系的必然要求和基本前提。

（1）尊重科学研究规律。建立科学的高等学校科研团队评估体系必须尊重科学研究规律。高等学校科研团队的主要使命就是进行科学知识的生产，且科学知识的生产也是评估科研团队绩效的基本依据。当代科学知识的生产呈现出许多新的特征，生产的过程与规律也在发展变化。对高等学校科研团队而言，要提高科研绩效，就必然要探索和遵循当代科学知识生产的规律和规则。论文发表是科学知识生产的主要表现形式。在科学知识的生产过程中，研究者也会通过某种方式发生联系。一篇科学论文常常要引用大量的文献，论文的被引频次也是文献计量学中的一个重要的指标，常用来证明一篇科学论文水平的高低。研究者在撰写科学论文时，经常要通过引证，特别是对权威性文献的引证，使论文变得坚不可摧。研究者通过研究得出了某项成果，在经过确证并成为核心知识之前，必须通过交流与评价的漫长检验。对高等学校科研团队而言，只有掌握当代科学知识运作规则，遵循科学知识生产规律，才有可能提高科学知识生产效率，进而提高科研团队的工作绩效。因此，对高等学校科研团队进行评估，必须尊重科学研究规律，建立长效评估机制。

（2）确定合理评估时间。科学研究规律表明，高等学校科研团队的创新成果，在经过确证并成为核心知识之前，必须通过交流与评价的漫长检验。所以，对高等学校科研团队进行评估，必须改变目前存在的重短期轻长期问题，适当延长评估时间。一是改变目前一年考核一次的方法，可以考虑两年甚至更长时间的考核周期，特别是对部分基础性自然科学研究和部分重大科研项目，更要延长评估时间，以便高校科研团队及其成员潜心研究。二是把事前评审和事后评估结合起来。在高校科研团队项目实施中，可以把事前评审和事后评估结合起来，特别要加强对团队支持期满的绩效评估，这样既可以提高科研经费的使用效益，也有助于评价科研团队运行发展与目标完成情况，为后期的跟踪管理奠定基础。对科研效益明显、创新成绩突出的科研团队，可以采取滚动投入的方式加以稳定支持，使他们能在宽松的环境下提高持续创新的能力；对团队效果不明显甚至根本没有进行实质性团队工作的，则进行淘汰或相应处理。三是把期间评估和累计评估结合起来。所谓期间评估就是阶段性评估，所谓累计评估就是到目前为止对该团队（所有成员）取得的所有成果逐年累计，进行总体评估。如此评估可以不以某一阶段成果论成败，而是看科研团队累积的长期成果，有利于科研团队潜心进行长期研究，取得重大科研成果。

2. 设计合理的评估指标

设计合理的评估指标，就是依据科学的方法，综合考虑高等学校科研团队在科研过程中取得的所有成果，包括团队投入、团队产出、团队效益等评估指标，全面合理评估团队绩效。合理设计科研团队评估指标体系可以从三个方面考虑：①借鉴发达国家的经验，建立科学合理的科研团队评估指标体系，推进个体科研评估和科研团队评估规范化和法制化。②成立国家科研评估专题研究课题组，专门对个体科研评估与科研团队评估进行研究，设计出科学合理的个体科研评估指标体系与科研团队评估指标体系。③加强科研评估立法，借鉴发达国家对科研评估的立法经验，修改科技进步法，在其中设立专门章节，或者制定专门的科研评估法，详细规范科研评估行为。

设计合理的评估指标，要先正确处理全面评估与重点评估之间的关系。全面评估是科学合理评估的前提，由于评估科研绩效具有复杂性、专业性等特点，过于简单的指标很难精确评估科研团队的创新成果，但指标过于复杂，评估成本又很高。因此，正确处理全面评估与重点评估的关系，就要在尽可能简化评估指标体系的情况下，全面评估高等学校科研团队绩效，需要注意三个方面：①评价内容要全面考虑。评估高等学校科研团队绩效，不仅要评估科研团队的研究水平和科研成果，而且要评估高等学校科研管理机构，甚至政府科研管理机构的科研管理水平和管理效果。②指标设计要抓住重点。全面考虑评价内容，在进行指标设计时要抓住重点内容，把团队投入、团队产出、团队效益等作为评估指标的主要内容。③指标体系要综合平衡。确定高等学校科研团队评估指标体系时，要综合考虑各种因素，重视整体评估、质量评估、运行评估、长期评估，把个体评估与整体评估、数量评估与质量评估、产出评估与运行评估、短期评估与长期评估结合起来。此外，还要把统一评估与分类评估结合起来。

二、高等学校科研团队创造力

高等学校科研团队由不同的主体组成，他们能不能在科学研究的过程中通力合作，使个体创造力产生协同效应，关键在于是否有良好的机制加以保障。

（一）创造力形成的动力机制

动力是事物主动变化的原因，它使得事物产生目的性变化。动力机制是指推动事物形成和发展的动力要素以及这些要素在事物发展过程中如何起作用。因此，动力机制是一个合力系统，它由多个相互交错、相互关联的动力要素构成一个整体，并具备开放性、自我优化性和自适应的特性，能对系统的要素进行一定的调整。

1. 创造力形成的动力因素分析

（1）高等学校科研团队创造力形成的内部动力因素。高等学校科研团队内部的动力是知识创造动机和知识创造行为产生的基础，也是高等学校科研团队创造力产生的根源。高等学校科研团队本身知识创造的要求越强，知识创造的动机也就越强，知识创造的行为也就越频繁，团队创造力的形成也就越稳定。高等学校科研团队创造力形成的内部动力主要包括团队成员之间的竞争与协同、团队负责人的创新精神和领导行为、团队知识创造氛围、团队内部的激励机制等。

第一，团队成员之间的竞争与协同。高等学校科研团队创造力的产生和团队成员之间的互动关系紧密相关。在高等学校，这种互动关系主要包括导师和研究生之间的互动关系、学术带头人和骨干教师之间的互动关系、骨干教师之间的互动关系、研究生之间的互动关系等。后三种互动关系存在一定的合作与竞争关系，为了解决科研项目中的各种难题，需要团队成员进行信息交流、及时沟通科研体会，分享科研想法、思路，必要时需要定期开展学术研讨会、交流会等，共同分享团队成员的知识。因此，部分复杂重大的科研课题攻关需要团队成员进行合作知识创造。此外，团队成员在合作进行知识创造的过程中为了争取各自的利益也会不断展开竞争，努力完成各自科研项目的子课题。

第二，团队负责人的创新精神。高等学校科研团队创造力的形成，离不开团队负责人的创新精神。高等学校科研团队负责人是团队的核心、灵魂和领军人物，起到凝聚人心、引领科学研究方向、推动团队内部沟通、协调、管理、创新和知识创造等活动进程的重要作用。其创新精神体现在创造力、实施能力、创造价值等方面。

创造力是创新精神的核心，高等学校科研团队负责人的创造力则主要体现在具有洞察先机的创新思维和把握学术方向的能力，对国家发展的需求要有战略眼光和前瞻性，能凝练出重大课题并引领团队成员围绕其开展科学研究工作，进而取得高水平的重大创新型科研成果。实施能力是知识创新得以实现的关键，高等学校科研团队的负责人不仅要具备深厚的业务基础，高超的学术水平，而且还要具备管理方面的领导才能，要有极强的亲和能力和组织能力，良好的人际交往能力和沟通能力，同时能够鼓励团队成员之间充分沟通，乐于分享，让团队成员之间产生相互依赖、相互扶持的感觉，发展团结协作、共同进取的工作关系。必胜信念是团队负责人的一种奋发向上的境界，能激发团队成员从事科学研究的热情和积极主动的态度。

此外，团队负责人的最大作用就是培育和传播一种文化或精神，让整个科研团队拥有一个共同的理念、目标和行为准则，同时为团队成员营造良好的知识创造氛围，促使团队创造力持续、良性地发生演化。创造价值是创新精神的重要体现，高等学校科研团队负责人学术方向选择是否正确、是否可行，直接关系到这个团队的努力是否得到回报，而正确的学术研究方向，一定是要在结合团队自身比较优势的基础上，了解市场技术需求与学术前沿发展趋势，提出基础性、前瞻性、战略性的科学研究课题，研究与开发出市场前景或应用领域更加广阔的关键技术。

第三，团队内部氛围。氛围的形成是人与情境相互作用的过程，取决于人和环境两方面的因素。团队内部氛围不但从整体上反映支持创造力的环境因素，而且也反映了团队成员知觉的影响因素。团队内部氛围包括心理氛围和团队氛围两个层面，心理氛围是关于团队成员感受到的团队的政策、实践和程序所形成的心理产品，是个体层面的变量；而团队氛围是团队成员对团队目标、团队运作、团队结构等具体情景形成的一种共同的认知或心理体验，是同一团队内部不同成员对工作环境形成的一致感知，它能够通过高等学校科研团队成员的知觉影响到其行为动机和工作表现，是团队层面的变量。部分学者在研究中也发现任务的复杂程度、工作场所的环境、奖励与评估的方法、同事及上下级的关系等都在不同程度地影响团队成员的创造力，从而影响团队成员合作所产生的团队创造力。良好的团队氛围可以使团队成员非常有效地发挥其创造知识和运用知识的技能。因此，高等学校科研团队内部氛围在团队创造力的形成过程中扮演着非常重要的角色。

第四，内部的激励机制。激励是组织行为学中调动、启发工作人员积极性的一种方法，是激发人的动机、加强人的意志、使人产生一种内在的精神动力、朝其所期望的目标前进的一种心理活动过程。对于高等学校科研团队而言，激励的目的是为调动科研团队成员工作的积极主动性，推动团队各项科研工作的顺利展开，使科研团队成员忘我工作、努力钻研，充分发挥自己的聪明才智，获取丰硕的科研成果。因此，激励也是一种团队满足科研人员需要、引导和强化其行为的过程，它是高等学校科研团队管理中的重要内容。激励机制强调以人为本，在一定条件下，科研团队负责人采用规范化、科学化、相对规定化的有机组合手段去激发团队成员的工作积极性，以提高其绩效，实现团队主体的科研奋斗目标。研究发现，激励机制的有效实施，可以大力提升个体创造力、提高个体满意度、强化和修正个体行为、调动个体的工作积极性和开发个体的潜在能力。因此，激励机制是高等学校科研团队进行知识创造的内部动力，是提高高等学校科研团队科研能力与绩效的保证。

（2）高等学校科研团队创造力形成的外部动力因素。高等学校科研团队创造力形成的外部驱动力，指团队所在的环境供给因素对团队创造力系统的推动作用，主要包括科研需求的推动力、科学技术的推动力、外部环境的竞争力以及组织支持行为。

第一，科研需求的拉动力。知识经济时代，新技术、新理论不断涌现，科学研究课题也向高难度、跨学科、多元化的方向发展，其中，有相当多的科研课题是根据国内外形势发展的需要，由科学院等牵头组织，这些课题大都科技含量高、具有很好的开发和应用前景，这些难度较大的科研课题大都要求高水平的科研团队来完成，在完成重大科研项目的过程中，科研项目的复杂程度、时间上的紧迫程度、经费上的节约程度、人员配合的协同程度，将直接影响高等学校科研团队创造力的形成。反之，当高等学校科研团队创造力不断提高，高等学校科研团队自身得到发展，学术声誉提高，会激励其去承担更高水平、更复杂的科研项目，从而产生新一轮的知识创造，经过如此循环往复，高等学校科研团队创造力将朝着较高水平的方向不断演化。

第二，高等学校科技创新体系建设的推动力。进入知识经济时代，高等学校以其特殊地位和作用，在国家科技创新体系中扮演着重要的角色。高等学校科技创新体系由内外部两大系统和科研团队、学科结构、科研平台、产业化平台、制度创新、后勤保障、政府、企业、科研院所、中介机构十大要素组成。同时，也看到高等学校科技创新体系是加强学科建设、增强学术实力的根本措施，是培养、锻炼学术队伍的必由之路，是增强学校经济实力的主要途径，因此，高等学校科技创新体系，为高等学校科研团队创造力的形成提供了条件和土壤，起到了一定的推动作用。

第三，外界环境的竞争力。高等学校科研团队创造力的形成离不开外界环境的需求，外界环境也为高等学校科研团队创造力的演化提供各种资源，这些资源包括生源、师资和资金等。对于高等学校科研团队而言，资源的获取并不是无节制，资源的有限性和资源提供方的选择性，要求高等学校科研团队必须通过竞争来获取资源，这些竞争主要体现在四个方面：①对获得政府各种资源支持的竞争；②对优质生源的竞争；③对优质师资的竞争；④对企业、国内外其他高等学校、银行等资源方提供资源的竞争等，除在资源领域的竞争外，我国高等学校科研团队还在教学水平、科研水平、社会服务水平等方面存在竞争。此外，高等学校科研团队也在重点学科、重点实验室、重点研究基地、博士硕士授权点等方面存在竞争。因此，高等学校外部激烈的竞争环境也不断促使高等学校科研团队创造力的提高，反之，只有高等学校科研团队创造力不断得到提高才能适应外界环境剧烈的变化。

第四，组织支持行为。高等学校科研团队成员合作进行知识创造时离不开组织支持。组织支持行为主要通过四个方面来发挥作用：①促使高等学校科研团队成员产生义务感，来帮助组织实现目标；②促使高等学校科研团队成员产生对组织的情感承诺。高等学校科研团队成员如果感受到组织或学校对其工作、生活等方面的关心，他们对组织或学校的感情就越深，在工作中就会更加努力；③增强高等学校科研团队成员对自身能力的信心。自信心是一个人对自身价值和能力的充分认识和评价，不断地为团队成员提供组织支持，增强他们的自信心，使他们勇于承担知识创造的风险，在成功的喜悦中不断增强自信心，形成创造的内驱力；④促进高等学校科研团队形成良好的团队文化。成功的团队建设能够创造出优秀的团队文化，而优秀的团队文化能够增强团队成员的凝聚力和向心力，约束、激励团队成员的行为，代替团队刻板的规章制度，不断提高高等学校科研团队的创造力。因此，组织支持行为力度的大小在一定程度上决定高等学校科研团队创造力的高低。

2. 创造力形成的动力机制分析

高等学校科研团队创造力形成的动力机制，实质上是协同团队内部诸要素之间的互动关系的总和，是一种比较活跃的带有动力源性质的机制。

（1）高等学校科研团队创造力形成的内部动力机制分析。高等学校科研团队创造力在利益驱动力、激励机制、团队负责人的创新精神、团队氛围以及团队成员之间的相互作用等内部各种动力要素的共同作用下形成。

第一，成员之间的竞争与协同作用是内部动力机制形成的核心作用力。高等学校科研团队内部各要素之间，以及各要素与环境之间既存在整体同一性又存在个体差异性。团队内部的同一性表现为协同因素，个体之间的差异性表现为竞争因素。在团队层面上，团队负责人和团队成员之间存在着竞争与协同关系。在个体层面上，就团队教师而言，各个教师为了评职称、为获取各种荣誉、地位与好的待遇，彼此之间存在着种种竞争，但有时为了科研攻关、科研获奖、提高教学水平等，各个教师又需要相互学习、相互借鉴、取长补短，通过和其他教师之间的合作来实现共同的利益协同。就学生而言，学生们为了获得老师的青睐与重视，为获得奖学金和各种荣誉，学生之间也存在着各种各样的竞争，同理，有时为解决学习中遇到的难题，为提高解决问题的能力和水平，同学之间又需要互相帮助、互相学习，通过共同进步实现同学之间的利益协同。因此，团队成员之间的竞争与协同作用，是团队创造力形成和演化的真正动力源泉。

第二，成员之间的竞争与协同作用与其他动力因素之间彼此相互作用，并共同推动团队创造力的形成。高等学校科研团队成员之间的竞争与协同作用并不是孤立运动的，而是在利益驱动力、激励机制、团队负责人的创新精神与团队氛围的共同作用下，发生竞争与协同关系，同时，成员之间的竞争与协同关系又影响上述动力因素，随着时间的推移，个体创造力最终整合为团队创造力。但是也应该看到内部各种动力要素的相互作用，既产生推动团队创造力形成的动力，又产生阻碍团队创造力形成的障碍力，究竟哪种力量主导着团队创造力的形成，取决于团队内部各种动力因素的相互作用方式和作用强度。因此，团队内部各种动力要素彼此相互作用，共同推动团队创造力的形成，并且其形成路径具有一定的不确定性。

（2）高等学校科研团队创造力形成的外部动力机制分析。高等学校科研团队创造力是在科研需求、高等学校科技创新体系、组织支持和环境竞争力等外部各种动力要素的共同作用下形成。

第一，高等学校科研团队创造力形成的外部动力来源于组织和社会各种因素的协同作用。高等学校科研团队会因为所处外界环境的不同而产生不同的团队创造力表现。来自团队外部组织的支持，是推动团队创造力形成的外部直接动力，在团队合作知识创造过程中，团队成员会通过组织对他们采取的支持性和非支持性措施，来判断组织是否重视他们的贡献、是否关注他们的幸福，这种判断会影响成员个体的知识创造行为以及个体的合作知识创造行为。

团队成员在良好的组织支持下，会自主产生知识创造的欲望与意识，从而推动知识创造行为的产生。创造力的形成与外界环境之间有着密不可分的联系。这些外界环境因素通过各种形式和媒介进行传播，形成某种特定的环境氛围环绕在个体周围和团队周围，潜移默化地影响个体和团队的价值取向、思维方式和科研态度，从而间接地影响个体和团队的知识创造行为。高等学校科研团队创造力正是在直接和间接动力因素的协同作用下不断形成和发展的。

第二，高等学校科研团队创造力形成的外部路径是：外部动力要素—团队合作知识创造过程—团队创造力—学术影响力—外部动力要素。来自组织和社会的动力因素可以看成团队外部的环境变量，这些环境变量可以促进和改变团队合作知识创造的部分过程。在团队从事合作知识创造的过程中，个体创造力得到有效整合而形成团队创造力，团队创造力的外在表现就是各种高水平的论文、课题、专利、获奖等各种科研成果，这些科研成果得到国家、社会、企业、学校等的应用和好评，提高团队学术影响力，团队学术影响力越大，社会及组织对其关注度越大，因为参与外部竞争的能力不断增强，社会及组织对团队的科研需求就会越大、所给予的支持行为就会越多，对团队合作知识创造的影响也会越大。

（二）创造力形成的自组织机制

1. 创造力形成的自组织特征分析

高等学校科研团队创造力的形成离不开其生存发展的环境，高等学校科研团队成员的行为对环境有影响，环境对高等学校科研团队的成员行为也有反作用，高等学校科研团队创造力系统，需要从高等学校提供的科技创新平台、重点科研基地、重点实验室等获取物质、能量和信息。首先，高等学校科研团队成员从事科学研究时，需要外部环境提供的资金、设备和人员；其次，科研任务的选择在一定程度上也来自外部环境的需求和干预；最后，科研成果的优劣也需要外界环境的评价。因此，高等学校科研团队创造力系统不断发展的一个重要的特征就是系统具有开放性，以适应高等学校科研团队外部环境的变化。

高等学校科研团队创造力系统随着时间的变化而不断发生变化，而时间是不可逆的，且系统内部呈现出不同程度的非均匀和多样化的特点，团队内部的资源分布、子系统的发展情况等方面都是非平衡的，处于非平衡状态。在高等学校科研团队创造力系统中，这种非平衡性表现为创造主体的异质性，即团队成员的异质性，表现为团队成员在性别、年龄、职称、知识背景、技能、经验、工作风格等方面的差异性；创造过程的异质性，表现为团队成员在创造性思维过程和创造性活动过程方面的差异性；创造成果的异质性，表现为团队内部显性知识成果和隐性知识成果的差异性。

高等学校科研团队创造力系统各个要素之间的非线性相互作用，使各个要素之间产生协同作用和相干效应，这样系统才能从无序变为有序。高等学校科研团队创造力系统中各要素间的非线性相互作用，主要体现在三个方面：①团队成员创造力、团队创造力和外界环境之间的相互作用；②创造主体、创造过程、创造成果和外界环境之间的反馈作用；③科学研究过程中，知识获取、知识转化、知识整合、知识创造、知识共享与扩散等环节的协同作用。正是这些作用的影响形成推动或阻碍团队创造力发展的非线性作用力。

在高等学校科研团队创造力的形成过程中，会遇到很多涨落因素。部分来自内部，称之为内涨落；部分来自外部，称之为外涨落。影响高等学校科研团队创造力的内涨落包括个体和团队两个层面，个体层面主要是个体人格特征的变化、个体思维风格的变化、个体动机的变化、个体知识的增长等；团队层面主要是团队组织结构的变化、团队知识共享行为的变化、团队内部规范的变化、团队凝聚力的变化、科研项目任务特性的变化、团队的冲突和互动行为、领导行为的变化、团队激励机制的变化等。影响高等学校科研团队创造力的外涨落主要有四个方面：组织知识创新的氛围的变化、组织目标的变化、组织文化的变化、组织结构的变化等。

2. 创造力形成的自组织机制分析

高等学校科研团队创造力的自组织，指团队创造力系统，无须外界指令而自行通过团队创造力系统中的创造成果，促进创造主体和创造过程的相互作用，使其适应动态环境的变化，从而促进高等学校科研团队实现与动态环境的协调发展，即高等学校科研团队创造力系统自组织演化，是根据该系统自身运动变化的规律和特定条件而自发形成的。

高等学校科研团队创造力是一个开放的复杂系统，在与外界不断地交换能量、信息等的同时，获得自组织演化的动力，其自组织演化过程可以分为两种情况：自稳定过程和自重组过程。高等学校科研团队创造力的自稳定过程，是指涨落低于"临界状态"的条件下，通过渐进性和连续性的自组织，高等学校科研团队创造力的涨落，向原有高等学校科研团队创造力均衡状态回归，增强原有高等学校科研团队创造力的水平。高等学校科研团队创造力的自重组过程，是指涨落高于"临界状态"的条件下，通过非线性产生放大作用，原有高等学校科研团队创造力系统失稳并出现分叉，一种崭新的高等学校科研团队创造力出现并取代原有高等学校科研团队创造力系统，这个过程具有突变性和非连续性的特征。突破原有高等学校科研团队创造力系统稳定性的因素主要有以下方面：

第一，创造主体素质的不断提高和科研实力的不断增强，即创造主体知识结构的合理匹配、思维风格的不断调整、人格特质的不断提高，合作动机的不断变化。合理的知识结构有利于同化原有知识概念而形成新观点、新概念。知识结构越合理，各部分的知识协调得越好，创造力的系数就越大；思维风格是运用能力的一种偏好，它本身不是能力，只有将思维风格和能力相匹配产生协同作用，才能产生远大于两者的创造力量。创造性人格是创造性主体能力结构中的关键要素，是影响创造活动能否成功的先导性因素，团队创造性人格的不断提高，有利于整个团队突破以往知识创造的模式、惯例，不盲从、不顺从已有经验和规则，勇于探索新的知识、新的发现，并有坚韧不拔取得最后成功的耐心和勇气。动机是指由特定需要引起的，满足各种需要的特殊心理状态和意愿，动机具有激活、指向、维持和调整的功能，合作动机是高等学校科研团队具有能动性的一个主要方面，具有发动合作知识创造行为的作用，能够推动高等学校科研团队产生某种互动，使高等学校科研团队从静止状态转向活动状态，高等学校科研团队合作知识创造动机，发生变化必然影响团队创造力的形成和演化。

第二，创造过程的不断变化和更新。从目前的研究成果来看，国内外学者普遍认为，团队知识创造过程和团队创造力紧密相关。创造性的思维来自创造性的实践活动。创造性的思维活动是高等学校科研团队创造性得以发挥和创造成果得以形成的决定因素，创造性思维能力的强弱在很大程度上决定团队创造能力的高低。创造性思维能力是多种思维能力的有机组合，包括发散思维和聚合思维、横向思维和纵向思维、逆向思维和正向思维、潜意识思维和显意识思维，各种思维能力互为补充，共同推动创造性思维的进程。

第三，团队创造主体、团队创造过程和团队创造成果三者之间的相互影响和相互作用，以及和外界环境之间互动关系的频繁发生。高等学校科研团队创造力，通过外界环境对团队创造成果的评价和感知来调整团队创造主体和团队创造过程的相互作用，并促使高等学校科研团队实现与团队外部环境的协调发展。随着高等学校科研团队的不断发展和壮大，团队创造主体、团队创造过程和团队创造成果之间的匹配程度，以及三者和外界环境之间的匹配能力会越来越强，匹配的过程会随着高等学校科研团队创造力系统的不断演化而长期存在。

第四，外界环境的不断变化和剧烈变化。在高等学校科研团队内部互动过程中及与外界环境的互动过程中，当外部环境发生变化时，高等学校科研团队需要突破团队知识创造活动中的思维惯性和行为惯性，对外部环境产生新的认知，通过团队学习和团队知识分享，有意识地获取有关资源配置、知识创新、环境创造的新知识，并根据这些新知识对团队资源进行重新构建、整合以形成新的团队创造力，以新的团队创造力进行知识创造活动，并在与环境活动的过程中检验新的团队创造力与环境变化的匹配程度，以此作为进行资源配置和能力调整的依据。

换言之，由上述四个因素引起的微涨落如果能使高等学校科研团队创造力达到临界水平，就能得到放大而形成新的团队创造力，从而使原有团队创造力的结构和功能发生变化；若低于临界水平，这些因素所带来的影响将被衰减，而由它们引起的对原有团队创造力系统的扰动和微涨落就将消失，原有团队创造力的结构失稳将得到恢复。

（三）创造力形成的整合机制

高等学校科研团队创造力的形成是一个复杂的过程，需要由不同层次、不同水平、不同思维风格和不同人格特质的创造主体共同参与，且每个个体思考问题的角度，解决问题的方式、方法和程序都会存在差异，需要对来自不同个体的创造力进行整合。因此，整合机制在保证高等学校科研团队实现科研目标，加强各个参与方之间的交流与合作、协调利益各方之间的关系中起到了重要的作用。高等学校科研团队创造力形成的整合机制，主要包括适应融合机制、涌现机制、协同互补机制。

1. 整合机制的适应融合机制

高等学校科研团队创造力的形成完全依赖于个体创造力，但又不是个体创造力的简单相加，而是在一定的环境和问题情境下，通过个体创造力之间的相互作用，整合而表现出来的整体特性，因此，高等学校科研团队创造力更具复杂性和情境依赖性。当个体创造力通过整合转化为团队创造力时，个体也会从团队中吸收新的知识、新的创造技能、新的思维方式，不断形成新的人格特质和认知风格。经过不断的转化融合到个体创造力中，个体创造力得到提高和完善。适应融合机制主要体现在成员与成员之间、成员与团队之间知识和技能的融合、思维风格的融合、创造动机的融合、人格特质的融合、上述各种因素彼此之间的融合、上述各种因素与知识创造过程、知识创造成果的融合等方面。它反映了不同创造主体（成员、团队）在创造力整合过程中，新的创造力构成要素进入原有创造力构成要素体系并进行融合、转化的过程。

当某个成员个体创造力与另一个成员个体创造力或团队创造力进行融合时，都会经历碰撞与选择的过程，经过不断的碰撞与选择，适合双方的知识、技能、思维风格、人格特质、动机等就会保留下来，而不适合的就会被淘汰。适合双方的知识、技能、思维风格、人格特质、动机等因素还会经历进一步的筛选、吸收、融合和转化的过程，在这一过程中，双方的创造力始终处于动态的变化中，通过这种变化更好地适应外界环境的变化。适应阶段过后，这些适合双方的创造力构成因素进一步融入个体和团队原有创造力体系中，配合成员个体和团队不断寻找新的融合点，与个体创造力和团队创造力不断进行融合，并进行转化，最终成为个体创造力和团队创造力的一部分，形成新的个体创造力和团队创造力。

2. 整合机制的涌现机制

涌现是复杂适应系统的基本特征，在复杂性科学中，涌现是用来描述复杂系统层级结构间整体宏观动态现象的概念，是一种从简单子系统的相互作用中产生出高度复杂的聚集行为的现象，即复杂系统中的较低层次的子系统通过相互作用构成较高层次的系统时，部分新的属性或者规律就会突然一下子在较高层次的系统层面诞生，一旦将其还原到较低层次，则这些特征就不存在，涌现并不破坏单个个体的规则，但是用单个个体的规则无法将其解释。由于高等学校科研团队创造力的形成过程体现出非线性、自组织、远离平衡和吸引子等特征，因此，高等学校科研团队创造力的形成过程体现出较强的创造力涌现过程。

高等学校科研团队创造力是高等学校科研团队在整体层面涌现出来的一种功能状态，团队成员的个体创造力是形成团队创造力的基础，成员个体的创造力不是由先天因素固定下来，静止不变的，而是在内外部环境的影响下不断地变化和发展。高等学校科研团队成员之间以及成员与内外部环境之间频繁而有意义的相互作用过程，也是团队成员在相互作用的过程中不断学习和积累经验的过程，改变团队自身的结构和行为方式，底层个体通过相互间的学习和模仿，可以在团队层次上凸现新的知识结构、思维风格和行为方式，有更复杂的团队知识创造行为出现，即通过将个体层面不同的个体创造力水平进行有机耦合，使得成员个体层面的创造力在团队层面上形成一种涌现的结果。高等学校科研团队创造力的涌现性主要表现为创造性思维的涌现性、创造性活动的涌现性和创造性成果的涌现性。

高等学校科研团队创造性思维的涌现性是指团队为了实现科学技术研究、科研项目开发，使团队成员之间能动或被动地发生非线性相互作用，从而不断地进行信息共享，实现信息增值，最终产生"团队创造性思维的过程"。不同类型的解决方式，创造性思维的涌现形式是不同的。采用民主型的解决方式，每位成员的地位是平等的，任何一个成员都具有决策权，且成员之间可以相互交流，在提出解决方案时，每位成员可以自由发表意见，最终形成一个能被团队成员接受的解决方案，在这种解决方式中，团队成员思维间的碰撞和融合都是在团队成员间进行的，团队创造性思维的涌现体现在团队成员间。采用集中型的解决方式，成员之间没有任何沟通交流，团队成员向团队负责人提供解决方案，最终由团队负责人决定，在这种解决方式中，团队思维的涌现发生在团队负责人思维的内部。采用民主集中型的解决方式，团队成员需要事先进行充分的研究和讨论，然后由团队负责人根据讨论的结果决定，在这种解决方式中，团队成员思维之间的相互作用、融合在团队成员间进行，其涌现则是在团队负责人的思维中进行。

高等学校科研团队创造性活动的涌现性是指为适应环境的变化实现团队目标，个体与个体创造性活动彼此相互影响、相互作用和相互融合，涌现为团队层面的创造性活动。高等学校科研团队创造性成果的涌现性是指在适应环境的变化中，通过成员个体知识成果的不断积累以及个体知识成果之间的相互影响、相互作用，最终涌现为团队层面的创造性成果。因此，高等学校科研团队成员的创造性成果将最终涌现为团队层面的知识成果，包括科研项目的申请、科研获奖的申请等。

3. 整合机制的协同互补机制

协同互补机制是指高等学校科研团队创造力内部各组成要素之间相互作用、相互调节和相互补充，从而使高等学校科研团队创造力形成个体创造力所不具备的部分结构、特征和功能，团队创造力体现出各组成要素之间的协同互补效应。

高等学校科研团队是由不同知识创造主体组成的，每个知识创造主体的合作动机、思维风格、人格特质、知识体系和创造技能等要素都存在显著的差异。由于各种差异性的存在导致知识创造主体解决问题时会有不同的思维过程和不同的创造性活动出现，通过协同互补机制，可以弥补知识创造主体知识体系的不完备性，增加知识创造主体的创造技能、缩小知识创造主体合作动机的差异性，使知识创造主体更好地吸收和借鉴不同思维风格和人格特质所带来的良好效应，从而发挥出更大的知识协同效应和组合优势。

高等学校科研团队创造力形成的协同互补机制发生在团队学习活动中，通过学习，高等学校科研团队可以不断更新团队记忆，掌握更多的知识和能力，不断激发创造知识的灵感，增强知识创造能力。团队学习活动发生在研究生与研究生之间、研究生与导师之间、导师与导师之间、研究生与团队之间以及导师与团队之间。导师和研究生在知识储备、创造技能的应用程度和熟练程度、合作动机、科研经历、对学科前沿知识的把握和理解上以及思维风格和人格特质上必然存在一定的差异性，通过两者创造力构成要素之间的协同互补，以及两者与团队创造力构成要素之间的协同互补，可以更好地进行协同知识创造，提高知识创造的绩效。

第二节　高等学校科研绩效考核与激励策略

一、高等学校科研绩效考核

(一)　科研绩效考核的外部环境

高等学校是一个开放的组织系统，它的科研绩效考核活动自然会受到客观环境的控制和影响。组织是一个不断向环境输出和输入的开放系统，适应环境是组织的核心内容，正是组织与环境的关系决定了组织内部的结构和作业程序。适应环境的过程主要是各种反馈过程，而组织的决策和指挥体系则由信息过程所构成。组织（系统）存在于一个环境（超系统）之中，并且在这个系统之内还有一个子系统（组织的管理机构）。可见，高等学校作为一个专业性、学术性的社会组织，其管理体制的改革过程实质上就是这一社会组织新的组织模式建构的过程，也是组织变革的过程。这种变革主要源于两方面的压力，即外部环境压力和组织的内部情境压力。其中，外部环境的压力是指环境中其他组织实力的压力。对高等学校而言，至少有以下两方面的压力：①高等学校所在地的各级政府组织凭借其与高等学校的隶属关系对高等学校产生的压力；②国内、国外其他同层次高等学校对自身产生的压力。

因此，高等学校科研绩效考核活动也绝不是一个很偶然的单个因素决定的过程，而是涉及由科学技术、经济、法律和政策以及市场等多种因素相互作用所决定的系统动力过程。这些外部环境要素就构成了激发高等学校进行科研绩效考核的外生动力。一方面，环境决定系统，影响、作用、制约着系统；另一方面，环境也给高等学校系统提供各种信息和能量。一个好的环境会给高等学校系统创造良好的发展空间和机会，为高等学校提供良好的保障和支持，对高等学校系统起到积极推动作用。高等学校科研绩效考核的外部环境包括经济环境、社会文化环境、技术发展水平，以及市场需求和高等学校间竞争环境等要素。前三种因素对高等学校科研绩效考核的动力是间接发生作用的，政策以及市场两种因素来自市场需求和市场竞争等方面的压力和作用则是直接而强烈的。外部环境的一切刺激，包括社会需求的更新、市场竞争的复杂化、国家政策和体制的变化和干预、科技进步的影响推动等，必须与高等学校自身的利益直接联系起来，才能转化为对高等学校科研绩效考核的有效动力。

1. 外部环境的经济环境

作为社会活动组织，高等学校的运行离不开一定的经济基础。高等学校作为非营利组织，其发展目标不在于实现经济效益的最大化，而在于实现社会效益的最大化，如实现高等学校的办学质量、办学水平、社会声望和影响力的最大化等。因为只有实现这些内涵因素的最大化，高等学校才能不断地提高其核心竞争力，才能拥有充足的生源，才能筹集到更多的资源，才能保证其自身再生产流程的循环往复。

在现实中，这些目标必然会刺激许多高等学校偏重社会效益，不计投入与产出，全面追求社会声望及影响力的提高。就科研活动而言，部分高校不仅不会去考虑控制与降低科研投入成本，反之，为实现科研成果数量的累积，会不断加大投入，增加成本，甚至表现出科研成本最大化的倾向。因此，高等学校外部的经济环境的变化会对高等学校的科研绩效考核活动产生很大的影响。一方面，市场经济活动的多样性使高等学校的科研活动也呈现出多样性的特点，除各纵向课题的研究任务外，还有与高等学校外部企业联合的横向课题研究。前者注重项目结题成果的验收，而后者则更看重所带来的市场效益。另一方面，经济环境的竞争导致高等学校间的竞争愈发激烈。在市场经济环境下，高等学校间面临着师资竞争、办学经费竞争、科研项目竞争、生源竞争等问题，尤其是经费紧张的状况十分突出。为能在激烈竞争的市场经济环境中发展壮大，实现社会效益和经济效益双赢，高等学校科研管理必须适应市场经济条件下高等学校管理的要求，不断进行改革和创新。

经济全球化对我国高等教育的最直接的影响在于促进我国高等教育的国际化进程。人才的国际流动其实质便是人才在全球范围内参与竞争。人才在世界范围内的竞争本质上也就是高等学校品牌的全球竞争，如何在世界范围内树立自己的品牌，创立特色，便成为高等学校决策者们必须予以高度重视的现实问题，因为这已经关系到高等学校自身的生存环境问题。经济全球化会对我国高等教育市场带来很大的影响和冲击。

2. 外部环境的社会文化环境

文化是一个十分复杂的现象，从广义上讲，它概括了人们在社会历史实践中所创造的所有物质财富和精神财富。每一个社会都有和自己社会形态相适应的社会文化，包括一定的态度和看法、价值观念、道德规范以及世代相传的风俗习惯等。社会文化环境对高等学校科研绩效考核活动的影响，源于对大学文化的影响。大学文化是大学在长期办学实践的基础上，经过历史的积淀、自身的努力和外部环境的影响，逐步形成的一种独特的社会文化形态。它以"大学人"为主体，以知识及其学科（专业）为基础，主要凝聚在大学拥有的深厚的文化底蕴之中，是大学精神文化、物质文化、制度文化和环境文化的总和，是大学作为人类社会知识权威的文化基础，是人类先进文化的重要组成部分。大学文化是大学核心竞争力之所在，主要包括凝聚力、教育力、创造力和影响力，是大学赖以生存、发展、办学和承担重大社会责任的根本。

社会文化在转型中也影响着高等学校的变革，一方面，世俗文化与市场伦理将高等学校内部的教育与管理异化为功利主义的人才培养模式，这是转型期的社会文化对高等学校内部管理产生的最显著的负面影响，特别是使单纯的科研管理沾染了浓厚的市场味道；另一方面，高等教育在走向大众化的同时，也暴露出了发展效率与发展品质之间的矛盾。规模、层次的快速扩张，使得高等学校的资源配置与制度建设无法保持同步。高等学校教师队伍建设长期滞后于学校的发展，高等学校的教学改革滞后于知识传播方式的变革，高等学校科研考核落后于教师发展和高等学校办学定位的转型等诸多问题，在客观上加剧了高等学校内部管理的矛盾，削弱了高等学校凝聚力。社会文化与大学文化是相互连接、相互渗透、相互制约的系统与子系统的关系。大学文化虽然是构成社会文化系统的要素之一，但也是一个相对独立、相对稳定的子系统，这个系统并不是封闭的，在其形成和发展过程中是开放的、动态的系统。社会文化是校园文化系统的十分重要的输入来源，而且这种输入也不总是强制性的，大学文化总是要主动地选择和吸收社会文化中对其有益、能为其所用的东西。

大学文化的地位决定它必须与社会环境相适应，它的发生、发展都受到社会文化的制约和规定。社会文化在一定程度上影响着学校的办学方向、发展目标、人才培养的规格、教师队伍的管理方式等内容。

社会文化是大学文化的源泉，大学文化与社会文化相脱离，就会成为无源之水、无本之木，大学文化能给社会文化以丰富的营养，促进社会文化的发展。但是，不管它们如何相互渗透，都是在二者对立统一的矛盾运动中实现的。从这两种文化形态各自的主体来看，每一种文化形态都含有自己的对立面，都不能把外在的对立转化为自身的内在对立。社会文化是社会的主文化、大文化、起主导作用的文化，大学文化是置身于社会文化大背景下的一种独具特色的亚文化，属于社区文化的范畴。二者的不同之处在于：一是从形式上看，大学文化与社会文化范围不同。大学文化表现于学校内部，本质上是社会文化领域中的一个局部的特殊文化形态；社会文化是存在于社会各个领域的一般文化。二是从内容上看，大学文化与社会文化的活动方式、活动产品不一样。

大学文化的活动方式主要是教与学的各个环节及其环境；社会文化的活动方式是社会

生活本身，是以物质生产实践为基础的各种各样的实践活动。大学文化的活动产品，同其教学方式、思维方式、科研方式等相适应，主要表现为精神产品，使教师和学生的思想观念和知识水平要达到新的境界；社会文化的活动产品，是实践活动的产物，包括精神产品和物质产品，而且物质产品是其主要的和基本的产品。但这些差别并不影响社会文化与大学文化间的联系，大学文化也是社会文化的重要组成部分。社会文化包含大学文化。一般而言，两者的关系既有部分与整体、局部与全局的性质，又有个别与一般、特殊与普通、个性与共性的性质。综观社会文化与大学文化的联系，社会文化占主导地位，大学文化具有从属性。

3. 外部环境的科技环境

现代科学技术正在改变着高等学校的运行模式，科学技术发展的突飞猛进加剧了大学竞争和市场化程度，并使之成为现代大学的两个重要特征。随着数字技术的快速发展，网络已经把世界连接起来，计算机在许多发达国家已经无处不在，发展中国家也日益普及。高等学校是以知识为核心，以知识的生产、传播和运用为主要目标的学术性组织，这一特点也决定了高等学校的教学、科研和社会服务三大功能目标。不同的组织结构决定组织的不同功能，功能的发挥也将有利于组织结构的完善。

高等学校三大功能目标的逐步确立本身就是环境变迁的结果。科技发展环境的特点也就决定了高等学校科研功能的变迁，而功能的变迁又直接影响到高等学校科研管理模式的变化，即高等学校科研管理组织结构、高等学校科研管理制度设计、科研产出类型和层次等必将做出相应的调整。高等学校管理组织结构和制度的调整是核心，起统领作用；高等学校科研制度的实施是关键，直接关系到科研绩效产出的层次和质量。科技发展环境对高等学校发展产生的影响，主要来自对高等学校内部科研管理过程产生的压力。科技迅猛发展对高等学校科研管理产生的最大冲击，可能在于科研管理的信息化与网络化对高等学校管理提出了更高更严的要求。高等学校主要通过其培养的人才及输出的科学技术成果参与社会竞争，人才的知识结构、能力结构、科学技术的高科技含量无疑在激烈的市场竞争中成为重要的筹码。高等学校科研绩效考核的动力之一是科学技术自身的发展。因为高校还是技术创新的主体之一，必须承担起推动社会进步的历史责任。同时，科学技术发展水平也决定了高等学校科研的内容和方式。科学研究离不开科学技术，科技的发展是促使高等学校科研绩效考核的基础动力。现代科技的飞速发展，迅速改变着传统的生产方式、生活方式和思维方式，产品寿命周期变短，新产品层出不穷，对高等学校科研活动提出了更高的创新要求，也推动其不断发展。当科学技术的成果积累到一定程度时，会出现主动创造需求的情形，从而推动高等学校利用技术创新成果完成科研创新活动。科学技术的发展虽然周期较长，可是一旦成功，将会对高等学校的科研创新活动产生巨大的推动力。

（二）市场需求与高等学校环境

1. 市场需求的环境

大学已经明确了其在高等教育市场中的定位，大学的"商业模式"发展特征已经渗透到地方、国际或全球化合作之中，不仅包括应用研究，而且包括基础研究。从市场需求的角度来理解高等学校科研绩效考核，就是要把高等学校科研绩效考核，视为一种为响应和满足市场需求而采取地从科研立项、研发到科研成果推广与应用的过程。在科研立项阶段，响应与满足需求就是通过市场所反映出来的消费需求转化为科研项目需求。制定高等学校科研绩效考核标准就必须来自高等学校对外部市场，以及市场背后的消费需求的敏锐反应。在市场经济条件下，一种健全的市场竞争机制将迫使企业不得不走技术创新的道路，那么决定高等学校在这场竞争中生存的，也同样是高等学校的科研创新选择能否符合社会消费需求背后带来的创新需求。因此，构成高等学校科研绩效考核外部压力的第一要素，仍然是"需求更新"即消费需求转化而来的对创新需求的压力。所以，自高等学校科研绩效考核决策开始，高等学校关于科研绩效考核的考虑，就得以消费需求为中轴展开。高等学校科研绩效考核过程，正是从高等学校对社会需求、行业发展、区域经济发展需求的正确反应开始启动的。

2. 高等学校环境

如果市场需求是高等学校科研绩效考核的源动力，那么高等学校间竞争则是高等学校科研绩效考核的助推器。我国高等学校间的竞争与市场需求一样在本质上具有自发性，高等学校之间不仅比数量、比质量，而且比资金、比大楼、比大师、比影响力等。高等学校竞争既然是一种获取资源、利用资源的系统过程，任何资源都是稀缺的，都是有限的和有益的，当然包括科研经费资源。

高等学校要发展科研就需要占有和消耗经费资源，在竞争中要获胜就必须占有比别人更多、更稀缺、更有效的科研资源，不管从数量上还是从质量上皆应如此。这也是由资源的内在本性决定的。没有科研经费资源的占有，高等学校就谈不上科研投入，没有科研投入就无所谓科研成果产出，就更谈不上科研竞争力，没有科研竞争力就无法确保高等学校的地位和影响力。故此可以说，高等学校竞争因资源而发生，这是竞争的诱发机理；高等学校竞争也为了资源而存续，这是竞争的直接目的所在，两者都服从于高等学校的发展，服务于高等学校的可持续发展。

理论上而言，每所高等学校在资源竞争上都应是公平的，包括起点公平、过程公平和结果公平，但事实上很难做到真正的公平。重点大学和非重点大学、中央所属大学和地方所属大学、综合大学和专业院校之间很难站在一个起点上获取资源。对科研经费资源而言，高等学校的普遍做法是积极争取财政支持，通过项目形式获取国家和教育部门的经费资助；争取吸收社会资本参与学校科研活动，减少学校对直接科研成本的投入，加大学校科研活动的融资能力；充分发挥学校为社会服务的职能，增强学校造血功能，提高经济实力。对科研人才的获取，高等学校尤为注重。对人力资源，主要以优厚条件引进人才、留住人才、用好人才；对智识资源，主要是提高学术原创能力，加强自主创新，为社会提供更多更好的服务等。

二、高等学校科研激励策略

（一）以人为本

1. 明确激励目标

人本管理的核心理念是围绕人性的完善和需求的满足来开展各项管理活动，这恰好契合了高等教育的理性回归。高等学校是具有鲜明人文气质、科学精神的知识密集型社会组织，它以文化、知识的创造和传承为己任，以培养和完善人的科学主义和人文主义为核心。实施绩效考核过程中必须强调以人为本的管理思想，围绕教师的全面发展和人性的完善来管理高等学校，力求通过激发教师的创造性思维和提升科学素养还原大学教育的本质。同时，高等学校教师科研绩效考核激励是关于激发教师科研生产力、创新力的政策和措施，它的制定和实施必然应以教师为出发点、落脚点。这就要求高等学校管理者能够从高等学校教师的需求出发，科学设置学校发展目标，定期讨论学校现有制度的适切性，不断优化高等学校教师科研管理制度。发展教师自我激励，为教师成长提供有力支持和帮助，把教师从带有强制性、干预式的制度中解脱出来，从而真正做到尊重教师、理解教师、关心教师，充分激发教师的积极性、主动性，让教师在科研工作中取得进步。唯有如此，才能促进高等学校、教师的协同发展。

实施人本管理的关键在于要将绩效考核目标和高等学校发展目标有机结合起来。一方面，绩效考核作为一项管理活动必然要有一个明确有效的绩效目标，围绕这一目标才可能开展绩效计划、评价、反馈与应用；另一方面，高等学校作为以学术研究和人才培养为主要目标的社会组织,由于学术研究成果和人才培养成果的滞后性、不确定性、隐藏性、智力性等特点导致其发展目标难以预期和控制,特别是无法准确地衡量和量化。若要实现两者的有机结合,就需重新确认高校目标的实现主体和实现逻辑,从而最大限度地降低高校目标的模糊性,为科研绩效考核工作奠定基础。

高等学校发展的基础依靠广大教师主体的发展水平,每个教师的个人发展方向和目标却是非常清晰和可衡量的。因此,在具体操作中高等学校管理者要建立一种自下而上的绩效目标生成沟通机制,将教师个人发展方向和目标作为学校发展目标的归集前提,充分尊重教师的合理需求,结合学校现有条件和资源形成切合实际可考核的绩效目标。具体注意两点:①要将学校的总体目标转化成具有激励性的教师个人目标。要让教师参与目标制定,使学校的工作目标与教师个人的发展目标融合在一起,使教师充分认识到学校目标的实现与个人的事业、追求、前途息息相关。②学校总目标设置要明确、具体、有阶段、有层次,并将学校总目标分解落实到不同组织、部门和教师身上,使目标和责任联系起来。

2. 减少负面激励

高等学校管理者在制定和修订各项科研绩效考核制度时,要鼓励教师参与,积极减少负激励因素的影响。负激励因素即是不合理的因素,忽视其会造成"补偿性反馈"。换言之,当绩效考核制度存在缺陷或者不足时,不仅难以发挥其积极作用,甚至在一定条件下比没有制度产生的不良效果更严重。一个合理的科研绩效考核激励制度,要想获得教师的高度认同就必然需要教师参与其中,只有教师充分地参与高等学校各项管理制度的制定及其进程之中,才能从中体验信任的力量,感受责任的分量,进而产生强烈的组织认同感和责任感,将自己的命运和高等学校的发展密切联系起来。同时,管理者要摆正位置,把自己看作教师中的一部分,从被动听取转变为主动听取,变管理为服务,自觉接受教师的意见。管理者应尽可能扩大听取面,听取来自不同层面、不同教师的意见和反映。而不是仅听取少数特定教师、先进教师的意见,求同存异,保证教师对激励政策的认同。管理者可通过各种方式听取教师的意见,以使激励方案达到集思广益、博采众长的效果,形成良好的氛围。通过经常、及时、耐心了解教师的意见和建议,可以及时捕捉到教师最关心的事情和反映最强烈的问题。无论意见采纳与否都应对教师表示感谢,并对未被采纳的意见给予合理的解释。一旦教师的意见被采纳,他们在具体执行中会把遵守政策作为自己的责任,发挥带头和模范作用。

3. 尊重学术性权力

高等学校教师绩效考核应充分尊重学术性权力的核心地位,努力淡化行政权力的过度干预。具体包括三个方面：①将高等学校主管部门的角色由"代理人"转变为"服务者"。目前，我国高等学校各级主管部门的实际角色是代表政府管理高等学校的"代理人"，也是高等学校真正的当家人。这种鲜明的行政化教育管理机制，在某种程度上约束了高等学校自身的发展，更为高等学校内部过度行政化提供了仿效和对应机制。②就高等学校内部而言，完善以教师为主体的学术委员会治理结构。学术委员会的成员应"去行政化"，即"学术机构"的成员要确保身份的单一性，应尽量由工作在科研和教学一线的教授专家组成，而非身兼数职的"双肩挑"，以确保学术委员会成员的意志不受行政领导的干预和控制，此外，学术委员会应该在教学管理、科学研究等学术活动中具备最高决策权，特别是在教师绩效考核评定和岗位定级、职称聘任、科研教学项目的设定和评审、学术奖项的设定和评选等方面发挥决策性作用。③转变高等学校内部行政管理部门的工作理念和工作方式。行政管理人员不仅要树立起行政权力服从于学术权力的观念，还要充分尊重和遵循学术研究的价值和规律，改变传统的审批、监督式管理方式为保障式的服务方式。四是充分发挥职工代表大会的作用，保障广大教师的参政议政的权力。

4. 实现本土化管理

现代人力资本理论强调，人力资本具有主动性资产的本质属性。高等学校教师作为一种具有高级学历和知识素养的学术型人力资本，其自主控制性能力更强，在绩效考核过程中表现为自我管理、自我考核的主动性和参与性。因此，高等学校绩效考核不能完全照搬企业模式，要根据高等学校自身属性和发展规律实现本土化管理。具体有两方面措施：①设计高等学校绩效评价的双重指标。若按照企业核算经济效益的成本分析办法来衡量高等学校的投入与产出绩效，势必要对高等学校的教育成本进行核定和归集。②充分尊重科研和教学成果的形成规律，对教师考核遵循柔性化管理原则。具体包括聘期考核和岗位考核相结合、短期激励与长期激励相结合的考核激励机制。其中，短期激励重点建立过程性评价与绩效工资的对应关系，长期激励则主要将科研业绩与教师发展联系起来；考核结果运用采取激励为主的奖励方式；考核方式则采取民主参与自我考核评价相结合的绩效评价方式。

（二）以项目为中心

针对科研项目绩效考核的难点及其原因，构建全过程内部控制系统是解决问题的根本措施。全过程内部控制系统指基于全面质量控制原理，以事先制定的计划和标准为依据，通过对项目实施的所有环节进行全过程跟踪和检查，以期发现项目实际活动与计划和标准之间偏离问题，并及时予以项目调整、分析、建议与咨询，通过提出切实可行的改进措施，以确保项目预期目标实现的一系列管理活动过程。全过程内部控制系统体现了三个层面的要求：①系统遵循全员参与、全过程控制、全方位覆盖的全面质量管理原则，将项目质量管理视为绩效考核的终极目标；②内部控制内容主要由项目经费控制、项目进度控制、项目质量控制三部分构成；③从控制发生的时间顺序看，全过程控制分为事前控制、事中控制和事后控制三个阶段。在构建全过程内部控制系统时，则要求抓住事前、事中、事后三个环节的衔接和递进，将三个层面的内容有机融合在一起。

1. 项目事前控制

项目事前控制是指在项目正式开始之前所进行的管理活动，该阶段主要涉及项目指南的论证与制定、项目论证设计与申报、课题的评审与立项三个环节，参与的主体主要有政府部门、评审专家、高等学校，管理目标则是通过对科研项目最终产出的确定和对项目资源投入的预先控制来防止科研项目资源在质和量上产生偏差。为此，事前控制的绩效指标主要有项目开出的有效率和项目立项率。前者主要考核政府投入部门确立的项目指南和对项目申报材料的论证评审是否有效，后者主要是通过科研立项的数量和层级来考核高等学校科研管理工作的有效性，为达此目的，要做好三方面工作：①政府部门做好项目指南的论证工作，确保项目的选择反映学科和社会发展最前沿和最急需的问题；建立基于人力资源胜任素质模型的项目评审专家选拔和评价系统，将项目评审结果与项目后期运用结果有机地对接，以最适合的项目评审专家评选出最正确的科研项目。②高等学校科研管理部门把好项目的申报质量关。开展申报工作的选题辅导，选题范围和要求要结合申报者优势特长和前期成果，选择符合地方经济发展状况的热点话题；系统掌握各类项目申报书的填写规范并及时辅导教师填写，防止因填写不规范造成项目落选；开展重点项目的预研究和选题指导工作，以先期成果为依托奠定申报基础；有效整合资源、集中力量，有重点、分层次、有计划地引导项目的申报与本校科研优势和特色学科领域相结合；建立以学科带头人为核心的科研团队建设机制，通过发挥带头人的引领作用持续提升科研项目质量。③高等学校科研管理部门做好项目的立项管理工作。可以通过开展多种形式、多层次的学术交流会、学术研讨会交流科研信息，共享科研资源，增强科研管理部门和科研人员的了解和信任；制定科研项目奖励与培育机制，如科研奖励制度、青年教师科研基金专项、人才梯队建设办法、高学历科研人员补贴、校内科研的培育选拔办法等；完善科研项目合同管理。通过签订项目合同来约定项目的研究内容、研究进度、阶段性研究成果、成果水平及表达形式等核心内容，以便对项目后期的绩效考核提供明确的考核标准。

2. 项目事中控制

项目事中控制是指在科研项目实施过程中进行的管理活动。该阶段的具体工作有以下方面：

（1）建立多部门协同共管的管理机构。例如，可以成立由校级领导主管，由财务、科研、教学、人事、审计、各学院等相关部门组成的财政专项经费管理机构，该机构不仅主管整个项目的预算申报、项目的评审、项目的实施和实施效果的考核，还负责优化科研经费的分配方式和渠道，重构科研人员经费开支范围，开发使用科研经费预算控制模板系统，并配套出台加强科研经费支出相关的管理文件，以实现对科研经费的科学管理。

（2）健全科研项目的中期检查制度。通过制度设计明确各主管部门的职责，做好检查分工与协作，针对疑难问题要组织会商解决；明确项目检查工作要以项目合同书为依据，采用定期和不定期的方式，重点检查项目进展与项目质量两个指标；通过严格执行有关项目进展的奖惩制度，调动科研人员的积极性，避免项目延期。

（3）依据项目的层次、跨学科领域、合作方的多少等要素对项目实行分类管理。分类的目的是按照项目的重要程度和紧迫程度将项目分开，这样便于在管理层面上找寻侧重点。重点项目一般是资金规模大、项目级别较高、涉及的学科领域较多、合作参与方较多的大型项目，因此，需要科研管理部门重点关注，同时需要组织分配、协调好各方的工作。而对于非重点项目而言，按照项目合同来进行规范的过程管理则更为重要。四是做好项目实施过程中各参与主体的培训工作。

3. 项目事后监控

事后监控是指针对项目研发过程结束产生的项目成果开展的项目结项评审、项目成果应用及评价环节的管理活动。项目结项评审环节一般包括结题申请、项目成果鉴定两个阶段。项目成果应用及评价环节则主要是针对成果转化工作开展的。其中，项目结项评审阶段决定项目研究是否达到项目合同书的预期目标，是否能够予以结题；而项目成果应用及评价阶段则是考核科研项目的社会价值和经济价值，即科研成果转化率高低的问题。事后监控具体要做好五方面工作：

（1）设计科学合理的科研项目验收指标体系。应综合考虑科研前期基础、科研项目实施投入过程、科研项目成果等指标，注重科研成果转化，避免因结果型科研成果量化考评带来的"以偏概全"现象。具体操作时还要充分考虑到不同层次学校、不同学科、不同类型研发人员之间的差异性，充分尊重科学研究规律。具体可将绩效考核指标调整为以科研基础、科研投入、科研产出三方面指标为主体的过程型指标体系。科研基础反映的是高等学校教师情况、学科情况、科研平台设施等软硬件条件；科研投入反映的是科研项目数目，以及科研经费的投入情况；科研产出则具体包括前文提到的专著数量、学术论文、鉴定成果数、技术转让当年实际收入和成果授奖等各项指标。

（2）要制定并严格执行科研项目验收制度。例如，对于以正式出版的著作、发表的论文等公开发表成果作为最终研究成果的，应该重点考核成果内容与项目计划内容的关联度，项目负责人承担实际研究任务的多少，项目成果形式的规范程度、真实性、原创性、学术性，以及项目成果的实践意义和理论价值；对于以鉴定成果、研究报告等作为最终研究成果的，需要在专家选择、专家鉴定评审验收等环节严格遵循公平、公正、公开透明的原则，按照项目合同约定标准验收。

（3）做好科研项目的结项后期档案管理。由于项目后期档案是整个科研项目成果结晶的保存，档案的形式有文档、实物、各类作品等，档案的内容涉及很多专业技术方面的研究成果，档案保管的要求具有一定的保密性和实效性，因此需要具备科研档案管理知识背景的专人定期分类整理。

（4）做好结题后期管理与总结工作。首先，要对顺利结题的项目进行经验总结和推广，在现有研究成果基础上发掘和培育新的研究课题；其次，要重点对延期结题、终止研究的项目进行及时处理并诊断原因、总结教训，避免同样问题重复发生。

（5）转变观念，健全科研成果转化激励机制。例如，在高等学校教师绩效考核评价和职称评定制度中，可将科技成果转化和产业化等指标作为评价的重要依据；试行"创新应用型"岗位人才培养模式，该岗位以支持教师从事应用技术研发和科技成果转化，鼓励教师将项目研发成果以应用为导向再研发，催化一批关键技术，培养一批"创新应用型"人才为主要目的。

（三）提高激励的科学性

1. 强化教师的培养与培训

要有效地对高等学校教师进行科研绩效考核激励，就要为他们提供一个有利于科研发展与提高、能够吸引其为之奋斗的事业平台和成长空间，即高等学校管理者要设置一定的帮助机制、督促机制来促进教师的科研发展，实施可持续发展的教师科研管理与职业生涯规划，积极创造条件对教师进行在职培训、自学进修和脱产轮训以及出国深造等，要把教师的使用和培养有机结合起来，努力为其提供培训、进修、学习的机会，支持他们不断进取、不断学习、不断创造更多更好的科研成果。

因为教师培训既是不断提高高等学校整体竞争力的要求，又是不断提升教师专业知识和科研能力的要求。高等学校教师职业的特殊性也决定了其具有强烈的求知欲和进取心，特别是在知识经济时代，教师更加渴望通过进修和培训来完善知识结构、提高科研能力、增强科学素质。教师的科研能力的发展是一个教师的成长过程，也是一种具体的实践过程，这一发展过程的实现不但要求教师自身主动学习和不懈努力，更需要创设良好的外部环境和条件来帮助和督促他们。

因此，高等学校管理者必须有计划、有组织地对教师进行培训，创建一套适应高等学校当前和未来发展需要的，与高等学校战略相符合的，以高等学校教师能力培养和潜能开发为中心的培训体系。同时，培训要着眼于人力资源的开发和教师的职业发展，关注的是在现实的职业发展领域，作为教师如何随着外界环境的变化和高等学校发展变革的需要调整自己，以适应这种变化。

具体操作时注意以下四点内容：①要制定科学合理的教师培训计划。要让教师培训达到实际的效果，高等学校管理者就要进行全面的规划和部署，与高等学校的科研发展总体战略相一致。根据高等学校自身的科研发展战略总体目标分解设计每个教师的科研目标。完成这些目标就需要教师在未来具备一定的专业能力、素质和态度价值观等。包括短期内需要具备的科研条件和长期需要具备的科研条件。这样就建立起一个系统明确的培训知识体系。②明确教师培训的内容。教师培训内容是教师培训的重要环节，应具有针对性、灵活性、激励性。由于不同教师的素质能力、学历学科背景、科研能力和研究领域等状况不同，在培训内容的层次、水平、等级等方面必然会存在明显的差异性。因此，高等学校管理者应针对不同教师的情况结合高等学校的科研目标进行综合分析，并让教师参与制定培训内容，以便设计出更具有针对性与层次性、可操作性强、实效性强的培训内容，使不同层次教师的科研素质都得到提升，避免培训经费和教师时间的浪费。③采用多样灵活的培训方式。培训可以根据不同教师的工作性质和时间状况选择尽可能多的灵活形式，分批次进行培训来满足教师的需求，达到客观要求和主观需求的统一。④要将教师培训常态化和制度化。教师的能力培养和科研活动均是一个长期累积和不断更新的过程，因此，教师培训必然是一个持续的系统和制度化工作，不可能一蹴而就。要求必须建立健全高等学校教师培训制度，为教师培训提供制度上的保障和支持。例如，成立专门的组织机构，设计专门的岗位负责组织和实施；提供专项的培训活动经费，确保培训工作的正常运行；建立一套完整的培训考核管理制度，将教师培训与工资、考核、晋升等联系起来，确保参与教师的积极性；组织各种形式的竞赛和交流切磋活动，对培训中表现良好的教师进行奖励，激发教师自我超越、自我学习的动力。总而言之，高等学校管理者只有通过不同的方式鼓励和支持教师培训，才能提升教师的科研能力。

2. 增强管理主体激励意识

高等学校教师科研绩效管理主体是激励机制系统的决策者、制定者以及激励机制运行的实施者和激励后果的调控者。具体而言，决策者主要是指高等学校的高层管理者，他们主要负责确定科研绩效考核的基本原则、激励目标的选择和确定、激励资源的筹集和分配等；激励机制的制定者主要是高等学校科研管理部门和各级教学科研单位的管理者；实施者则既包含前面所述的制定者，也包含被考核的教师；激励后果的调控者则既包含了决策者、制定者，也包含了各级教学科研单位管理者，这些管理主体的激励意识、自身素质以及对管理主体的监督机制是决定激励机制系统是否运行有效的关键。如果在激励机制运行前期对管理主体进行系统的激励理念、激励方法和工具的培训，不仅能增强管理主体的激励意识，还能提高管理主体的自身素质，并在考核激励过程中对整个制度的实施制定给予及时的辅导、沟通。

（1）管理主体要通过学习形成正确的绩效考核激励理念，掌握专业激励理论和激励机制运行原理。要明确绩效考核与教师激励之间的关系，在激励机制运行过程中要对激励目标、激励内容、激励方法、激励效应有着准确认识、正确判断，要在实施工作中能够深入实际、调查研究，并能够结合教师个体的不同情况、不同时期的不同目标，把握激励动态变化情况，及时判断和考察激励目标是否明确、激励方法是否科学、激励内容是否恰当、激励效应是否显著等关键问题。

（2）要学习和掌握如何运用科学有效的考核工具，确保在考核工作中能够实事求是，坚持公平、公正、公开的原则，给予教师以合理的考核结果。同时，在面对教师质疑考核问题时做到敢于担当、科学处理，确保及时找出问题原因和症结，进而为修订激励政策、法规、规章制度以及考核目标提供有利依据。

（3）管理主体要加强自我学习，自我修养。作为高等学校教师的各级管理者，他们不仅是激励信息的发出者和激励过程的管理者，还是激励系统的引导者和推动者。在激励系统中每个支点、每条通路的构建和运行都离不开管理主体的能力和素质。因此，管理主体首先要提高自身的道德水准，这主要体现在诚实守信、公平正义，这样，管理主体本身就可成为一种道德标准，具有榜样感召力和说服力，让教师感受到亲和力，形成一种共同目标的凝聚力。其次是管理主体要努力提高业务水平。主要是管理主体的科研学术水平和管理水平的综合体现。管理者拥有较高的学术水平就能够很好地理解教师的学术思想和行为，这直接关系到决策行为与激励行为是否具有科学性、有效性和针对性。科研管理水平还体现在管理的低成本、高效率上，能为教师提供一个环境优美的硬件环境。

（4）管理者还要努力提高自身的沟通能力。各级管理者不要只待在办公室，远离教师工作实践，而应主动、积极地走到教学一线与教师进行沟通，通过互动式讨论、互动式会议、互动式教师提案等具体措施建立起开放、强大、互动的沟通体系。只有建立合理、民主、平等的常规化沟通制度，高等学校教师激励才会切实有效。这就要求高等学校各级管理者掌握沟通的基本技巧，充分发挥沟通的积极性，深入基层教师群体之中，积极展开与教师的沟通，准确掌握教师需求的相关信息，切实把准高等学校教师的需求，从而为高等学校教师激励政策制定的科学性、规范性提供有力依据和参考。特别注意在科研绩效考核过程中要定期搜集和处理来自各方面的信息，并及时将有关信息融入高等学校教师激励中去，以形成清晰、准确、职责与权利相统一的激励机制。不要将教师排斥在外，不顾教师的信息知晓权，尤其是当发生事关教师考核结果、教师荣誉、利益的突发性或重大性结果和问题时，高等学校管理者要能够做到与教师及时沟通，在广纳群言、集思广益的基础上，与教师达成共识，形成统一意志和行动，而不是依靠权力的秉持、组织内部的忌讳而对教师讳莫如深。总而言之，必须高度重视提高管理主体的自身素质，在选拔配备相关领导干部和管理人员的时候应兼顾道德水准和业务水平这两方面的条件，并在激励过程中有目的地定期对管理干部人员进行针对性培训，促使其对教师发挥更大、更好的激励作用。

第三节　高等学校教学和科研平台的协同发展

高等学校的中心任务是培养人才，教学和科研的服务对象都统一于人才培养，教学与科研是辩证统一的关系，只有促进教学与科研的协调发展，才能推动学校的全面发展。

一、引导教师转变观念

大学应当肩负两种职责，即传播科学（教学）和发展科学（科研），也就是说大学的教学活动以传授已发现的科学知识为主，而科研活动是以发展科学知识为目的，因此，教学与科研的本质内容统一于科学知识；高等学校的本科教学工作不是一种简单的重复性的活动，是具有较强的专业理论性、独立性、创造性和实践性的活动，不仅要传授知识，还担负着发现未知和培养学生探求新知能力的任务。因此，高等学校的本科教学活动的内涵本身就包括了教学和科研两种，而科研活动本身就是创新性活动，科学创新是教学和科研的共同驱动力和目标。

在工作实践中，要做好教学与科研协调发展并不容易。大学通常分为四种类型：研究型大学、研究教学型大学、教学研究型大学和教学型大学。在定位为教学型或教学研究型的大学中，通常会强调以"教学为中心"，认为学校的一切工作都要围绕教学展开，学校是培养人的地方，教师的天职就是"上好课"。在研究型或研究教学型大学里，由于教学效果存在的不确定性和滞后性，导致教师将大量的精力投入科学研究而不愿意从事教学工作。

教学和科研在短期上是"对立"的，但在长期上是"统一"的，在局部上是"对立"的，在全局上是统一的。教师在教学中需要面对具有不同经历、不同特点的学生群体，教师要真正上好课，就要做到因材施教，就必须将科研前沿引入到教学工作中去，这意味着他们必须不断地追踪专业的发展状况，这也可以在根本上推动教师的科研工作。虽然科研对于大学教师具有源动力，教师容易受到科研"名利双收"的驱动，但这就必然出现了"为科研而科研"的现象，即高等学校的科研活动的"功利"成分越来越重，在高等学校的科研活动，由于它的主体是承担培养学生的教师，高等学校的科研活动是教育活动整体中的一个密不可分的环境，是教学过程的延伸和拓展，我们须以教学活动和其他社会、经济价值作为共同取向，将科研活动的成果更好地应用于教学活动，培养出适合社会发展的具有开拓视野的学生，因此，无论哪种定位的高等学校，只有实现教学和科研相协调发展才是合格的高等学校，无论是身处哪种定位高等学校的教师，只有教学和科研同步发展才是合格的高等学校教师。那些顺其自然地把高等学校教师分类为教学型老师和科研型老师并进行自我定位是一种错误的观念，必须加以转变。

当然，我们须承认教学和科研在目前还存在不少的差异，要想调节好教学和科研的时间和精力的投入，还需教师用正确的道德规范处理好教学和科研的利益矛盾，正确看待现实中的利益关系，加强自身的道德修养，这样才能实现教学科研的协调平衡发展。

二、构建教学与资源共享平台

教学和科研具有辩证统一和互相促进的关系，融合教学与科研的最有效方法之一是营造良好的学习环境、改善工作条件，积极推动教学平台和科研平台的融合。

（一）科研能够推动教学

1. 利用科研资源改良教学条件

高等学校中的各级重点实验室通常被称为是开展科研活动的三件法宝之一，但科研型实验型实验室通常只对老师和研究生开放。努力实现让学有余力的本科学生在实验室开展研究和实践，并配备专门的老师指导，高年级本科同学通过在实验室的学习和研究，能够接触到相关学科最新的研究成果和研究动态，将学习和实践很好地结合在一起。

学术交流是加强和提升学术科研的一个重要途径，学院在承办数学与应用数学、网络与信息安全国内外著名专家学者系列科研报告中能够兼顾研究生和本科生的需求，许多院士、知名专家除了安排针对老师和研究生的科研讲座外，只要时间允许，通常都会在本科生校区安排专门面对本科生的综述性的学术报告，让本科学生有更多机会接触和感受到学科的最新发展动态和研究成果，激发学生的学习积极性和目的性。教授是高等学校科研工作的主力军，通过积极落实教授为本科生上课，特别是出台了相关的政策鼓励教授为本科生上专业基础课，有效地将教授群体这一重要的科研资源积极地服务于改善教学条件中去。此外，还配备有丰富专业背景和教学科研经验的老师在大一和大二年级中担任班主任，在大三和大四年级中担任本科生导师，增加对本科生学习与生活的引导。研究生是高等学校科研工作中的一支重要力量，为进一步提高本科生基础课程的教学质量，每学期应安排学习优良且有责任心的研究生参加本科生基础课程的实验课或者课外辅导工作，提供一个研究生和本科生交流的良好平台，研究生可结合自己的学习体会和科研思路及时为本科生解决部分学习中的问题，同时，也进一步明确了本科生的学习方向性和目的性。

2. 总结科研成果丰富教学内容

科学研究是学科和专业建议的核心，通过科学研究可以培育高水平的学科带头人和教师团队。事实上，大学本科教学除了要求教师传授知识外，还担负着发现未知和培养学生探求新知能力的任务，要求教师努力将科研成果转化为教学内容，提升教学水平。没有科学研究，教师就不能及时掌握学科的前沿和动态，有可能沦为教材和书本的发声器。一个没有从事科研工作的教师不可能真正成为一个优秀的教师，因为他对教学内容和未来的发展趋势很难把握。一个真正的优秀教师的授课内容和风格必然会体现他的科研体会，会讲出科学思维方法，并将前沿科技融入基础课教学，这正是衡量教学水平的最主要标志，提倡教授上本科生课程的重要意义之一也正在于此。

3．结合科研课题开展论文与课外科技项目

本科毕业论文是本科教学活动中的一个重要的环节，是高等学校应届毕业生根据所学专业的教学要求在指导教师的指导下综合运用所学基础知识和基本技能撰写的一种学术论文，因此，在完成论文过程中，要注意适应我国的经济、社会、教育发展的需要。高等学校应重视引导教师根据自己的科研方向和科研内容，为本科生提供相关的研究课题，并逐步完善和严格执行课题申报、项目审核、开题报告、中期考核、毕设答辩程序，使学生的毕业论文（设计）质量大幅提升。

（二）教学能够推动科研

第一，利用教学硬件资源改善科研条件。在部分教学型高等学校或者教学科研型高等学校，由于科研经费不是非常充沛，所以，教师的科研条件不是特别好，可以完全充分地利用教学硬件资源来为科研服务，部分地方性高等学校中通常会建设部分中央和地方共建的实验中心，这些实验中心除了要满足学生的实验和实践外，还可以作为科研的共享平台。

第二，通过教学活动完善教师知识体系。基础理论是最普遍起作用的、应用最广的，教师经过深入的、反复的教学，不仅能达到更高程度的融会贯通，更加熟悉和熟练，还可能拓宽自己的基础。教学要求深入浅出，深入也自然会为科研带来更好的基础条件。要真正地上好一门基础课，就必须深入了解该课程作为基础课的原因，该课程在整个专业课程中的位置，以及该基础课需要为后续课程打下哪些基础，如何培养学生对后续课程的兴趣和自学能力。除鼓励高职称教师上基础课外，也鼓励他们上选修课，通过组织选修课的教学内容，事实上也是组织教师在该领域科研的思考，为下一步的科研打下基础。

三、完善教学与科研评价体系

要从根本上解决目前部分高等学校教学和科研的脱节现状，需要完善科研与教学的评价体系，目前高等学校评价体系中教学和科研通常是两套互不相关的评价体系，必须将这两套评价体系统一起来并加以完善。完善的教学和科研评价体系必须至少包含三个方面：对高等学校的评价体系，对老师的评价体系，对学生的评价体系，只有这三个方面的评价体系都得到逐步健全，才能引导和促进教学和科研的真正融合。

第一，对各类型高等学校如何从实际出发，推动教学和科研的和谐发展具有重要的参考价值。各个大学可以从实际出发加入落实和贯彻。

　　第二，在对高等学校教师的评价中要注意，在评价教师教学水平中引入学术活动因素。同样，在评价教师的科研活动中引入教学因素。对高等学校教师的评价要落实到职称评定和岗位设置中，这样才能从根本上激励教师的教学和科研的同步发展。

　　第三，对大学生的评价不应该只是从期末成绩的高低来衡量，更要以学生参加课外科研项目和各类竞赛情况和成绩等作为评价因素来考察学生的创新意识和创新能力，只有这样才能培养出社会有用人才，也才能从需求角度来推动教学和科研的融合。

# 第六章 高等学校科研平台发展的路径创新

第一节　高等学校、科研机构与科技型企业协同创新机制的构建

一、高等学校、科研机构与科技型企业协同创新驱动机制

（一）一般驱动因素

1. 科技的进步与创新

世界科技发展正在信息技术、生物技术等领域发生革命性突破，以智能、绿色和普惠为特色的新的工业革命正在酝酿，技术创新必将改变全球竞争格局和国家财富的获取方式。科学技术之所以能够驱动协同创新，主要原因如下。

（1）从科技发展的角度来看。从理论研究到实践应用科技推动经济的发展，科学技术的价值得到统治阶级社会上层的认可。在此之前相当长的一段时间内，人们都不关心科学成果及其应用。今天，我们必须明确对科学认识的目的。

（2）从技术多样化角度来看。企业不能仅仅依靠单一技术，还需要多样化的技术才能适应市场需求，维持长远发展，实现基业长青。但是企业一般先求生存、再谋发展，只有积累了充足的资金，才能考虑技术创新和研发问题。这就决定了企业的逐利性和短期行为，需要在创新过程中降低开发成本，提高创新效率。这就对多元化科技提出更多需求，推动了高等学校、科研院的合作，促进了协同创新的实现。

2. 市场的开发与拓展

从市场资源互补角度看，作为科学技术的研发主体，高等学校、科研院所的研发经费，一方面来自国家或地方政府资助，但是审批程序烦琐、项目要求严格，远远不能满足

大学和科研院所的资金需求；另一方面，主要是来自企业，通过委托合作、专利转让等方式获得经费支持。大学、科研院迫切需要与企业合作，以满足他们的研究资金需求。

对于企业而言，通过与高等学校、科研院所的合作，能够整合技术创新、市场营销，获得外部技术支持，有效利用资源，减少时间、提高信息质量，提高信息共享、及时创新推向市场，这必将提高他们的市场竞争地位、经济效益和创新效率。优胜劣汰规则使企业充满忧患意识，积极寻求创新合作体，争取更多的资金、技术、人员等外部支持，实现持续、良好的发展。因此，企业加强与高等学校、科研院所的合作，能够增强产学研合作的稳定性，加快推进协同创新。

3. 文化的交流与融合

协同创新能够凝聚不同利益、背景、身份等创新要素，形成强大的创新力量。协同创新首先需要形成一致的创新文化价值基础，如果缺乏整合的文化价值观，文化价值冲突可能导致事倍功半。

协同创新文化可以从内部和外部两方面来划分。内部文化主要是观念，外部文化主要是制度。观念文化包含理性、价值和创新，影响着协同创新主体的达成，使每一个机构有系统集成创新的思维角度，以海纳百川的博大胸怀使每个机构实现整体目标的优化。制度文化是协同创新的社会环境和外在动力，具有激励和孕育的作用，能够吸引和凝聚创新人才，实现资源整合与创新。

(二) 内在驱动机制

1. 自我发展驱动机制

科学技术是第一生产力，科技创新是企业谋求发展的动力源泉。对于企业而言，核心技术就是核心竞争力。历史已经证明，企业寻求帮助的步伐从未停止过，以知识为基础的经济将商业和技术结合推向了一个新的更高的水平，以满足生产和发展的需要。对于中小企业而言，较高的研发成本、匮乏的研发队伍，自然会促使它们加强与大学的合作。产业合作也使公司增加了学习培训机会，得到学校重要人员的指导，提高了学习科研能力和可持续发展能力。

大学在科技创新、人才培训以及高层次人才服务方面有着显著特点，科研水平的高低决定了社会地位、社会美誉度的高低，影响着学校社会资金的支持。因此，协同创新不再局限于融资，更重要的一点是提升核心竞争力。与企业合作，一方面可以丰富大学教学内容，开阔学生视野，提高学生实践创新能力，增强社会责任感；另一方面，能够提高教师科研水平和能力，促进知识更新和成果丰富。

2. 共同利益吸引机制

利益因素是推动协同创新形成的根本动力。基于每个协同创新主体的共同目标，追求利润发挥着重要的驱动源作用。包括以培养有用人才、促进社会进步为首要目标的高等院校，以增强领域内竞争实力、科技成果转化应用、获得科研经费为主要目标的科研机构，以及以实现利润最大化为经营目标的企业，合作各方都受到各自利益驱使进行合作，并从中获得更大的利益。企业通过规模经济缩短从产品研发到投入市场的时间，探索新的研究领域、获得更多研究成果、实现互利共赢。

追求利润最大化是企业的目标。诱发企业创新的内在动力是通过创新获得超额利润和相对竞争优势。对于企业而言，研究协同创新不仅仅是要完成研究项目，还可以学习新知识，并在一个未知的市场得到更多的实惠。研究发现，如果一个公司更愿意使用外部知识，其选择共同研究的可能性就越大。此外，通过和大学相结合，企业可以针对这种联合的方式培养人才，满足不同规格的实际需要，从而奠定企业发展的人力资本基础。

高等学校、科研机构是人才和技术输出的地方，它的优点是注重基础研究、知识和技术信息创新、研究方法和经验的积累。通过和企业结合，得到企业和政府的财政拨款，增加学校收入，改善办学条件，提高人才培养质量和整体办学水平。总而言之，当市场发展发生变化时，产学研三方被推向了新的经济环境中，其职能、目标也随之变化。企业出于竞争的压力不得不坚持创新以寻求发展，高等院校在搞好教学的同时也需要培养人才、产出成果服务社会，科研机构则需要更多的经费用于项目研发。经济利益成为产学研各方共同追求的目标。新的市场力量促使产学研各方在合作与不合作中分析可行性，以实现资源的最优整合和利润的最大化。

3. 资源共享与优势互补的驱动机制

在经济学发展过程中，市场和政府之间存在竞争，二者的理想状态是促进社会和经济发展的互补，市场发挥在资源配置中不可替代的作用，政府则提供政策法律支持。

创新是市场经济的本质，因为创新可以给企业带来阶段性超额利润。企业作为市场经济的主体，之所以愿意创新主要是因为市场竞争、动态推力和市场盈利。超额利润是企业创新的不竭动力。然而，市场力量也不是绝对的，需要发挥政府的宏观调控作用，要通过政策、制度和价格杠杆等，营造有利于创新的环境，建立创新驱动的长效机制。

（三）外在驱动机制

高等学校、科研机构与科技型企业协同创新的外在驱动力量主要体现在市场牵引、科技推动、政府支持、文化影响四个方面。

1. 引领市场需求

高等学校、科研机构和高科技企业协同创新是一种以技术转化为目的的经济创新活动，在一定的市场条件下和经济环境中，引发协同创新，完成科技成果转化，因此，市场对于高等学校、科研机构与科技型企业协同创新的驱动是最直接的动力。

（1）供需能力给创新合作提供首要可能性。产学研合作一般表现为企业与高等院校、科研机构的合作，企业有市场经营销售能力，但科学研究不足；高等院校和科研机构有科研设备、基地和人员，但缺乏市场开发和运营能力。当检测到合理的市场机会，双方则产生合作盈利的可能性。但只是一种可能性，产、学、研各方是否能够顺利进行合作，还要看高等院校及科研机构的技术转化可能性及企业的技术吸收能力，除这两个必要因素外，其他干扰因素，如信息不对称、产权界定方式、利益分配机制、合理的风险承担方式、审批流程等，也都是产学研合作可能产生的交易成本，只要有一方面不能达成共识，都有可能导致合作失败。

（2）产品市场供需结构影响企业合作欲望。产品市场的供需主要有两种情况，一种是市场需求大于供给，会刺激企业进行外延式扩大再生产，产学研合作能力也将会降低。但是，如果情况相反，当市场相对饱和，企业为了保证生存和发展，增强企业竞争优势也将加强技术创新。这种创新包括研发新的替代性产品，区别于其他同类产品；或者开发新的产品特性，拓宽市场结构。

（3）市场竞争和交易成本状况影响合作成功概率。合作各方都会在合作与不合作中进行抉择。企业在投资时的不确定性和风险性增加了交易成本，使合作的可能性减弱，甚至破坏合作。当某一方的市场竞争激烈时，这种情况更为明显，而内部市场竞争激烈的一方往往会成为产学研协同创新合作是否能够形成的主要决定方。

（4）大学和企业根据市场需求权衡选择。在新的竞争环境中，公司为了使知识商业化，必须建立与大学、政府和实验室的新型关系。因此，不同的产学研联盟的实施已经成为发达国家的主要发展趋势。在大学方面，兼备传播知识、培育高层次人才的重任，获取新知识以获得前沿竞争优势，并以此增强利用全球科技资源的能力，新的使命和新的挑战，对大学的影响力不断加深。市场不仅影响培养人的方式，也影响到高等学校科研的功能。新的使命和挑战，促进大学转换功能，加快大学和企业的结合，出现"企业大学"。因此，最终的研究各方都以市场为导向，以确定其技术开发、产品研发的方向，进而形成市场信息—技术开发—产品生产—市场的良性循环机制。

2. 推动科技发展

（1）实施创新驱动战略是科学技术发展的必然趋势。整合创新资源，加强物质、生命、信息、地球等可能在尖端科学实现突破的方向布局，积极适应另一种新技术革命开始成为一种趋势。在全球范围选择合适的战略合作关系，并将在发展重点上展开竞争，实施前瞻性布局，开展协同创新，在关系国家长远发展的高端科技领域实现重大突破，抢占未来经济和科技发展的先机。

（2）创新驱动发展战略为应对国外科研机构改革明确方向。纵观当今世界，部分国家的研究机构已经采取改革。面对国外科研机构的改革态势，国内科研机构应加强顶层设计，厘清制约科技发展的关键问题，分析与国际的差距，加大自主创新、资源配置、科技经费管理、环境和政策完善等方面的力度，进一步明确关键问题和制约因素，在解决技术和经济一体化方面缩小与国际先进科研机构的差距，提高自主创新能力，改变分散低效重复封闭的资源配置，提高科技经费管理，完善创新环境。

（3）实施创新驱动发展战略是研究机构对国家期望的积极响应。研究机构必须抓住历史机遇，加强科学技术进一步深化改革的信心，以实际行动落实好创新驱动发展战略。例如，中科院作为国家科研机构，注重创新驱动发展战略，抓好"率先行动"。具体而言，应该率先实现跨越发展、建成国家创新型人才高地和国家高层次的科技智囊团，以体制机制建设推进智库改革，带头建立一个世界级的研究机构，推进科研院所体制改革。

3. 拉动政策支持

合作过程中，每个参与者都有自己的出发点和动机，政府指导和支持将对其产生直接或间接的影响。首先，制定合理科学的规划，建立国家创新平台，改革科学政策，加大对技术的投入。其次，制定支持产学研合作发展的计划，包括大学企业合作研究计划、中小企业平等研究计划、项目工程技术研究中心计划等。通过这些计划，使科学研究（包括基础研究、应用研究和技术开发）和企业发展紧密相连。

4. 感召文化环境

文化是一种无形的推动力，决定了各个合作主体能否进行深层次合作。每一个创新主体相互承认的协同文化是合作的核心精神，缺乏协同创新的精神内核将是可疑的，是形似神不似，很难形成长期的共生发展机制。如果科学技术、市场是协同创新的硬驱动，文化则是协同创新的软驱动。协同创新谈何容易，在实践和具体实施层面还是有很大的阻力需要克服。

（1）协同创新需要文化滋养。每个研究机构都有自己的价值观和理解方式，大学和研究机构追求学术价值，企业倡导商业价值。协同创新本质上是不同文化的冲突、交集，文化能够降低交易成本，降低系统运行摩擦，促进知识流动与共享，创造更多的有效协同。如果忽视或未能深入研究文化差异，势必演变为文化冲突，阻碍协同效应。

（2）文化在两个方面驱动协同创新的实现：一方面，促进文化宏观体协同创新，形成统一的科学认识。为实现协同创新，宏观主体必须建立协同创新，以指导自己的行动，建立一个共同的创新追求。另一方面，文化是通过使微观主体和利益集团实现共同的协同创新形成的。基于市场微观主体的共同利益，在形成创新合作的基础上，协同创新是一个先决条件。市场机制的自发作用、微观主体的共同需求可以来自很多方面，如通过合作实现互补，通过合作、协作、创新、追求规模经济来提高创新速度。所以，必须形成符合上述要求的微观，以便形成一个共同的兴趣，促进相互合作。需要合作和共同利益的存在，而且到底有多大，取决于微观主体的主观判断，而这种主观判断会受到文化和文化价值观的影响。文化信仰会影响到协同创新合作微观主体的动力和深入合作的价值，形成共同的利益集团。

（3）实现产学研文化协同需要多措并举，而核心则是求同存异。许多企业家重视科技产品开发和技术人员培训，对外来文化或漠不关心，或蔑视，极大损伤了协同创新。对外来文化要"和而不同"，从差异中学习。要合理开发、吸取有益的成分，既能加强文化优势、建立和增强竞争力，又能扩大培养的交点、增强彼此的适应性。要加强统一和差异有机结合，减少矛盾和冲突，尊重差异、包容多元。

二、高等学校、科研机构与科技型企业协同创新形成机制

（一）协同创新的形成基因

1. 产学研合作发展规律

产学研结合与产学研用结合虽然只有一字之差，但内涵和外延都发生了重要变化。这里的"用"，首先，是指应用，没有应用就没有创新，任何一项技术只有经过应用才能不断完善成熟。其次，是指用户，用户是技术创新的利益相关者和重要参与者。实践表明，大量直接参与产学研合作的用户，不仅可以缩短从研发到新产品上市周期，并且能有效降低技术创新的风险和成本。

与产学研合作相比，产学研协同创新进一步明确了协同创新指向和道路，要通过深化改革实现优势互补，资源共享，以科技为先导，在体制机制方面使产学研更紧密地结合起

来，才能真正做到统一思想，各展所长，各取所需。

2. 人才资源的合作与交流

人才是第一资源，人才交流与合作为产学研合作提供支撑。开展政产学研合作是共享人才技术资源、推进科研创新发展的重要载体。要紧紧把握新兴产业的核心技术和传统产业升级的共性技术，积极探索政产学研合作机制的有效途径，推动政府、企业、高等学校院所的紧密合作和优势互补。

通过依托重点实验室、工程技术公司（研究）中心和博士后工作站等载体，培养和造就一批优秀的创新和领军人才。进一步加大吸引最优秀的学生和高科技人才在国内创业的力度，重点引进产业领军人才、资本运作人才和高端技术人才。

通过建立企业自主创新评价指标体系，完善收入分配制度，促进参与收入分配的技术元素，以股票和期权等形式激励科技人员。鼓励科技人员以智力支出作为技术开发费投入，通过合约明确投资者和投资者享有的发明专利权。为科技成果转化做出贡献的人，要享受优惠的人才工作条件，在调动配偶、子女上学、住房补贴、医疗保险等方面给予优惠政策。

3. 科研机构产业化

从科技成果转化主体来看，企业、大学和研究机构、政府、中介服务机构，共同构成了科技成果转化的主体。中介服务机构是科技行业各主体之间联系的重要纽带。近年来，科学技术的经济部门在科技创新中发挥越来越重要的作用，各级政府和企业都意识到科技为经济服务的重要性。但科技产业的发展还存在部分问题。因此，我们必须建立产学研技术经济联盟，以确保科技成果转化水平和转化能力的提高。具体做法有五方面：一是通过技术和经济公共服务，支持民营科技企业，鼓励使用科技服务和其他经济措施，极大地促进科技经济的发展；二是完善相应的法律法规，促进将技术转让给工业企业；三是建立多级共存的科技经济产业系统；四是发挥在科技产业经济政策中的指导作用；五是建立有效的信息数据库。

（二）协同创新的形成基点

高等院校、科研机构和科技合作企业协同创新包括战略协同、知识协同和组织协同，三者互为条件、相互促进，是辩证统一的关系。首先，战略协同是基础。高等学校、科研机构和高科技企业的文化和价值观存在差异，只有找准"受益—风险"的平衡点，求同存异，建立战略合作伙伴关系，才能使产业创新链得以互补、拓展和延伸。其次，知识协同是核心。在实践中，我们需要建立高等学校、科研机构和科技型企业的知识联盟，通过合作开展研究开发、技术转让、学术交流等，促进大学之间所有类型的知识在研究机构和科技企业之间整合与共享，不仅提高企业的技术能力，也能获得新的高等学校科研信息，进一步提高创新之源的水平。最后，组织协同是保证。为了打破技术转移的传统单一模式，要发挥政府部门和各种辅助组织的桥梁及协调职能，形成协作甚至并行的网络模式。同时，认识到高等学校、科研机构和高科技企业的协同创新不是静态的、线性的过程，协同关系太密切，可能会增加转换成本。因此，我们应从动态的角度来看大学、科研机构和科技型企业的协同创新，避免引发路径依赖的"协同锁定"现象。

1. 发展战略协同

（1）价值观和文化上的协同。因为合作方在资源、能力、发展目标等方面存在差异，在组织文化和行为规范上可能完全不一样。在产学合作中，企业一般以利润和经济价值为导向，而研究型大学着眼于是否有利于学术研究，导致协同效益评价标准和模式的不同，甚至导致大学提供科技成果与市场脱节，或者企业过度干预大学。在产学合作过程中，身份价值和文化认同越强，越容易形成互赢的心理预期，越能够保持更持久的合作伙伴关系。因此，高等学校应积极为企业研发所需的科技成果，培养技术和管理人员；企业应该更加重视提出准确需求，为学校提供信息和资金支持。

（2）基于信任和交流的愿景协同。协同创新无论是采取合同研发外包、项目咨询，还是共同创办新企业、参与国家项目、人才交流和培训，都需要找准自己的角色定位，明确自己与合作伙伴的关系，厘清各自分工，实现学科链和产业链的有机衔接。交流与合作是信任的基础，经验越丰富，相互信任的程度越高。因此，保持信息交流、畅通沟通非常重要，在建立互信、互利、共赢的愿景下，相互理解，避免引起纠纷，通过资源优势互补，实现协同整合，为双方带来新的收益。

（3）风险和利益观念上的协同。高等学校、科研机构和高新技术企业削弱了个人控制，增加了交易成本和风险。产学研合作分为导向型障碍（大学和行业有不同的目标导向）和交易型障碍（包括知识产权的冲突与合作的利益分配），双方之间的合作出现分歧，使知识的传递和共享变得困难。在早期的合作中，因为双方在资源、参与合作等方面的不同优势，形成各方不同的谈判地位，在初期比较容易达成部分协议，但随着合作项目的发展，也将频繁地出现矛盾。

如何设计合理的战略利益分配机制，达成"利益平衡点"，关键在于产学协同创新。为达成高等学校、科研机构与科技型企业的战略协同，有必要建立基于风险共担和利益共享的高等学校、科研机构与科技型企业战略联盟，它是一种以"知识—技术—信息"交流为主要方式的知识生产与创造网络和新型的高等学校、科研机构与科技型企业结合的组织形式，旨在使高等学校、科研机构与科技型企业合作各方保持长期合作、稳定互利的关系。

在战略层面，利用企业调研、高等学校人才优势、技术攻关等开展全面合作，通过人员联合培训推动技术创新，丰富人力资源储备，以提升自己的综合竞争力。高等院校、科研机构和科技企业应建立长期合作伙伴关系，双方承诺在战略联盟中具有促进资源共享的义务，这是促进企业和高等学校制定风险和效益观念，解决技术和经济一体化的有效方式。

2. 知识管理协同

知识协同是高等学校、科研机构和高科技企业合作创新的核心，属于知识管理的协同发展阶段，知识实现转移、吸收、消化、共享、整合、利用和再创造，根本上是隐性知识和显性知识在企业、高等学校和合作组织研究机构之间的相互转换和推广。知识协同包含多个反馈环节，其理论逻辑包括社会化、外在化、整合化、内在化四个阶段。高等学校、科研机构和科技型企业的知识管理协同要考虑以下四个因素的功能。

（1）高等学校、科研机构和科技企业重视隐性知识协同。显性知识的获取比隐性知识更容易，但隐性知识是核心竞争力，隐性知识往往难以互动，只有通过观察和实践理解其含义。例如，企业将员工送到高等学校或研究机构参加学习或研究活动就是最好的形式，能够获得生产和市场的第一手资料，还可以通过企业实践来培养学生。

（2）高等学校、研究机构和科技企业进行组织学习协同。高等院校、科研机构和科技企业之间的组织学习是一种非竞争性的合作学习，虽然学习效果受到合作方式、合作历史、信任复杂性等多种因素的影响，但在这些合作研发中，由于公司和高等学校的人员大约各占一半的比例，研究人员在一种开放的环境里，所以会帮助企业实现很多想法和知识产权。

（3）高等学校、科研机构和科技企业注重知识界面管理。在高等学校、科研机构和科技型企业的合作中，设计一个类似组织内部知识互动的"场"，确保在接口最大限度与不同组织共享知识。高等学校、科研机构和高科技企业知识管理是一个交互式界面，在一个共享的社会背景下，扩大本组织的知识范围，这样，与其他组织共享知识，不仅自己能获取信息（线性增长），也可与其他组织进一步反馈问题，放大和修正，从而提高原始发件人的知识价值，促进高等学校、科研机构和科技企业的共同进步。

（4）高等学校、科研院所和科技型企业强调知识协作和信息联网。随着现代信息技术的发展，高等学校、科研机构和高科技企业的发展逐步以现代信息技术、网络技术为支撑，围绕目标形成知识分享平台，使知识快速传递与转移，在新的情景下得到有效利用和发展。传统的高等学校、研究机构和企业合作主要是通过电话和信件，速度慢，效率低下，依靠信息网络高新技术，企业成员可以通过内部局域网进行信息交换，提高合作的紧迫性，缩短知识转移和互动过程。

3. 技术研发协同

研究开发的本质是主体协作创新，是不同学科之间的协同创新。提升协同效应包括创新协同程度提升和创新绩效实现两个层次，主要受研发协同能力、协同创新管理机制和外部环境安全等因素的影响。

根据研究机构内容和形式的协同战略选择，建立协同创新演化博弈模型，以减少研发协同成本，改善协同实质性额外收入，减少机会主义的危害。政府会介入博弈，这表明最佳的策略是始终保持高压处罚措施，从而促进实质性协作创新。同时结构式方程路径分析表明，协同创新管理机制是提升协同创新程度的一个重要因素，协同开发本身不直接提升协同创新效应，必须通过一定的传导机制，建立一个良好的组织协调机制和契约制度，才能实现协同创新效应。

通过实施企业创新型合作，以评估构建企业创新、研究和利用创新技术与创新协同效应程度之间的关系，该关系的计量经济模型协同指数形成一定程度的评价标准，结论将更有说服力。联合创新和政府的支持程度，对企业创新有积极影响，但对创新利润率指标则有负面影响，很难得到企业协同创新更多的收入。因此，加强企业合作创新的效果，必须完善资源投入机制，提高创新协同程度和运行效率，并影响和发挥风险投资的作用。

4. 组织平台协同

高等院校、科研机构和科技型企业是涉及不同利益目标的协同创新主体，是一种独特的混合型跨组织关系。传统的高等学校、科研机构和科技型企业的合作，合作项目小，产生效果也小。近几年，根据不同的产学合作目标、范围和方法，通过产业合作的研发中心、科技园、技术工业区、工程技术研究合作中心、孵化器、建立研发中心或实验室、合资企业等方式，努力实现更大的、跨学科的、探索性的合作。

研究项目克服传统的产学合作研究项目，除近年建立国家工程研究中心外，还大力推进科研机构和高等学校以及科技企业建立新战略联盟，通常是企业为主导，协同相关学科专业高等学校和有优势的科研院所，致力于共性技术和关键技术的开发。其中高等院校、科研机构和科技型企业组织协同的特点包括：高度重视组织的结构协同和过程协同；成立协同创新委员会等专门机构管理高等学校、科研机构与科技型企业合作过程；加强网络化高等学校、科研机构与科技型企业协同创新的组织运作；加强各种支持性组织共同参与高等学校、科研机构与科技型企业的协同创新等。

（三）协同创新博弈模型

1. 博弈的策略类型

根据高等学校与科研机构在研发中的共性，把它们视为同一类主体。企业、高等学校、科研机构作为参与博弈者，选择战略是根据效用最大化的原则。科技型企业为获取更多的信息、技术和资源，通过高等学校、科研机构的协同创新达到目的，从而提升自身的创新能力，获得更多的经济利益。高等学校、科研机构为获取更多的创新经费，通过协同创新活动增加资金的保障，实现创新能力的提升。同时，高等学校、科研机构与企业的协同创新，利用企业的市场推广优势和产业化经验，加快自身创新成果的转化，提升技术创新的收益。

实际情况下，高等学校、科研机构与企业的合作，是企业创新的主要途径，也是自身创新活动实施的主要载体。不过，也有许多合作在实质上并没有形成协同效应，如仅签订合作协议和框架，之后就再无后续。因此，实质协同和形式协同作为新兴科技型企业的两种策略，只有进行实质的协同才能实现协同的创新效应。同样，实质和形式协同也作为高等学校、科研机构的两种策略。根据博弈的基础理论，假设科技型企业、高等学校、科研机构都按照一定的概率进行选择策略集。

2. 博弈者的策略选择

根据相关参数大小关系，并根据研发主体间的协同创新实际，不难发现，各技术研发主体根据对方选择进行策略选择。

（1）策略选择的条件。从企业角度看，如果高等学校选择形式协同研发，企业必然选择形式协同的最优策略。对于高等学校而言，若科技型企业进行形式上的协同研发，则其最优策略肯定是形式协同；若科技型企业进行实质上的协同研发，则此时高等学校、科研机构的最优策略取决于对比。

（2）单次博弈的结果。不管是技术合作协议还是研发项目合作，一次性的产学研合作形式都难以实现明显的协同创新效应，各技术研发主体间的合作也随项目的终止而结束。根据实地调查，企业对产学研的重视度不高，一般仅视为技术创新的补充，所占比例很低。

（3）多次博弈的结果。增加博弈次数从而增加了实质协同策略的诱惑性，进而博弈者具有选择实质协同的可能性，但这种可能性需要一定条件。根据博弈的相互性，在此仅分析科技型企业。

（4）依据无名氏原理，假如高等学校、科研机构选择冷酷策略，开始时把科技型企业作为值得信赖的合作伙伴，并选择实质性协同策略，如果科技型企业也选择实质性协同策略，则继续进行实质协同，直至科技型企业选择形式协同，暴露出本质属性后，高等学校、科研机构便采取形式协同策略并直到永远。

第二节　高等学校大型科研仪器共享平台信息化管理建设路径

大型科研仪器共享平台是高等学校学术水平和科研创新能力的具体体现之一，高等学校大型科研仪器共享平台管理对促进科研健康、稳定和可持续发展起着关键作用。随着国家对高等学校科研经费及仪器设备方面的投入逐年增加，大型科研仪器共享平台的管理工作对科学性、精细化、集成度和便捷性等各方面的要求越来越高。推进大型科研仪器共享平台信息化管理建设，对提高科研效率和科研管理水平都有重要意义。"在现阶段新形势下信息技术广泛应用，信息化管理建设发展迅猛、势在必行，已经成为高等学校管理未来发展的主要趋势，这是符合社会发展规律的"①。

一、高等学校大型科研仪器共享平台信息化管理建设的必要性

大型科研仪器共享平台，是高等学校和科研院所科技创新体系建设的重要组成部分，是进行科学研究、人才培养、推进科技成果转化的主要基地和重要支撑，是反映高等学校教学、科研、人才培养、学科建设和管理水平的重要标志，是提高我国科技创新能力的重要战略资源，也是建设世界一流研究型科研单位的必备条件。高等学校大型科研仪器共享平台建设，为提高高等学校科技力量、支持国家和区域建设的发展提供了强有力的支撑作用。

信息技术的快速发展带给高等学校大型科研仪器共享平台管理难得的发展机遇。大型

---

① 任怡然，梁昊岳，李秀荣，等. 新形势下高等学校大型科研仪器共享平台信息化管理建设的必要性与路径研究 [J]. 中国卫生产业，2022，19（4）：189.

科研仪器共享平台信息化管理建设是高等学校不断提高自身科研管理水平的必然选择。大型科研仪器共享平台信息化建设不仅可以提高工作效率，同时还有助于节约资源、优化程序、及时更新科研资料。

二、高等学校大型科研仪器共享平台信息化管理建设的方式

（一）信息化建设在大型科研仪器共享平台管理中的重要性

在信息技术快速发展推动科技创新体制机制的新形势下，信息化主要是指利用信息化手段和设备来实现各项业务流程的有效组合，利用互联网对信息进行收集和处理加工，从而帮助管理人员最快、最全面、最有效率地掌握各个业务工作的情况。对于高等学校的大型科研仪器共享平台信息化管理而言，主要是指利用互联网平台实现制度、仪器设备、管理人员以及学生等的高效管理。要理顺信息与管理相互关系，精准定位，实现大型科研仪器共享平台信息化管理。制定科学合理的大型科研仪器共享平台信息化管理建设规划、建立大型科研仪器共享平台信息化管理方法是关键。大型科研仪器共享平台有五个要素，包括硬件、人才、技术、管理和服务，其中硬件是基础，人才是核心。基于此，应利用大数据、云计算等新兴信息技术，建立信息化、网络化大型仪器信息化管理体系。同时，进一步实现人员信息化管理，健全大型科研仪器共享平台信息化管理制度、提高管理水平，强化"规划、管理、效率"的意识。最终提高平台工作质量和效率，使大型科研仪器共享平台管理能够达到科学化、合理化的现代管理要求。

（二）信息化建设在大型科研仪器共享平台管理中的制度建设

为确保大型科研仪器共享平台的有效运行，要以更加开放宽容的态度建章立制、破旧立新。信息化管理制度的针对主体应主要分为三个层面：学校层面、大型科研仪器共享平台人员层面和大型科研仪器共享平台仪器设备层面。制度内容大致划分为三个方面：①学校层面，要明确信息化管理建设的责任主体，出台引导、支持、监督、验收各类政策，应对既定政策规定进行更新和修改，构建全面、适用范围广的信息化管理制度；②人员层面，要设立更加科学合理的信息化管理组织结构，细化管理人员和使用人员在信息化管理政策下的具体分工、职责范围、协作机制来保证制度的落地执行和管理的有效提升；③仪器设备层面，设置仪器设备信息化管理工作标准及相关规定，使得仪器设备使用过程更加简洁、高效，实现仪器设备的信息化管理与维护。

（三）信息化建设在大型科研仪器共享平台管理中的人员管理

增强管理人员和实验人员对实验数据的分析挖掘能力、对大数据等信息手段的应用能力，是实现学校科研资源管理科学化、信息化的必要途径和基本措施。利用信息化手段，采取精细化管理，帮助实验人员提高数据挖掘和管理意识，帮助管理人员提升管理水平，以适应平台信息化制度环境。实际操作中，涉及大型科研仪器共享平台的人员有直接从事科研活动的人员、从事科研辅助活动的人员、从事科研活动管理工作的人员等类型人员。首先，需要提高意识。利用宣传、培训，设计合理可行的绩效奖励激励、监督反馈、考核评价机制，让所有人都认识到信息化管理的必要性，融入日常管理的各个环节，推进信息化管理建设。其次，要提升能力。提升各类人员对信息化知识和方法的掌握和运用能力，尤其是学习能力比较强的青年业务骨干，系统培训例如仪器管理系统、数据传输系统等的原理和应用，让相关人员能够接受并专业地使用信息化管理方法。通过规范化管理流程，形成大型科研仪器共享平台的人员资源安排和规划的信息化管理体系。

（四）信息化建设在大型科研仪器共享平台管理中的设备管理

提升大型仪器设备精细化管理水平，需要注意三个方面：①学习借鉴。在大型仪器的使用及管理领域，国内外均有部分相对先进的管理模式，应学习借鉴成熟的公共大型科研仪器共享平台的建设成果和经验，立足原有管理方式，结合工作实际，进行创新发展，尝试多种大数据信息化分析和管理工具，最大限度地挖掘设备的使用价值。②优化大型仪器网络管理平台。构建高效大型仪器网络管理平台，是辅助共享平台稳定高效运行的关键。通过构建信息化网络管理平台实现实验人员网上培训、网上预约、即时统计、费用统计等功能，实时记录所有相关数据，确保实验人员合理使用及仪器平稳运行。③重视培训。通过多种信息化手段培训实验人员，让其掌握大型仪器使用方法，在安全的前提下实现自主上机，从而达到部分仪器设备全天候开放，大幅度地提高仪器利用率。

（五）信息化建设在大型科研仪器共享平台管理中的共享服务

高等学校大型仪器设备精细化程度越来越高，功能性越来越全面，数量类别呈爆发式增长。大型科研仪器共享平台的信息化管理建设要统筹对外服务、促进共享工作。首先，明确目标，完善制度。可以将信息化管理理念贯穿对外共享服务全过程，明确管理原则、梳理管理办法。通过合理调配资源，提升资源使用效率，优化管理制度，形成大型科研仪器共享平台的人员、资源规划和信息化管理体系。其次，推动建设在线服务。从查询科研基础设施、仪器设备名录、服务方式和服务内容到明确收费流程及标准等过程，全方位提升共享服务能力。构建全方位、多层次、专业化共享服务平台，提高资源的配置效率、供需匹配程度，优化仪器设备网络化资源整合的综合服务能力。提高大型仪器开放共享率、夯实对外合作交流基础，最终使得大型科研仪器共享平台成为具有开放性、灵活性，面向高等学校应用服务的高效的信息化管理与交流平台。

第三节　"双循环"格局下创业型大学科研创新平台效能提升路径

一、培育新科研增长点

国内创业型大学在创建一流学科、学习国外优秀创业型大学的过程中，在科研领域布局上多呈现较高的前沿定位与高质量的成果产出，即使是不直接用于产业技术的人文学科，也通过创新理论的不断更新指导区域经济社会的发展，因而，"无论是自然科学还是人文科学，都应加大对原始创新能力建设提升的投入，拓宽交叉学科、边缘学科和超学科领域，以区域产业应用重大产出为导向不断开拓新科研增长点而增加科研总量"①。创新资源来源于基础研究，只有新科研增长点的不断培育，才能真正实现创业型大学科研创新平台的创新示范与技术扩散，服务于区域经济社会发展。高等院校一流的学科建设往往具有前瞻性和先进性，只有以较高的预见性活跃基础研究，才能牢牢把握学科发展的前沿领域并引领学科方向，从而保持自身优势、实现可持续发展。作为世界名校的加州大学伯克利分校在其几十年的发展过程中，就是不断通过学科核心知识的突破与交叉培育了众多新科研增长点，催生了计算机、生物、纳米等一系列优势学科，在美国的全球化战略中提供源源不断的创新动力。基于这样的逻辑，创业型大学的科研创新平台更应打破学术合作壁垒，加强学科间的融合、分化、交叉，促进新兴学科发展。

区域经济内循环的开放创新与加速驱动有赖于高等学校科研创新组织与平台创新集群

---

① 周治，刘兆星."双循环"格局下创业型大学科研创新平台效能提升路径 [J]. 科技管理研究，2021，41（18）：140.

的建设和发展，创业型大学要更积极地鼓励内部跨学科跨领域集成资源、协同攻关，探索科技创新的组织模式和运行机制，整合资源，加快科研增长点建设。新的科研增长点应是基础研究以重大需求为牵引的产物，应来源于知识前沿与经济社会发展结合的共性问题，重点应是解决当前区域产业链与创新链对接过程中存在的问题。

二、升级构筑科研平台

我国多年来传统的科技竞争优势多源于廉价的生产要素，而不是先进的知识技术，因此，要真正实现以国内经济循环带动国内国际双循环，必然要求实现区域循环从要素驱动向创新驱动发展。而区域经济内循环形成的重要前提是促进区域创新要素集聚，这就需要创业型大学的一流学科在现有专注于协同创新的背景下，更深入地分析自身优势和区域行业企业需求的结合点，以结合点为牵引，凝练科研阶段性发展方向和平台投入重点。

创业型大学作为高等学校发展策略中更接地气的一类，许多科研组织与平台都属于特色型学科范畴，对引导新兴行业发展有着更重要的作用。在科研创新平台指导思想、体制机制和评估体系的顶层设计上升级转变，进一步激活科研创新资源要素的活力，形成在区域一体化具有重要影响力的科研高地。

基于创业型大学在区域创新一体化发展中的协同优势，科研创新平台与区域产业企业的对接应不单单是形式上的"混合"，而是合作开展实质创新性工作的"化合"，最终通过一系列的协同优势集成，使创业型大学的科研创新平台有能力统筹区域内一个产业的创新联盟并形成真正意义上的创新共同体，构筑一个产业高效高质的创新驱动学术生态环境。随着经济圈、产业带等区域发展模式的不断涌现，创业型大学的科研创新平台在资源集聚、辐射和配置上应更加专业化和特色化，充分发挥创业型大学的制度优势，推进区域乃至国家创新体系的建设。

三、着力人才驱动抓手

高层次人才是高等学校科研创新驱动的竞争之本，这既体现在高等学校为区域产业企业创新驱动培育输出的创新人才，也包括高等学校吸引和激发国内外优秀人才投入创新活动的潜力。前者是高等学校作为人才培养职能的根本要求，后者是学科维持源头动力，两者相辅相成才能带动形成高等学校科研创新发展的良好氛围。当前经济双循环创新驱动体系的快速形成，无疑将引发高等学校各科研组织与平台在人才培养和师资队伍建设上更高的需求。在人才培养角度，科教融合和产教融合是创业型大学发展的主要方向。国内一系列以创业型大学为导向的产业学院纷纷设立，产业学院所开设的专业和课程、投入的教学力量和资源、设计的教学方案与考核方式等，都直接关系到所输出人才进入区域社会所能发挥的作用，整个人才培养体系应建立在深入分析区域产业创新驱动需求的基础上，人才培养的数量和质量都应在区域产业发展目标的牵引下重构，教学内容和方法也要根据新常态的需要而更新，培养具备技术革新且理解产业市场的复合型人才，搭建以产业合作为依托的人才培养载体，进而才能形成人才集聚对区域产业的引领，这也是以创业型大学科研创新平台的前沿知识体系为基础的创新人才服务。创业型大学应当创新体制机制，以鼓励学生积极参与创新创业工作，培养他们的创新创业思维。

在师资队伍角度，创业型大学要树立科学的人才观，结合区域产业双循环格局发展需要对人才引进工作进行系统规划，明确不同类型人才选拔标准，科研创新平台结构调整也应与所在区域产业结构调整相匹配。在此基础上，教师要明确自己的学科归属，将个人的科研方向与区域产业创新驱动发展相结合，推进自身的职业发展。同时，各科研组织与平台的人才队伍也应健全人才培育机制，全面提升学科队伍水平，为教师专业成长提供优越发展路径。可以通过拓展传统的高等学校和科研院所访问学者制度，鼓励高等学校科研组织设立产业联络员和企业特派员，充分调动高等学校人才在区域产业企业兼职或挂职的积极主动性和持续创造性，实现创业型大学与政府和企业在人才层面的深度交流互动，使创业型大学构建的科研创新平台成为区域产业发展的智库，从而形成人才驱动新局面，进而以人为本、以点带面，形成各领域人才智库创新生态圈。

四、优化科研绩效评价

创业型大学的科研创新平台应当更有组织地加强接地气的创新研究，在科研政策激励导向上，让更多的科研人才深入区域行业企业一线发现和解决问题，实现由量到质和由跟到创的提升转变，建立以解决行业企业实际需求的创新驱动贡献率为导向的绩效考核机制，将"基础研究—应用开发—中间试验—商品化—产业化"全价值链的技术改进、问题解决、市场推广和应用回报等区域社会经济总量边际增长纳入评价体系，从而促进高等学校与学科的创新成果通过各类技术转移载体和平台扩散，最终实现商品化与产业化。因此，创业型大学应更着力健全科研创新平台的团队评价机制，从促进产学研融合发展的角度对科研团队进行综合考评，将促进双循环加速发展的科技创新能力、产业服务能力、区域协作能力、人才培养能力等团队层次的能力评价作为重要观测点，将专利的后续和年均引用频次、技术对外依存度和标准参与度、成果转化比例与嵌入价值链程度等作为新评价指标，从制度上引导提高各科研组织的建设效能，从而在推进教师分类评价的基础上激发每位教师的创新创业能动性。

总而言之，创业型大学的科研创新平台只有通过分析和研判区域产业双循环发展新格局的动态趋势，进一步优化基础研究系统布局，加大新科研增长点的培育力度，通过科研平台协同创新的再升级，壮大高端人才队伍，推动科研绩效评价对促进科技成果全价值链转化的内在机制，化解创新驱动中所面临的全产业链与创新链可持续发展问题，才能巩固和发扬科研优势、更好地发挥效能，为区域经济市场双循环提供知识技术支撑。在技术创新催生区域科技高质量发展的新时代，创业型大学要更主动地融入循环、更联动地驱动循环，提升加速循环的内生动力与核心实力，培育同国内外合作者与竞争者更具价值导向的自主创新科研优势，进而在国内外产业链与价值链不断深度调整的今天，不断发挥科研创新平台的协同创新治理优势，在促进区域经济社会创新发展引领、深化改革试验、区域一体化先行和建设具有国际竞争力的创新型经济发展高地中发挥效能提升作用，最终在加快区域经济社会发展的过程中实现创新型国家建设。

参考文献

[1] 陈海军. 大数据时代下高校教育管理信息化创新发展研究 [J]. 创新创业理论研究与实践，2019，2（9）：180.

[2] 邓军，旷永青，赵铁. 高校思想政治工作质量提升理论与实践科研育人卷 [M]. 桂林：广西师范大学出版社，2019.

[3] 邓薇. 大数据时代下高校管理信息化创新发展路径研究 [J]. 佳木斯职业学院学报，2021，37（10）：132.

[4] 董红娟，谢志昆，左薇，姬永倩，吕翠莲. 基于大数据环境的高校科研信息化探索 [J]. 中国管理信息化，2019，22（13）：180-183.

[5] 耿忠兴，李炳昆，任铁强. 高校大型仪器设备管理与开放共享新思路的探究 [J]. 实验室科学，2019，22（2）：183.

[6] 谷文媛，朱臻，曹莹方. 大型仪器设备共享管理与服务信息化建设的思考与实践 [J]. 实验室研究与探索，2021，40（6）：272.

[7] 何远，陈云，王适群，等. "互联网+"时代大型仪器设备共享平台管理效率及服务能力的提升 [J]. 实验科学与技术，2016，14（5）：208.

[8] 胡燕，李伟，王恬. 高校科研文化机理探析 [J]. 江苏高教，2015（3）：29.

[9] 李洁. 推动教学科研内涵式发展，提高专业软实力 [J]. 中国教师，2013（S1）：70-71.

[10] 李宁，王玉婧，陈星. 创新共同体与学科内涵式建设互动研究 [J]. 中国高校科技，2018（9）：44-46.

[11] 李伟，胡燕. 浅议高校科研文化建设 [J]. 中国农业教育，2015（5）：44-48，71.

[12] 李想姣. 高等学校科研管理中的问题探析 [J]. 求实，2012（z1）：263-264.

[13] 刘桂锋，魏悦，钱锦琳. 高校科研数据管理与共享政策的案例与执行模型研究 [J]. 图书馆论坛，2018，38（11）：27.

[14] 马昌忠，杨敏，赵华，等. 双一流背景下的测绘实验室信息化管理平台建设 [J]. 中国信息化，2021（9）：59.

[15] 马见青，邵广周，包乾宗. 高等学校青年教师科研能力培养途径探索 [J]. 科教文汇（中旬刊），2021（6）：14.

［16］ 孟雷. 高等学校教学团队与科研团队互动发展研究［J］. 内蒙古农业大学学报（社会科学版），2015，17（3）：59.

［17］ 任旭东，马国建. 新时代高校科研育人理论与实践［M］. 镇江：江苏大学出版社，2021.

［18］ 任怡然，梁昊岳，李秀荣，等. 新形势下高等学校大型科研仪器共享平台信息化管理建设的必要性与路径研究［J］. 中国卫生产业，2022，19（4）：189.

［19］ 宋阳. 新时期高校科研信息化建设工作思考［J］. 中国高校科技，2014（7）：71-73.

［20］ 孙佰清. 高等学校科研管理绩效定量评价方法研究［J］. 哈尔滨工程大学学报，2010，31（6）：803-808.

［21］ 孙涛，张胜，王文斌，等. 大型科学仪器设备共享前景分析及思考［J］. 中国科技资源导刊，2020，52（2）：22.

［22］ 王海红. 高校科研经费信息化管理初探［J］. 会计之友，2013（10）：119-121.

［23］ 王利红，袁生娜，印秘密. 共享视角下高校科研信息化平台建设探索［J］. 科技创新与应用，2021，11（24）：189.

［24］ 谢敏. 高校科研管理组织结构创新研究［D］. 青岛：青岛大学，2010：9.

［25］ 徐红，陈承. 构建与实施高等学校科研评价体系研究［M］. 武汉：华中师范大学出版社，2019：52.

［26］ 易琼. 高校大型仪器设备共享平台建设与管理探讨［J］. 广东化工，2021，48（11）：219.

［27］ 尹新珍. 以内部治理能力推进民办高校内涵式发展［J］. 中国成人教育，2020（3）：23-27.

［28］ 张翠翠，陈长颖，周晶. 借助信息化平台推进研究生培养工作建设——研究生教育培养信息系统在上海工程技术大学的探索与应用［J］. 青年与社会，2018（32）：147.

［29］ 赵丽娟. 高校科研管理的理论与实践探索［M］. 北京：北京理工大学出版社，2019.

［30］ 钟冲，高红梅. 新时期高校大型仪器设备开放共享管理体系探索与思考［J］. 实验技术与管理，2019，36（6）：1.

［31］ 周治，刘兆星. "双循环"格局下创业型大学科研创新平台效能提升路径［J］. 科技管理研究，2021，41（18）：140.

［32］ 朱玉香，陈永贵. 基于内涵式发展的高职教师科研能力提升策略探索［J］. 成才之路，2021（28）：21.